publicidade e comunicação pública

- AUTORREGULAÇÃO PUBLICITÁRIA
- COMUNICAÇÃO DE INTERESSE PÚBLICO
- INTELIGÊNCIA ARTIFICIAL
- *FAKE NEWS*
- *COMPLIANCE* PUBLICITÁRIO DIGITAL

O GEN | Grupo Editorial Nacional – maior plataforma editorial brasileira no segmento científico, técnico e profissional – publica conteúdos nas áreas de concursos, ciências jurídicas, humanas, exatas, da saúde e sociais aplicadas, além de prover serviços direcionados à educação continuada.

As editoras que integram o GEN, das mais respeitadas no mercado editorial, construíram catálogos inigualáveis, com obras decisivas para a formação acadêmica e o aperfeiçoamento de várias gerações de profissionais e estudantes, tendo se tornado sinônimo de qualidade e seriedade.

A missão do GEN e dos núcleos de conteúdo que o compõem é prover a melhor informação científica e distribuí-la de maneira flexível e conveniente, a preços justos, gerando benefícios e servindo a autores, docentes, livreiros, funcionários, colaboradores e acionistas.

Nosso comportamento ético incondicional e nossa responsabilidade social e ambiental são reforçados pela natureza educacional de nossa atividade e dão sustentabilidade ao crescimento contínuo e à rentabilidade do grupo.

Organizadores:
**João Roberto Vieira da Costa
Oscar Kita
Otavio Venturini**

publicidade e comunicação pública

- AUTORREGULAÇÃO PUBLICITÁRIA
- COMUNICAÇÃO DE INTERESSE PÚBLICO
- INTELIGÊNCIA ARTIFICIAL
- *FAKE NEWS*
- *COMPLIANCE* PUBLICITÁRIO DIGITAL

■ Os autores deste livro e a editora empenharam seus melhores esforços para assegurar que as informações e os procedimentos apresentados no texto estejam em acordo com os padrões aceitos à época da publicação, e todos os dados foram atualizados pelos autores até a data de fechamento do livro. Entretanto, tendo em conta a evolução das ciências, as atualizações legislativas, as mudanças regulamentares governamentais e o constante fluxo de novas informações sobre os temas que constam do livro, recomendamos enfaticamente que os leitores consultem sempre outras fontes fidedignas, de modo a se certificarem de que as informações contidas no texto estão corretas e de que não houve alterações nas recomendações ou na legislação regulamentadora.

■ Fechamento desta edição: 28.10.2024

■ Os Autores e a editora se empenharam para citar adequadamente e dar o devido crédito a todos os detentores de direitos autorais de qualquer material utilizado neste livro, dispondo-se a possíveis acertos posteriores caso, inadvertida e involuntariamente, a identificação de algum deles tenha sido omitida.

■ **Atendimento ao cliente:** (11) 5080-0751 | faleconosco@grupogen.com.br

■ Direitos exclusivos para a língua portuguesa
Copyright © 2025 by
Editora Forense Ltda.
Uma editora integrante do GEN | Grupo Editorial Nacional
Travessa do Ouvidor, 11 – Térreo e 6º andar
Rio de Janeiro – RJ – 20040-040
www.grupogen.com.br

■ Reservados todos os direitos. É proibida a duplicação ou reprodução deste volume, no todo ou em parte, em quaisquer formas ou por quaisquer meios (eletrônico, mecânico, gravação, fotocópia, distribuição pela Internet ou outros), sem permissão, por escrito, da Editora Forense Ltda.

■ Capa: Fabricio Vale

CIP-BRASIL. CATALOGAÇÃO NA PUBLICAÇÃO
SINDICATO NACIONAL DOS EDITORES DE LIVROS, RJ

P97

Publicidade e comunicação pública / organização João Roberto Vieira da Costa, Oscar Kita, Otavio Venturini ; prefácio Caio Túlio Costa. - 1. ed. - Rio de Janeiro : Forense, 2025.
    232 p. ; 23 cm.

    Inclui bibliografia
    ISBN 978-85-3099-565-2

    1. Comunicação na administração pública - Brasil. 2. Comunicação de massa - Aspectos políticos - Brasil. I. Costa, João Roberto Vieira da. II. Kita, Oscar. III. Venturini, Otavio. IV. Costa, Caio Túlio.

24-94550
                CDU: 347.777

Gabriela Faray Ferreira Lopes - Bibliotecária - CRB-7/6643

SOBRE OS ORGANIZADORES E AUTORES

organizadores

JOÃO ROBERTO VIEIRA DA COSTA

Formado em administração pública pela Fundação Getulio Vargas (EAESP FGV-SP), foi ministro-chefe da Secretaria de Comunicação de Governo (SECOM), do Presidente Fernando Henrique Cardoso (2001-2002), quando implantou as campanhas de utilidade pública, e chefe da Assessoria de Comunicação Social do Ministério da Saúde (1997-2001), em que coordenou as ações de comunicação sobre a aids, campanhas de vacinação infantil e da terceira idade, criação dos medicamentos genéricos, ações contra o consumo do tabaco etc. Antes, havia sido secretário adjunto da Secretaria de Cultura de São Paulo (1993-1994) e chefe de gabinete da Secretaria da Educação do Estado de São Paulo (1992-1993). Fundou, em 2003, a Agência de Publicidade Nova/SB, hoje Nova S.A., da qual é Presidente do Conselho de Administração. Foi professor na pós-graduação da FGV, da disciplina Comunicação Institucional. Tem vários trabalhos técnicos publicados sobre comunicação pública, como o livro *Comunicação de Interesse Público - Ideias que movem pessoas e fazem um mundo melhor*. Foi vice-presidente nacional da Associação Brasileira de Agências de Publicidade (ABAP) e conselheiro do Conselho Nacional de Autorregulamentação Publicitária (CONAR).

OSCAR KITA

Administrador de Empresas. Graduado e pós-graduado pela FGV-SP. Atualmente, é Diretor-Presidente da Nova S.A. Com décadas de experiência em gestão financeira de agências de publicidade, também possui vasta expertise no tema de licitações públicas de publicidade, conforme a Lei 12.232/2010. É autor da primeira obra sobre o tema da contratação pública de serviços de publicidade, intitulada *Publicidade na Administração Pública*, publicada em 2012.

Otavio Venturini

Doutorando e Mestre em Direito e Desenvolvimento pela FGV-SP. Graduado em Direito pela Universidade Presbiteriana Mackenzie, com período de mobilidade acadêmica para a Universidade de Coimbra (Portugal). Professor de graduação na Escola de Negócios Saint Paul e em programas de MBA e pós-graduação em *Compliance*, Proteção de Dados e Direito Administrativo em diversas instituições de ensino e escolas de negócios do País. Colaborador na elaboração das Diretrizes de *Compliance* para o mercado publicitário da Associação Brasileira de Agências de Publicidade (ABAP) e coordenador do *Manual de Compliance*, que já está em sua 4ª edição. Advogado e consultor jurídico. Desde 2018, lidera as áreas jurídica e de integridade da Agência de Publicidade Nova S.A., obtendo o reconhecimento do selo Pró-Ética (CGU) no biênio 2018-2019.

Autores convidados

Ana Cristina Gonçalves

Graduada em Jornalismo pelo UniCEUB, tem 33 anos de atuação em comunicação e experiência tanto na iniciativa privada quanto na área pública. Foi assessora especial e diretora de imprensa da SECOM da Presidência da República, quando participou da implantação do conceito de Publicidade de Utilidade Pública. Foi coordenadora da assessoria de imprensa do Ministério da Saúde. Trabalhou, ainda, no Correio Braziliense por nove anos. Está na Agência de Publicidade Nova S.A. desde março de 2007.

Fernanda Galera Soler

Doutora e mestre Direito Comercial, com foco em Propriedade Intelectual, pela Universidade de São Paulo (USP). Visitante acadêmica da Faculdade de Direito da Universidade de Oxford. Especialista em Propriedade Intelectual pela Escola Superior de Advocacia da Ordem dos Advogados do Brasil de São Paulo (ESA OAB-SP). Pós-graduada em Gestão da Inovação (*Master in Business Innovation* – MBI) pela Universidade Federal de São Carlos (UFSCar). Bacharel em Direito pela Faculdade de Direito de São Bernardo do Campo (FDSBC). É advogada. Professora nos cursos de pós-graduação na FGV e na UFSCar e de graduação na *London College of Contemporany Music* (LCCM). Pesquisadora, perita e autora com foco em Propriedade Intelectual, Direito do Entretenimento, Proteção de Dados, Direito Digital, Mídia e Inovação.

Lucas Scatimburgo

Mestre e graduado em Direito pela Faculdade de Direito do Largo de São Francisco (USP). Assessor jurídico da Companhia de Processamento de Dados do Estado de São Paulo (Prodesp), com atuação primordialmente na área de Direito Administrativo. Autor do livro *Contratos Administrativos de Serviços de Publicidade*, publicado em 2022.

Marcus Di Flora

Historiador pela Universidade Federal de Minas Gerais (UFMG), com mais de 25 anos de experiência na área de comunicação e pesquisa de opinião. Foi secretário-executivo de comunicação e gestão estratégica da Presidência da República (2003 a 2005), gerente de marketing da Caixa no Rio de Janeiro (2006 a 2008) e vice-presidente de pesquisa e análise da Nova Agência S.A (2009 a 2017). Hoje é analista-chefe do Núcleo de Integridade da Informação (NII) da Nova Agência S.A.

Thomaz Munster

Com 35 anos de experiência no departamento de criação de agências de publicidade, iniciou sua carreira como diretor de arte em São Paulo. Em 1999, mudou-se para Brasília, onde passou a focar principalmente na publicidade de interesse público e contas governamentais. Atendeu clientes como Mastercard, Siemens, Vivara, Sabesp, Caixa, Secom, Ministério da Saúde, Sebrae, OMS, OIT, entre outros. Assinou campanhas e conquistou prêmios nacionais e internacionais.

PREFÁCIO

A comunicação nunca foi uma via de mão única. Desde os primeiros dias das comunidades humanas, as mensagens circulam e são negociadas e transformadas entre aqueles que as emitem e os que as recebem.

A publicidade moderna, então, é uma extensão amplificada dessa troca contínua, e os consumidores não são apenas os ditos receptores passivos, mas agentes ativos que reinterpretam e, muitas vezes, reapropriam as mensagens que lhes são entregues. Pós-internet, de forma nunca antes imaginada, a publicidade molda tanto o que compramos quanto a maneira como nos identificamos, participamos de narrativas coletivas e criamos significados dentro de uma cultura mediada. A velha e boa opinião pública ganhou ainda mais protagonismo e pode pipocar de forma absolutamente pulverizada, criando bolhas que explodem produzindo o nada ou estouram definindo um todo, que muitas vezes pode ser enganador.

O livro *Publicidade e Comunicação Pública* nos mostra que a comunicação não pode ser apenas uma ferramenta neutra. Ela carrega valores, narrativas e ideologias que podem moldar a percepção coletiva. Nas sociedades democráticas modernas, isso adquire uma importância ainda maior. A publicidade de interesse público não é meramente uma questão de campanhas de marketing; ela é o campo em que governos, empresas e cidadãos negociam a realidade que desejam construir. As campanhas de vacinação, a luta contra o tabaco, as medidas para enfrentar crises de saúde pública, todas essas iniciativas dependem de uma comunicação eficaz. Elas não só informam, mas buscam transformar comportamentos e, em última análise, salvar vidas.

O que está em jogo neste século não é apenas como os governos e corporações utilizam a comunicação, mas como as novas tecnologias – como a **inteligência artificial** destacada neste livro – redefinem as fronteiras da própria comunicação. No passado, a propaganda se limitava à criatividade humana, mas agora máquinas estão aprendendo a moldar narrativas de maneira autônoma, gerando mensagens que podem influenciar milhões de pessoas com uma precisão antes inimaginável. As implicações disso são profundas. Podemos confiar que algoritmos que não têm ética ou empatia forcem decisões sobre o que a sociedade deve ouvir? E, quando a inteligência artificial deixa de ser apenas uma assistente e se torna a criadora das mensagens, quem está realmente no controle?

Outro desafio levantado neste livro é o da **integridade da informação**. Num mundo onde as chamadas *fake news* se espalham como vírus sem vacina, a luta pela verdade se torna também uma questão de sobrevivência. Campanhas públicas de comunicação são agora chamadas não apenas para educar e orientar, mas também para combater ativamente a desinformação. Isso coloca pressão sobre os responsáveis pela comunicação pública: como ser eficaz e, ao mesmo tempo, honesto? Como alcançar milhões com mensagens vitais, sem sucumbir à simplificação ou manipulação?

O livro também discute o **compliance digital**, uma questão no novo ecossistema de comunicação. Atualmente, o uso ético de dados pessoais e a proteção da privacidade não são mais questões laterais, mas o coração da confiança pública. A transparência das comunicações públicas deixa de ser apenas uma exigência legal e passa a ser um imperativo moral em uma era em que cada clique pode ser monitorado, e cada movimento digital pode ser analisado.

Mais do que nunca, a comunicação pública precisa ser conduzida com uma combinação de clareza, ética e visão de longo prazo, tudo isso alinhado e impulsionado pela evolução tecnológica. É preciso lembrar que, em última análise, a publicidade não é sobre vender produtos, serviços ou políticas. Ela é sobre a criação de significados e a moldagem de realidades compartilhadas.

Vivemos em tempos em que os desafios globais exigem ações individuais e coletivas sem precedentes, e a publicidade, especialmente a publicidade de utilidade pública, é uma das ferramentas poderosas para enfrentar esses desafios. O que está em jogo aqui não é apenas a eficiência das campanhas de comunicação pública, mas a própria qualidade das sociedades que estamos construindo.

Nesse contexto, este livro realiza um esforço claro para capturar o espírito do nosso tempo em comunicação. Ele nos ajuda a ir além das superficialidades e nos ancora na realidade, alertando para o risco de nos perdermos em narrativas ilusórias que prometem um "tudo pode" enganoso. Ao longo das páginas, você encontrará um verdadeiro manual de comunicação pública – uma ferramenta indispensável para quem busca compreender e atuar de maneira eficaz e ética nesse cenário complexo.

Caio Túlio Costa

É jornalista. Doutor em comunicação pela USP. Foi pesquisador convidado da Columbia University e professor de jornalismo na PUC, ECA, Cásper Líbero e ESPM. Trabalhou 21 anos no Grupo Folha, no qual criou o cargo de *ombudsman* e fundou o UOL, do qual foi diretor-geral. Atualmente é sócio-diretor e cofundador do Torabit, uma plataforma de monitoramento e inteligência digital.

APRESENTAÇÃO

Graduei-me em administração pública pela Escola de Administração de Empresas de São Paulo da Fundação Getulio Vargas em 1985. No último ano do curso, participei de um programa de *trainee* em um banco e, ao término do período, me ofereceram uma ótima posição e salário. Gostei muito do curso que fiz e vi que a administração pública era de fato minha vocação. Por isso, mesmo com salário 50% menor, optei por deixar o banco e ir trabalhar num órgão da Secretaria do Interior do Governo de São Paulo, o Cepam. Esse órgão orientava os municípios paulistas em áreas como administração, jurídica, recursos humanos e projetos especiais. E foi exatamente no projeto Consórcios Intermunicipais que fui trabalhar. Conheci praticamente todos os municípios do Estado de São Paulo. Trabalhava com prefeituras e câmaras municipais na formação de consórcios que pudessem atender às demandas comuns de uma região: hospitais regionais, pedreiras, fábricas de artefatos de cimento, equipamentos de produção de leite de soja e tantos outros. Foi nessa missão que comecei a vivenciar o quanto um trabalho de comunicação era fundamental para convencer gestores de partidos e ideologias diferentes, de cidades de tamanhos distintos a se unirem em projetos e investimentos que pudessem trazer soluções para problemas comuns a todos. Era um momento de euforia democrática. Depois de longos anos de ditadura, tínhamos o primeiro governador eleito de São Paulo, Franco Montoro. Ideias, iniciativas novas e inovadoras davam o tom desse governo. O projeto dos Consórcios Intermunicipais se consolidou fortemente no estado e era motivo de orgulho e liderança do então secretário, Chopin Tavares de Lima. E eu pude viver uma experiência que somava todo o meu cabedal de conhecimento recém-adquirido na universidade.

De lá, acompanhando o Dr. Chopin na Secretaria de Educação do Estado, assumi a direção de um órgão que administrava o conjunto das escolas técnicas agrícolas e industriais de São Paulo. Eram mais de cem unidades, mais de seis mil professores, mais de 200 mil alunos e o desafio de gerir uma das mais importantes áreas da educação, o ensino profissionalizante de segundo grau. Aqui, ainda muito jovem, com apenas 26 anos, vivi intensamente o poder da máquina pública e sua missão de transformar uma sociedade. Logo no primeiro ano, os professores que me assessoravam apresentaram-me um diagnóstico lógico. Nas escolas agrícolas, o calendário escolar adotado tinha um conflito com o calendário agrícola. Muitas culturas anuais tinham seu momento mais importante nos meses de dezembro, janeiro e fevereiro. Ao interromper o curso nesse período por causa das férias escolares, os alunos perdiam muito no seu processo de aprendizado. O desafio foi convencer alunos e professores a reduzir as férias escolares. Houve, naturalmente, resistências, mas uma equação que ajudou a resolver o impasse incluía a contratação de quarto anistas dos cursos de agronomia como professores especiais. Mais uma vez, a comunicação, a transparência dos argumentos e o debate foram fundamentais para que essa inovadora iniciativa desse certo.

Depois dessa riquíssima experiência e de um breve tempo na iniciativa privada, acabei voltando para a administração pública e assumi a chefia do gabinete de Fernando Morais na Secretaria da Educação. Um dos projetos que estava sob minha responsabilidade e que foi, sem dúvida, um divisor de águas na minha vida profissional foi a implantação da TV Escola para toda a rede de professores do Estado. Nesse momento, pude viver intensamente o impacto e a capacidade de transformação que a comunicação poderia trazer para milhares de professores. A educação a distância, novos conteúdos, ideias e métodos inovadores de educação podiam, sim, fazer a diferença na qualidade do ensino. Foi possível ver a efetividade da adoção de estratégias de comunicação como parte integrante de políticas públicas. A partir dessa experiência, minha formação profissional começou a ter um foco: a comunicação de utilidade e interesse público.

Pude exercer plenamente essa especialidade quando assumi, alguns anos depois, no final dos anos 1990, a assessoria de comunicação do Ministério da Saúde. A comunicação é parte integrante da política pública de saúde. Não há como atingir níveis de cobertura vacinal, mudanças de comportamentos que fazem mal à saúde da população, enfrentamento em questões como preços de medicamentos, saúde da família, prevenção de doenças e muitas outras coisas mais sem um trabalho organizado, bem dimensionado e com investimentos em comunicação de interesse público. A comunicação é o fator decisivo entre uma campanha de sucesso no alcance das metas *versus* campanhas fracassadas. As experiências foram muitas: lançamento dos medicamentos genéricos no Brasil, campanhas de combate ao tabaco, campanhas de prevenção a aids/HIV, campanhas de vacinação infantil com o atingimento de 100% de cobertura, saúde da mulher, campanhas de combate ao câncer de mama, mutirões de cirurgias de catarata, vacinação de idosos contra a gripe e mais uma infinidade de outras campanhas. Foi um período riquíssimo de crescimento profissional. Pesquisas, publicidade, comunicação institucional, assessoria de imprensa, tudo ao mesmo tempo e de forma articulada e integrada. A Comunicação de Utilidade Pública pode objetivamente interferir na melhoria da qualidade de vida da população.

Do Ministério da Saúde, fui, a convite do presidente Fernando Henrique Cardoso, para a Secretaria de Comunicação da Presidência da República (SECOM-PR). Para mim, o auge de onde poderia profissionalmente chegar e poder viver tudo o que havia aprendido e vivido. Os investimentos do Governo Federal em comunicação eram espalhados em diferentes rubricas orçamentárias, fator que dificultava um planejamento mais eficaz e transparente. Criamos e unificamos no orçamento federal a rubrica "Comunicação de Governo"; adotamos a divisão e o entendimento de que essa rubrica definiria os investimentos em Publicidade de Utilidade Pública (PUP), em Publicidade Institucional de governo, em Publicidade Mercadológica e em Publicidade Legal. Foi o caminho para que pudéssemos negociar com o mercado descontos significativos para a PUP; trabalhamos na institucionalização no âmbito do governo, da regulamentação e funcionamento das regras de remuneração, tendo como referência as Normas-Padrão da Atividade Publicitária, editadas pelo Fórum da Autorregulação do Mercado Publicitário (Cenp).

A nossa Constituição Federal assegura a todos os brasileiros acesso à informação e era imperativo conciliar as demandas da Administração Pública Federal à publicidade dos atos, programas, obras, serviços e campanhas dos órgãos e entidades governamentais, fazendo prevalecer seu caráter informativo, educativo ou de orientação social.

E, por fim, asseguramos à Secom-PR seu poder normativo para exercer sua competência legal de coordenar, supervisionar e controlar a publicidade da Administração Pública Federal, direta e indireta, e de sociedades sob controle da União.

Esse histórico de atuação profissional voltado para a normatização da comunicação de governo acabou me vinculando fortemente à Comunicação de Interesse Público.

Após sair do governo, em 2003, passei a viver do "outro lado do balcão", em uma agência de publicidade, a Nova (inicialmente SNBB, depois Nova/SB e, hoje, Nova). O intuito, entretanto, continuou o mesmo. Desde o primeiro cliente da agência, a Ambev, com o qual trabalhamos na estruturação de ações de comunicação voltadas para o programa Ambev de consumo responsável e, nos anos seguintes, participando de várias concorrências públicas nos âmbitos federal, estadual e municipal, a Comunicação de Interesse Público passou a ser o nosso DNA.

Em 2005, com a organização do livro *Comunicação de Interesse Público*, reunimos casos e exemplos de como fazer uma comunicação que tenha impacto na qualidade de vida da população. De igual importância, a agência coordenou a publicação, em 2013, do livro *A publicidade na Administração Pública*, de nosso atual diretor-presidente, Oscar Kita. Nesse livro, procuramos reunir informações, leis e exemplos que pudessem auxiliar o gestor público na condução da publicidade.

Agora, neste novo projeto do livro *Publicidade e Comunicação Pública*, ampliamos o escopo, abordando questões jurídicas, autorregulamentação, criatividade, inteligência artificial, *compliance* e integridade das informações/ *fake news*. É a contribuição de um grupo de profissionais altamente qualificados, vividos no âmbito da comunicação pública e suas interrelações, que ousam dividir com estudantes, gestores de comunicação e todo o universo da publicidade a melhor forma de se fazer comunicação de interesse público.

João Roberto Vieira da Costa

SUMÁRIO

SOBRE OS ORGANIZADORES E AUTORES V
PREFÁCIO – *Caio Túlio Costa* IX
APRESENTAÇÃO – *João Roberto Vieira da Costa* XI

Parte I
PUBLICIDADE E COMUNICAÇÃO DE INTERESSE PÚBLICO – DEFINIÇÕES E ASPECTOS REGULATÓRIOS

1. **AUTORREGULAÇÃO DA PUBLICIDADE NO BRASIL: ATORES E PROCESSOS**
   por *Otavio Venturini* 3
   Introdução 3
   1. Um voo panorâmico sobre o ecossistema da atividade publicitária: do *off-line* ao digital 4
   2. Autorregulação da atividade publicitária no Brasil 8
      2.1. Conar: autorregulamentação voltada ao conteúdo dos anúncios . 9
      2.2. Cenp: autorregulação voltada à qualidade, à legalidade e à sustentabilidade do mercado publicitário 11
      2.3. Associações e entidades de representação: estandardização de boas práticas 18
   3. Corregulação: a atuação dos órgãos de controle e agências estatais 19
      3.1. Corregulação estatal voltada ao conteúdo dos anúncios: a função do CDC 19
      3.2. Corregulação estatal na publicidade da Administração Pública: o protagonismo da Secom e a atuação dos órgãos de controle ... 20
   4. Comunicação digital e novas tecnologias: os desafios atuais e a evolução da autorregulação 23

4.1. Ênfase nas políticas internas de *compliance* dos *players* do mercado 24

Referências 27

2. COMUNICAÇÃO DE INTERESSE PÚBLICO: RELEVÂNCIA E DESAFIOS ATUAIS *por Ana Cristina Gonçalves* 31

Introdução 31

1. A maior ofensiva contra o tabaco 32
2. Outras campanhas de prevenção 36
3. A CIP na iniciativa privada 38
4. A CIP na era digital 40

Parte II
PUBLICIDADE E COMUNICAÇÃO NO MUNDO EM TRANSFORMAÇÃO – DESAFIOS DAS NOVAS TECNOLOGIAS E *FAKE NEWS*

3. CRIATIVIDADE INTELIGENTE E CRIATIVIDADE ARTIFICIAL *por Thomaz Munster* 45

1. O botão "ideia" 45
2. Quem alimenta a inteligência artificial? 47

4. DESAFIOS DA INTELIGÊNCIA ARTIFICIAL DIANTE DA REGULAMENTAÇÃO DOS DIREITOS AUTORAIS *por Fernanda Galera Soler* 51

Introdução 51

1. Direitos autorais 53
   1.1. Noções gerais sobre direito autoral 54
   1.2. Desafios relacionados à inteligência artificial 57
      1.2.1. Autoria e proteção da criação 58
      1.2.2. Mineração de dados e o uso de obras por inteligência artificial 60
   1.3. Perspectivas de um futuro incerto 62
2. Criação publicitária 64
   2.1. O caso Elis Regina 65

Conclusão 71

Referências 72

ANEXO – Decisão do Conar sobre a publicidade da Volkswagen com Elis Regina (falecida e recriada por IA) 75

5. INTEGRIDADE DA INFORMAÇÃO E *CHECK UP* DE *FAKE NEWS* por Marcus Di Flora 89

Introdução 89

1. Blumenau 91
2. Rio Grande do Sul 97
3. A cauda longa dos antivacinas 105

Conclusões 106

Referências 108

Parte III
PUBLICIDADE NA ADMINISTRAÇÃO PÚBLICA

6. FUNDAMENTOS E REGRAS DA PUBLICIDADE NA ADMINISTRAÇÃO PÚBLICA por Otavio Venturini 113

1. Comunicar: um dever constitucional 113
2. Comunicação pública: elemento essencial das políticas públicas 114
3. Lei de Acesso à Informação: transparência ativa e passiva 116
4. Comunicação pública e o princípio da impessoalidade na publicidade 116
5. Forma e finalidade da comunicação: a publicidade na Administração Pública 121
6. Comunicação, publicidade e conceitos afins: a relevância da comunicação de interesse público 123
7. Delimitações da comunicação pública em período eleitoral 128
   - 7.1. Compreensão do termo "liquidação" para aferição dos limites de "despesas" e "gastos" em período eleitoral 132

Referências 135

7. MELHORES PRÁTICAS EM LICITAÇÕES PARA CONTRATAÇÃO DE SERVIÇOS DE PUBLICIDADE por Oscar Kita e Otavio Venturini 137

Introdução 137

1. Os regimes jurídicos e fluxograma para contratação de serviços de publicidade pela Administração Pública 138
2. Definição dos serviços contratados com agências publicitárias 140
   - 2.1. Editais que consideraram as atividades de promoção 142
   - 2.2. Formas inovadoras de comunicação publicitária e comunicação digital 145
3. Adoção da forma eletrônica 146

4. Definição do valor da contratação e do número de agências e sustentabilidade do contrato 147
5. Definição da modalidade de licitação e critério de julgamento 149
    5.1. Licitação por melhor técnica ou técnica e preço (art. 5º da Lei nº 12.232/2010) 149
    5.2. Disputa em torno de preços 150
    5.3. Contratações por melhor técnica ou técnica e preço e o combate ao pregão 152
6. Definição de parâmetros mínimos para habilitação técnica e financeira 153
    6.1. Regra geral, como em toda licitação 153
    6.2. A exigência do certificado Cenp 155
7. Especificidade das licitações de publicidade: a proposta técnica 156
    7.1. Procedimentos e princípios que norteiam o julgamento da proposta técnica: a objetividade na subjetividade 157
    7.2. O método do exame comparativo 158
    7.3. A reavaliação de notas destoantes 158
    7.4. Plano de análise e de julgamento 160
    7.5. Da necessidade de se estabelecerem critérios de desempate ... 161
    7.6. Dos critérios utilizados no julgamento 162
Referências 162

8. REMUNERAÇÃO DAS AGÊNCIAS DE PUBLICIDADE NO BRASIL E AS MÍDIAS DIGITAIS *por Oscar Kita, Otavio Venturini e Lucas Scatimburgo* 163

Introdução 163
1. O modelo brasileiro de publicidade: um breve resumo 164
    1.1. Voltando à remuneração 167
2. O modelo brasileiro de publicidade: lógica e vantagens 168
    2.1. Questões do modelo brasileiro 171
    2.2. Modelo no resto do mundo 172
    2.3. Alguns controles presentes nas contratações da Administração Pública 173
3. Condições peculiares dos contratos administrativos e reequilíbrio econômico-financeiro 176
4. Remuneração da agência pela publicidade *on-line* 181
Conclusão 185
Referências 185

COMPLIANCE PUBLICITÁRIO – INTEGRIDADE E COMPLIANCE DIGITAL

9. MELHORES PRÁTICAS DE INTEGRIDADE E *COMPLIANCE* PUBLICITÁRIO por *Otavio Venturini* 189

Introdução 189

1. Obrigatoriedade do programa de integridade na relação com o Poder Público 191
2. Fatores de riscos e práticas de *compliance* na atividade publicitária 193
   - 2.1. Relação com os clientes anunciantes 194
   - 2.2. Relação com os veículos de comunicação 195
   - 2.3. Relação com fornecedores de produção 196

Referências 198

10. *COMPLIANCE* PUBLICITÁRIO DIGITAL: PROTEÇÃO DE DADOS PESSOAIS E *BRAND SAFETY* por *Lucas Scatimburgo e Otavio Venturini* 199

1. A publicidade no ecossistema digital 199
2. Uso de dados pessoais, sua proteção e as diferentes bases existentes 201
   - 2.1. "Dados como o novo petróleo" 201
   - 2.2. Legislação de dados pessoais como meio de regular esse cenário 202
   - 2.3. Uso de dados para políticas públicas e as diversas bases de dados existentes 204
3. *Brand safety* e a distribuição de publicidade em contextos impróprios 205
   - 3.1. *Brand safety* e como funciona a publicidade digital 205
   - 3.2. *Brand safety* no contexto da comunicação pública 206
   - 3.3. Os papéis dos *players* da comunicação no *compliance* digital .. 208
   - 3.4. Das medidas a serem adotadas 209
   - 3.5. O reforço da legislação e das boas práticas 210

Referências 211

parte I

PUBLICIDADE E COMUNICAÇÃO DE INTERESSE PÚBLICO – DEFINIÇÕES E ASPECTOS REGULATÓRIOS

AUTORREGULAÇÃO DA PUBLICIDADE NO BRASIL: ATORES E PROCESSOS

Otavio Venturini

Sumário: Introdução – 1. Um voo panorâmico sobre o ecossistema da atividade publicitária: do *off-line* ao digital – 2. A autorregulação da atividade publicitária no Brasil: 2.1. Conar: autorregulamentação voltada ao conteúdo dos anúncios – 2.2. Cenp: autorregulação voltada à qualidade, à legalidade e à sustentabilidade do mercado publicitário – 2.3. Associações e entidades de representação: estandardização de boas práticas – 3. Corregulação: a atuação dos órgãos de controle e agências estatais: 3.1. Corregulação estatal voltada ao conteúdo dos anúncios: a função do CDC – 3.2. Corregulação estatal na publicidade da Administração Pública: o protagonismo da Secom e a atuação dos órgãos de controle – 4. Comunicação digital e novas tecnologias: os desafios atuais e a evolução da autorregulação: 4.1. A ênfase nas políticas internas de *compliance* dos *players* do mercado – Referências.

INTRODUÇÃO

O modelo brasileiro de autorregulação publicitária é constantemente referenciado e celebrado como um dos exemplos mais exitosos no mundo. Esse modelo possibilitou assegurar a liberdade de expressão, a responsabilidade em relação ao conteúdo dos anúncios, a qualidade dos agentes, além do estímulo aos anunciantes e à sustentabilidade do mercado publicitário, com reflexos para toda economia nacional.

Protagonizado por entidades privadas, como o Conselho Nacional Autorregulamentação Publicitária (Conar) e o Fórum da Autorregulação do Mercado Publicitário (Cenp), o modelo vem se consolidando ao longo dos anos e ampliando seu reconhecimento institucional, mediante a deferência de seus atos por órgãos de controle e decisões de judiciais, bem como remissões legais às suas competências. Todavia, esse mesmo modelo enfrenta significativos desafios diante da emergência de novos *players* e formatos de comunicação no ecossistema digital.

No presente capítulo, buscamos descrever o processo de constituição e evolução do modelo brasileiro de autorregulação do mercado publicitário. Além de evidenciar seus fundamentos, daremos ênfase às competências de seus principais atores e à articulação institucional com órgãos e autoridades estatais. O capítulo também se propõe a endereçar a evolução e os principais desafios atuais da autorregulação no contexto da emergência de novos formatos de publicidade digital e da ênfase nas políticas internas de *compliance* dos *players* do mercado.

1. UM VOO PANORÂMICO SOBRE O ECOSSISTEMA DA ATIVIDADE PUBLICITÁRIA: DO *OFF-LINE* AO DIGITAL

A atividade publicitária se desenvolve em um ecossistema protagonizado por cinco *players* principais: *i)* anunciantes; *ii)* agências de publicidade; *iii)* seus fornecedores (como os produtores de obras audiovisuais); *iv)* veículos de comunicação; e *v)* destinatários da mensagem.

Os **anunciantes**, ou "clientes" das agências, são as pessoas no interesse de quem se realiza a publicidade, isto é, aqueles que desejam transmitir a mensagem publicitária, sejam eles um comerciante, industrial ou mesmo profissional liberal. No caso da Administração Pública, esses anunciantes podem ser Governo Federal, via Ministérios, suas empresas estatais ou entes de qualquer um dos Poderes (Judiciário, Legislativo e Executivo) e dos níveis federativos (estados, Distrito Federal ou municípios).

A **agência de publicidade** é o *player* que, por excelência e valendo-se da técnica publicitária, viabiliza tudo isso, desde a concepção da campanha até o alcance dos destinatários finais.

A expertise das agências envolve, entre outras tarefas: *i)* o atendimento e a compreensão da demanda do cliente anunciante; *ii)* a concepção da ideia criativa da campanha publicitária; *iii)* a seleção, a intermediação da contratação e a supervisão de fornecedores, como as **produtoras de conteúdo audiovisual**, gráfico etc.; *iv)* o planejamento e a intermediação de contratação de veículos de mídia (*on-line* e *off-line*); e *v)* o desenvolvimento e o acompanhamento das métricas de alcance e eficácia da mensagem publicitária.

Esse relacionamento e o papel central das agências pode ser representado pela imagem a seguir:

Esse é o modelo de agência de publicidade mais tradicional no Brasil, conhecido como *full service*. Nesse modelo, a agência atua desde a concepção até o acompanhamento da veiculação. Para tanto, a agência conta em seu organograma, basicamente, com os seguintes departamentos:

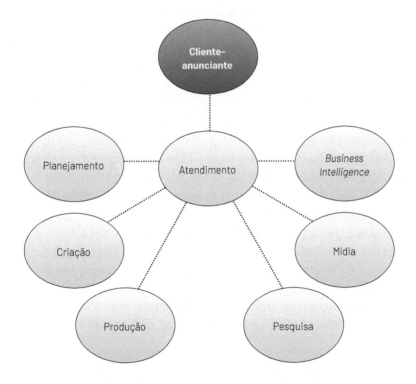

Trata-se de um modelo bastante típico no Brasil. Em outros países, todavia, é comum haver a separação entre criação e veiculação, de modo que uma agência seria responsável pela concepção, pela ideia e sua produção, enquanto outra agência acompanharia a distribuição junto aos veículos.

Além das agências, importante destacar a relevância e as peculiaridades dos veículos de mídia. Que são empresas de comunicação que divulgam a mensagem publicitária em meios *off-line* (jornais e revistas impressos, emissoras de rádio e televisão, cinema etc.) ou *on-line* (*sites*, redes sociais, plataformas de *streaming* etc.).

Mais recentemente, a comunicação digital trouxe mudanças impactantes e adicionou complexidade a esse ambiente tradicional. De um lado, grandes empresas de tecnologia, como Google, Meta (antigo Facebook) e demais redes sociais, rejeitam a denominação de veículos, escapando às regulações aplicáveis aos veículos de comunicação, muito embora veiculem informações, transmitam muita publicidade e obtenham parcela significativa de seu faturamento graças a esses recursos.[1]

De outro lado, a evolução tecnológica também conduz a uma ressignificação do conceito de agência, com a publicidade (dificilmente com a mesma qualidade), podendo ser produzida e transmitida por pessoas comuns, sem a necessidade de estrutura de produção nem a curadoria do conteúdo por agências ou veículos tradicionais de comunicação, como no caso dos influenciadores digitais. Obviamente, a pulverização da comunicação publicitária por meio de milhares de perfis pessoais de influenciadores em redes sociais e, em grande medida, a precarização dos conteúdos evidenciam grandes desafios aos órgãos de controle com relação à proteção dos consumidores quanto a formas de publicidade oculta, enganosa ou mesmo abusiva.

Ao mesmo tempo, a cadeia de publicidade no âmbito digital envolve a atuação de outros *players*. No meio digital, esse processo ocorre de forma quase toda automatizada.[2] Nele, o veículo de comunicação se torna um "*publisher*", isto é, um *site* que disponibiliza espaço publicitário para ser comercializado.

Além disso, as agências, ou até mesmo o próprio anunciante, atuam por meio de *trading desks* (ou "mesas de negociação"), que nada mais são do que empresas especializadas em negociar esses espaços. Para tanto, a *trading desk* precisa de uma Plataforma de Gestão de Dados (*Data Management Platform* – DMP), que organiza os dados, além de plataformas que organizam a demanda e a oferta por espaços, respectivamente, as Plataformas do Lado da Demanda (*Demand-Side Platform* – DSP) e as Plataformas do Lado da Oferta (*Suply-Side*

---

[1] Para uma análise do tema do enquadramento de plataformas digitais no conceito e regulamentações de veículos de divulgação, cf.: a Resolução nº 1/2019 do Cenp e o parecer anexo de Tercio Sampaio Ferraz Junior e Thiago Francisco da Silva Brito. Disponível em: https://static.poder360.com.br/2019/07/RESOLUCAO_01_2019_Veiculos_de_Comunicacao_Divulgacao.pdf. Acesso em: 3 jan. 2024.

[2] VENTURINI, Otavio; PEDROSO, Lucas. A proteção de dados em redes sociais: desafios regulatórios. In: FERRAZ, Sérgio; VENTURINI, Otavio; GASIOLA, Gustavo Gil (coord.). *Proteção de dados pessoais e compliance digital*. Cuiabá: Umanos Editora, 2022. p. 406.

Plataform – SSP). Toda a negociação ocorre em uma "*Ad Exchange*".[3] Esquematicamente, essa dinâmica pode ser representada da seguinte forma[4]:

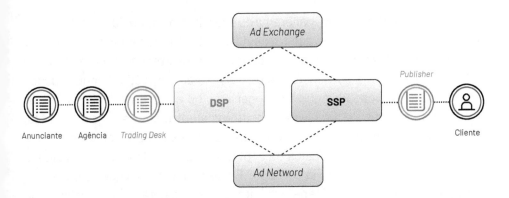

Para tudo isso ocorrer, o anunciante basicamente define os dados do público-alvo que deseja atingir e quanto deseja pagar pelo espaço publicitário. A partir disso, em fração de segundos, trocam-se lances do valor a ser pago pelo espaço em que o anúncio vai ser veiculado, chega-se a um valor final, e o anúncio em questão aparece para o usuário, numa das formas de negociação mais comuns, o leilão em tempo real (*real time bidding*)[5].

Vale ressaltar que a publicidade no ecossistema da comunicação digital é dependente de utilização massiva de dados pessoais e do emprego de mecanismos de *machine learning* para a entrega de anúncios que sejam relevantes para cada pessoa, possibilitando a chamada "personalização de anúncios" para cada usuário diferente.

Todavia, essa circulação e o comércio de dados pessoais, bem como o emprego de mecanismos de inteligência artificial (IA) voltados à segmentação de público e à destinação de conteúdo levantam uma série de preocupações quanto a riscos legais e impõem a implementação de mecanismos de conformidade a todos os *players* desse ecossistema.

---

[3] VENTURINI, Otavio; PEDROSO, Lucas. A proteção de dados em redes sociais: desafios regulatórios. In: FERRAZ, Sérgio; VENTURINI, Otavio; GASIOLA, Gustavo Gil (coord.). *Proteção de dados pessoais e compliance digital*. Cuiabá: Umanos Editora, 2022. p. 406

[4] ADMUCOM. Entenda o que é mídia programática e como funciona essa metodologia. *Eficaz marketing e tecnologia*, [s.l.], 15 set. 2020. Disponível em: https://eficazmarketing.com/blog/entenda-o-que-e-midia--programatica/. Acesso em: 3 jan. 2024.

[5] Alternativamente, é possível pensar em outras formas de negociações, com leilões restritos, em termos de participantes, ou parâmetros. Cf.: MÍDIA programática vai muito além do leilão. *Propmark*. 25 de agosto de 2017. Disponível em: https://propmark.com.br/midia-programatica-vai-muito-alem-do-leilao/. Acesso em: 3 jan. 2024.

2. AUTORREGULAÇÃO DA ATIVIDADE PUBLICITÁRIA NO BRASIL

Apresentado esse breve panorama do ecossistema da atividade publicitária no Brasil, algumas questões que surgem são: como e quem garante o regular funcionamento desse ecossistema? O que assegura a proteção de consumidores e dos destinatários mais vulneráveis em relação ao conteúdo de publicidades (notadamente, propagadas ocultas, enganosas ou abusivas)? Quais os instrumentos de proteção de uma justa concorrência entre empresas anunciantes, bem como de proteção de reputação contra campanhas depreciativas por parte de concorrentes? Quais os meios de controle de qualidade e sustentabilidade das agências e do setor como um todo? Essas são apenas algumas das preocupações em torno da atividade publicitária que explicitam a necessidade de implementação de alguma forma de regulação do setor.

O mundo da publicidade é caracterizado pela forte presença da autorregulação, inclusive em outros países. Isto é, além de leis aprovadas pelo Congresso Nacional, ao longo do tempo, o próprio setor publicitário se organizou para estabelecer e aplicar suas próprias normas. Como explica a *ICC Commission on Marketing and Advertising*:

> A autorregulação é um sistema pelo qual a indústria publicitária se autopolicia ativamente. As três partes da indústria – os anunciantes que encomendam a publicidade e são responsáveis por ela, as agências (publicidade, criação e compra de mídia) que criam sua forma e conteúdo, e as diversas formas de mídia *off-line* e *on-line* que a veiculam – funcionam em conjunto para codificar os padrões de publicidade e estabelecer sistemas localmente apropriados para garantir que os anúncios que não cumpram esses padrões sejam rapidamente alterados ou retirados.[6]

Para além das definições gerais, importa consignar as atividades por meio das quais a autorregulação do setor publicitário se afirma no país, o que abrange, sobretudo: *i)* definição de código de autorregulamentação publicitária quanto ao conteúdo dos anúncios; *ii)* constituição de instância julgadora (conselho ético) para resolução de casos de descumprimento do código que trata do conteúdo dos anúncios; *iii)* certificação de qualificação técnica de funcionamento das agências; *iv)* produção de *standards* de boas práticas por

---

[6] INTERNATIONAL CHAMBER OF COMMERCE - ICC. *ICC Policy Statement on Freedom of Commercial Communication*. Disponível em: https://www.iccwbo.be/wp-content/uploads/2016/12/20161216-ICC-Policy-Statement-on-Freedom-of-Commercial-Communication.pdf. Acesso em: 3 jan. 2024.

associações do setor aplicáveis às agências associadas; e v) políticas internas das empresas do setor, notadamente, big techs.[7-8]

No Brasil, duas entidades privadas protagonizam, com distintas atividades, a autorregulação do setor publicitário: o Conselho Nacional da Autorregulamentação Publicitária (Conar) e o Conselho Executivo das Normas-Padrão (Cenp). Abordaremos um pouco mais a evolução e o papel institucional de cada um a seguir, além das associações do setor.

2.1. Conar: autorregulamentação voltada ao conteúdo dos anúncios

O Conselho Nacional de Autorregulamentação Publicitária (Conar) é uma associação de direito privado fundada em 1980[9-10], que reúne anunciantes, agências e veículos, voltada à fiscalização da adequação das comunicações publicitárias. De forma mais detalhada, nos termos do art. 5º do seu estatuto, os objetivos do Conar são:

1. zelar pela comunicação comercial, sob todas as formas, fazendo observar as normas do Código Brasileiro de Autorregulamentação Publicitária, as quais prevalecerão sobre quaisquer outras;

---

[7] À guisa de ilustração, cf.: CONSELHO NACIONAL AUTORREGULAMENTAÇÃO PUBLICITÁRIA - Conar. *Guia de Publicidade para Influenciadores Digitais* - 2021. Disponível em: http://conar.org.br/pdf/CONAR_Guia--de-Publicidade-Influenciadores_2021-03-11.pdf. Acesso em: 3 jan. 2024; e ASSOCIAÇÃO BRASILEIRA DE AGÊNCIAS DE PUBLICIDADE - Abap. *Diretrizes de Compliance - Guia de boas práticas para o mercado publicitário*, [s.l.], fev. 2019. Disponível em: https://www.legiscompliance.com.br/images/pdf/abap_diretrizes_compliance.pdf. Acesso em: 3 jan. 2024.

[8] Sobre o tema dos standards, consultar o nosso: VENTURINI, Otavio. *Teorias do direito administrativo global e standards: Desafios à estatalidade do Direito*. Grupo Almedina, 2020.

[9] São fundadores do Conar: Associação Brasileira de Anunciantes (ABA); Associação Brasileira de Agências de Publicidade (Abap); Associação Brasileira de Emissoras de Rádio e Televisão (Abert); Associação Nacional de Editores de Revistas (Aner); Associação Nacional de Jornais (ANJ) e Central de Outdoor. Além dessas entidades, participou como cofundadora a Associação de Mídia Interativa - Interactive Advertising Bureau Brasil (IAB - Brasil), entidade que reúne e também representa empresas originárias do desenvolvimento tecnológico na área de comunicação, responsáveis pela criação e manutenção de quaisquer formas de veiculação/divulgação de publicidade e propaganda digital.

[10] Ari Schneider lembra que o Conar nasceu no final da década de 1970, em plena ditadura militar, por iniciativa de um grupo de profissionais de comunicação comprometidos com a abertura democrática e a liberdade de expressão. O autor destaca que essa iniciativa "foi uma mobilização ante os planos do governo do general João Baptista Figueiredo (1979-1985) de apertar os controles sobre a publicidade, em nome da defesa dos costumes e da proteção do consumidor contra a propaganda enganosa. Esses planos, que significavam na prática a censura prévia da publicidade, eram vistos pelos profissionais da área, também, como uma forma de controle da imprensa, dada a importância das receitas publicitárias para suas atividades. A reação do setor foi a criação do Código Brasileiro de Autorregulamentação Publicitária, com o compromisso de cumprimento por anunciantes, agências de propaganda e veículos" (SCHNEIDER, Ari. *Publicidade, ética e liberdade*: o trabalho do Conar pelo respeito na propaganda. São Paulo: Conar, 2018. p. 192).

2. funcionar como órgão judicante nos litígios éticos que tenham por objeto os conteúdos publicitários ou questões a eles relativas;
3. oferecer assessoria técnica sobre ética publicitária aos seus associados, aos consumidores em geral e às autoridades públicas, sempre que solicitada;
4. divulgar os princípios e as normas do Código Brasileiro de Autorregulamentação Publicitária, visando esclarecer a opinião pública sobre a sua atuação regulamentadora de normas éticas aplicáveis à publicidade comercial, assim entendida como toda a atividade destinada a estimular o consumo de bens e serviços, bem como promover instituições, conceitos e ideias;
5. atuar como instrumento de concórdia entre todos os participantes de atividades no ecossistema da publicidade e propaganda, salvaguarda de seus interesses legítimos e os dos consumidores, podendo promover tentativas de conciliação antes da tramitação de representações éticas ou durante ela;
6. promover a liberdade de expressão publicitária e a defesa das prerrogativas constitucionais da propaganda comercial.

Em suma, o Conar exerce uma autorregulação voltada aos conteúdos publicitários, inclusive como órgão judicante nos litígios envolvendo questões a eles relativas. Esse tipo de autorregulação é encorajado por entidades internacionais[11] e está presente em diversos outros países[12], como Estados Unidos (Advertising Self-Regulatory Council – ASRC), Portugal (Instituto Civil da Autodisciplina da Comunicação Comercial), Itália (Istituto dell'Autodisciplina Pubblicitaria – IAP), Reino Unido (Advertising Standards Authority – ASA), França (Autorité de régulation professionnelle de la publicité – ARPP), Alemanha (Deutscher Werberat – DW), Argentina (Consejo de Autorregulación Publicitaria – Conarp), entre tantos outros.

No caso brasileiro, o art. 17 da Lei nº 4.680/1965, que dispõe sobre o exercício da profissão de publicitário e de agenciador de propaganda, já estabelece um espaço normativo de legitimação da autorregulação publicitária no país.[13]

Por sua vez, o art. 16 do Código Brasileiro de Autorregulamentação Publicitária (CBAP) explicita a intenção de servir igualmente ao uso das autoridades

---

[11] Vide, por exemplo: as recomendações das Câmaras de Comércio Internacionais (ICC – *International Chamber of Commerce*) e as diretrizes do Código Internacional da Prática Publicitária, editado originalmente em 1937. Destaque também a European Advertising Standards Alliance (EASA), World Federation of Advertisers (WFA), International Advertising Association (IAA), entre outras.

[12] Para consultar os países que possuem estruturas semelhantes, conferir o relatório: INTERNATIONAL COUNCIL FOR AD SELF-REGULATION – ICAS. *2021 global factbook of advertising self-regulatory organizations*, Bruxelas, nov. 2022. Disponível em: https://icas.global/wp-content/uploads/2021-Global-Factbook_ICAS.pdf. Acesso em: 3 jan. 2024. p. 24.

[13] *In verbis*: "Art. 17. A atividade publicitária nacional será regida pelos princípios e normas do Código de Ética dos Profissionais da Propaganda, instituído pelo I Congresso Brasileiro de Propaganda, realizado em outubro de 1957, na cidade do Rio de Janeiro".

e Tribunais como documento de referência e fonte subsidiária no contexto da legislação da propaganda e de outras leis, decretos, portarias, normas ou instruções que direta ou indiretamente afetem ou sejam afetadas pelo anúncio.[14]

O principal instrumento normativo do Conar é o Código Brasileiro de Autorregulamentação Publicitária (CBAP)[15], ao qual se somam as suas súmulas, isto é, decisões aprovadas pelo Plenário do Conselho de Ética que ratificam jurisprudência pacífica do Conar e que caracteriza objetivamente uma infração aos dispositivos do CBAP.

As previsões do CBAP sobre os conteúdos publicitários endereçam os temas, como, por exemplo: *i)* princípios éticos gerais (apresentação verdadeira, identificação publicitária, crianças e adolescentes etc.); *ii)* categorias especiais de anúncios; *iii)* responsabilidades; e *iv)* infrações e penalidades.

O art. 50 do CBAP prevê penalidades aos infratores, quais sejam: *i)* advertência; *ii)* recomendação de alteração ou correção do anúncio; *iii)* recomendação aos veículos no sentido de que sustem a divulgação do anúncio; e *iv)* divulgação da posição do Conar com relação ao anunciante, à agência e ao veículo, por meio de veículos de comunicação, em face do não acatamento das medidas e providências preconizadas.

Importante consignar que não há previsão legal de reserva de jurisdição para o Conar, de modo que quaisquer temas, inclusive aqueles decididos pelo próprio órgão, poderão ser levados à apreciação do Poder Judiciário. No entanto, a atuação do Conar tem se mostrado bastante eficiente no que diz à celeridade e à deferência dos *players* do mercado, em comparação à jurisdição comum, em benefício da manutenção de um sistema ético e de proteção dos direitos dos envolvidos.

2.2. Cenp: autorregulação voltada à qualidade, à legalidade e à sustentabilidade do mercado publicitário

Outro aspecto fundamental da autorregulação publicitária no Brasil, por vezes pouco compreendido, é aquele conduzido pelo Conselho Executivo das

---

[14] *In verbis*: "Embora concebido essencialmente como instrumento de autodisciplina da atividade publicitária, este Código é também destinado ao uso das autoridades e Tribunais como documento de referência e fonte subsidiária no contexto da legislação da propaganda e de outras leis, decretos, portarias, normas ou instruções que direta ou indiretamente afetem ou sejam afetadas pelo anúncio".

[15] Sobre a redação do CBAP, pontua Ari Schneider que: "foram encarregados do texto inicial do Código os publicitários Mauro Salles e Caio Domingues, sendo este o principal redator, e o advogado Saulo Ramos. Coube a João Luiz Faria Netto, então diretor-executivo da Associação Nacional de Jornais (ANJ), redigir o estatuto de criação do Conar que seria apresentado ao regime militar como alternativa ao órgão de controle estatal em gestação" (SCHNEIDER, Ari. *Publicidade, ética e liberdade*: o trabalho do Conar pelo respeito na propaganda. São Paulo: Conar, 2018. p. 192).

Normas-Padrão (Cenp).[16] O foco da atuação autorregulatória do Cenp são a qualidade, a legalidade e a sustentabilidade das atividades de mercado publicitário como um todo, no que se distingue da atuação do Conar, voltada, por seu turno, especificamente ao conteúdo da comunicação publicitária.

Em suma, a eficácia da atuação autorreguladora do Cenp em relação à atividade publicitária se deve a dois mecanismos fundamentais e complementares: *i)* por um lado, a certificação de agências de publicidade ("Certificado de Qualificação Técnica"), por solicitação e de forma voluntária, mediante adesão às "Normas-Padrão da Atividade Publicitária", relativa às condições técnicas e funcionais; e *ii)* por outro lado, a definição e a garantia do "desconto-padrão de agência", como uma das formas de receita das agências de publicidade certificadas.

Portanto, toda agência que alcança as metas de qualidade estabelecidas pelo Cenp, comprometendo-se com os custos e as atividades a elas relacionadas, habilita-se ao recebimento do "Certificado de Qualificação Técnica" e faz jus ao "desconto-padrão" não inferior a 20% sobre o valor dos negócios que encaminhar ao veículo por ordem e conta de seus clientes.

Essas regras estão explicitadas nas Normas-Padrão da Atividade Publicitária (NPAP) do Cenp, firmadas pelas principais entidades representativas em âmbito nacional dos anunciantes, agências e veículos de comunicação (jornais, revistas, rádio, televisão etc.).

Vale mencionar ainda, nos termos do Anexo "B" das NPAP, que, dos 20% de "desconto-padrão", há percentuais passíveis de retorno em favor dos próprios anunciantes, a depender do valor de investimento em mídia. As NPAP e seus anexos consagram o **princípio de valorização do anunciante**, permitindo, de acordo com o nível de investimento em publicidade, que até 5% do desconto-padrão seja revertido pela agência ao anunciante, devolvendo a este a possibilidade de otimizar sua verba de comunicação.

Portanto, esse é um modelo de autorregulação que, para além de estabelecer e certificar parâmetros de qualidade das agências, estimula o anunciante e garante sustentabilidade ao mercado publicitário como um todo, com efeitos benéficos para a economia do país.[17]

E de onde vem esse modelo? Como se deu a sua construção no Brasil? Inicialmente, vale registrar a existência de experiências estrangeiras de certificação

---

[16] Mais recentemente, o Cenp passou a se denominar como "Fórum da Autorregulação do Mercado Publicitário."

[17] O estudo *O valor da publicidade no Brasil*, realizado pela Deloitte em 2021, sob encomenda do Cenp, apontou que cada real investido em publicidade rende mais de oito vezes à economia (DELOITTE. *O valor da publicidade no Brasil* – O impacto do setor nos negócios, na economia e na sociedade, [s.l], 2021. Disponível em: https://www.abap.com.br/wp-content/uploads/2021/09/deloittevalorpublicidadeptdigital.pdf. Acesso em: 4 jan. 2023).

de agências de publicidade, ainda que assentadas em premissas completamente distintas. À guisa de ilustração, podemos mencionar o modelo português, no qual as "agências de publicidade certificadas" são registadas pelo Instituto Português da Qualidade, um organismo estatal de normalização e metrologia daquele país (equivalente ao Instituto Nacional de Metrologia, Normalização e Qualidade Industrial – Inmetro, no Brasil), conforme Decreto-Lei nº 34/1994, de 8 de fevereiro. O referido diploma normativo, adota como premissa a necessidade de "salvaguardar os respectivos interesses e contribuir para a proteção e defesa dos consumidores e para a dignificação das empresas envolvidas". Para tanto, define um quadro legal que, sem restringir o exercício da atividade publicitária, regula a utilização da designação "agência de publicidade certificada".

No caso brasileiro, vale ressaltar que essa experiência de autorregulação se iniciou com as vetustas "Normas-Padrão para prestação de serviços pelas agências de propaganda", estabelecidas no ano de 1957 pela Associação Brasileira de Agências de Propaganda (Abap), no contexto do I Congresso Brasileiro de Propaganda, e incorporadas posteriormente pelo Cenp. As antigas Normas-Padrão da Abap passaram a gozar de juridicidade mediante remissão feita pelo art. 7º do Decreto nº 57.690, de 1º de fevereiro de 1966, que regulamentou a Lei nº 4.680/1965, relativa ao exercício da profissão de publicitário e de agenciador de propaganda.[18] As Normas-Padrão da Abap também estabeleciam porcentagem mínima de honorários cobrados como comissão concedida pelos veículos sobre os preços de tabela.[19]

Em 26 de junho de 1997, foi editado o Decreto nº 2.262, que alterou a redação do referido art. 7º do Decreto nº 57.690/1966, para suprimir qualquer menção às Normas-Padrão da Abap, bem como estabeleceu que órgãos e entidades da Administração Pública Federal deveriam renegociar, em benefício da Administração, as cláusulas de remuneração da contratada. Na prática, essa medida implicou a perda de reconhecimento normativo às Normas-Padrão da Abap e uma forte desregulamentação do mercado publicidade, sobretudo, no que diz respeito a patamares mínimos de remuneração e sustentabilidade econômico-financeira.

---

[18] Em redação já revogada, previa o art. 7º do Decreto nº 57.690/1966: "Os serviços de propaganda serão prestados pela Agência mediante contratação, verbal ou escrita, de honorários e reembolso das despesas previamente autorizadas, **observadas as Normas-Padrão recomendadas pelo I Congresso Brasileiro de Propaganda**" (grifo nosso).

[19] In verbis: "Pelos serviços que executa, mediante a autorização do Cliente (estudo do produto ou serviço, concepção do plano de propaganda, redação de textos, encaminhamento da propaganda aos veículos de divulgação, supervisão e prestação mensal de contas) a Agência de Propaganda é remunerada da seguinte forma: a) honorários na base de uma porcentagem equivalente à comissão de 20%, que lhe é concedida pela imprensa falada ou escrita e por outros veículos, o que significa cobrar como honorários essa comissão concedida pelos veículos sobre os preços de tabela".

Em rico registro sobre o contexto da edição do referido Decreto nº 2.262, Oscar Kita registra que o "argumento usado para a modificação foi o de que cabia ao Estado retirar subsídios e proteções do produtor nacional no intuito de causar impacto nos preços – isto não ocorria no mercado publicitário, que estava orientado por rígida regulamentação".[20] Isto é, uma medida alinhada com o discurso e as iniciativas de privatização e de desregulamentação de mercados vivenciadas no Brasil durante a década de 1990.

Entretanto, a desregulamentação do mercado publicitário evidenciou uma série de riscos à qualidade dos serviços e à manutenção de um mercado publicitário criativo, sustentável e competitivo. Conforme Oscar Kita pontua, "quando a taxa de remuneração das agências é padrão, o diferencial na escolha da agência de propaganda a ser contratada pelos anunciantes é a qualidade do serviço".[21] Ao passo que, quando o desconto devido às agências é negociável sem qualquer parâmetro mínimo, tem-se o risco de canibalização do mercado com ofertas de taxas de remuneração cada vez menores, em prejuízo da qualidade do serviço a ser prestado, bem como de toda cadeia de profissionais e empresas atuantes no setor, o que é vastamente descrito na literatura como um movimento de "corrida para o fundo do poço" (race to the bottom).

Mais do que isso, o contexto propiciava dominação do mercado de compra de espaços publicitários pelos "bureaus de mídia" ou "centrais de mídia fechada" internacionais, isto é, grupos econômicos altamente capitalizados de compra de mídia, que compram antecipadamente e de forma monopolística os espaços publicitários de variados veículos (compra no atacado), para oferecê-los em seguida a agências e anunciantes com o sobrepreço (venda no varejo), referente ao seu lucro. Isto é, uma financeirização agressiva do mercado de compra de espaços publicitários, com evidente encarecimento aos anunciantes[22]. A prática é atualmente vedada pelas Normas-Padrão.[23]

Diante de cenário de riscos ao mercado publicitário como um todo, entidades nacionais representantes de veículos de comunicação, anunciantes e agências de publicidade se reuniram na data de 16 de dezembro de 1998 para criação do

---

[20] KITA, Oscar. *Publicidade na Administração Pública*. Rio de Janeiro: Renovar, 2012. p. 63.
[21] KITA, Oscar. *Publicidade na Administração Pública*. Rio de Janeiro: Renovar, 2012. p. 63.
[22] KITA, Oscar. *Publicidade na Administração Pública*. Rio de Janeiro: Renovar, 2012. p. 63.
[23] Os art. 4.3. e 4.4. das Normas-Padrão do Cenp vedam essa prática: "4.3 Não será aceita a compra e venda de espaço/tempo ou serviço em desacordo com o disposto na Lei no 4.680/65 e no Decreto no 57.690/66, e em especial a realizada por intermédio de centrais de mídia fechadas, de 'bureaux de mídia' ('media brokers'), Agências independentes de mídia ou entidades assemelhadas. 4.4 A existência de vínculo entre determinada Agência e 'central de mídia fechada', 'bureau de mídia', Agências independentes de mídia ou entidade assemelhada, em razão de capital, acordo operacional ou de assistência técnica, parceria eventual ou simples mandato, não equipara tais entidades a uma Agência para o efeito de perceberem o 'desconto padrão de agência' de que trata o item 2.5.1 destas Normas-Padrão."

Cenp[24], sob a forma de associação civil sem fins lucrativos e presidência de Petrônio Corrêa. De forma detalhada, conforme o art. 6º do estatuto do Cenp, seus objetivos e atribuições são:

1. exercer, em nome de seus associados, o acompanhamento autorregulamentar da atividade publicitária, zelando por qualidade, legalidade e ética nas relações de mercado entre anunciantes, agências, veículos e novos elos digitais, fazendo observar a legislação aplicável e as melhores práticas de mercado da atividade publicitária, as quais prevalecerão sobre quaisquer outras;
2. discutir, recomendar e promover as melhores práticas de mercado da atividade publicitária abrangendo todas os novos formatos de relacionamento trazidos pela digitalização da comunicação empresarial;
3. defender a liberdade de expressão publicitária;
4. defender a liberdade editorial e a autonomia empresarial dos veículos de comunicação e demais agentes que promovem veiculação de publicidade;
5. funcionar, quando demandado, como organismo de mediação nos conflitos que tenham por objeto as relações de mercado entre quaisquer agentes do mercado publicitário;
6. oferecer a seus associados e autoridades constituídas, sempre que solicitado, assessoria técnica sobre boas práticas de mercado, leal concorrência, usos e costumes da indústria de propaganda;
7. fomentar e divulgar as melhores práticas e regulamentos da atividade publicitária;
8. realizar estudos e pesquisas sobre dados de mercado que permitam a aferição de indicadores de eficiência, retorno, investimentos e participação dos vários agentes do mercado publicitário;
9. certificar, por solicitação e de forma voluntária do interessado e mediante adesão às "Normas-Padrão da Atividade Publicitária", no que lhes couber, as condições técnicas e funcionais das agências de propaganda que atuam na criação, produção, intermediação e veiculação de publicidade;
10. depositar, para fins de comprovação pública, documento relacionado com a atividade comercial de publicidade e propaganda, quando exigido por lei;

---

[24] Foram elas: Entidades representativas em âmbito nacional dos Anunciantes (ABA – Associação Brasileira de Anunciantes), das Agências de Propaganda (Abap – Associação Brasileira de Agências de Publicidade e Fenapro – Federação Nacional das Agências de Propaganda), dos Jornais diários de circulação paga (ANJ – Associação Nacional de Jornais), das Revistas (Aner – Associação Nacional de Editores de Revistas), das emissoras de Rádio e Televisão, (Abert – Associação Brasileira de Emissoras de Rádio e Televisão), das emissoras de Televisão por Assinatura (Abta – Associação Brasileira de Telecomunicações por Assinatura) e dos Veículos de Propaganda ao Ar Livre representados pela Central de *Outdoor*.

11. credenciar, por solicitação dos interessados, objetivando a qualificação técnica e as boas práticas setoriais, respeitadas as exigências técnicas próprias do mercado, serviços de Fornecedores de Informações de Mídia (pesquisa) e de Verificação de Circulação.

A partir da sua fundação e início das atividades, o Cenp foi gradualmente alcançando reconhecimento por parte dos órgãos de controle. Esse é o caso Conselho Administrativo de Defesa Econômica (Cade), que teve atuação importante no controle da criação do Cenp e suas normas de autorregulação, com indicação de parâmetros de preços e fiscalização junto às entidades do mercado. Como bem relata Lucas Pedroso, a entidade concluiu, naquela oportunidade, que as Normas-Padrão estariam amparadas pela legislação, em especial na Lei nº 12.232/2010[25-26].

Um outro passo fundamental no processo de reconhecimento institucional do Cenp foi dado em 29 de maio de 2002, com a celebração do "Acordo entre o Governo Federal e o Mercado Publicitário sobre Publicidade de Utilidade Pública"[27]. Nele, a Secom-PR, representada pelo então Secretário de Estado de Comunicação de Governo da Presidência da República, João Roberto Vieira da Costa, e o mercado publicitário, representado pelo então Presidente do Cenp, Petrônio Corrêa, definiram tratamento especial à publicidade de utilidade pública com preço de veiculação menor do que os então praticados no mercado publicitário, ao mesmo tempo que estabeleceram a competência do Cenp, na condição de representante do mercado publicitário, para realizar gestões para que os veículos de divulgação incorporassem às suas práticas comerciais o preço especial para veiculação de utilidade pública. Nesse mesmo ano, em 31 de dezembro, foi editado o Decreto nº 4.563, que revogou o Decreto nº 2.262/1997, alterando a redação do art. 7º para fazer remissão direta às Normas-Padrão e consolidando o protagonismo do Cenp. *In verbis*:

> Art. 7º Os serviços de propaganda serão prestados pela Agência mediante contratação, verbal ou escrita, de honorários e reembolso das despesas previamente autorizadas, **tendo como referência o que estabelecem os itens 3.4 a 3.6, 3.10**

---

[25] PEDROSO, Lucas Aluísio Scatimburgo. *Contratos Administrativos de Serviços de Publicidade*: A remuneração das agências. Belo Horizonte: Editora Forum: 2022. p. 69 e ss.

[26] "12. Não obstante a possível indução de conduta concertada que pode ser implementada por meio dessas normaspadrão, destacadamente na obrigação de padronização de percentuais de desconto imposta pelo CENP, forçoso observar que a sistemática possui amparo legal. Nesse contexto, decidindo pela existência ou não de risco concorrencial de se estabelecer ao mercado parâmetros uniformes de remuneração de 20%, a prática comercial do Cenp é chancelada enquanto vigorarem as Leis 4.680/65 e 12.232/10 e os Decretos 57.690/66 e 4.563/2002" (Cade, Processo Administrativo nº 08012.008602/ 2005-09, voto Cons. Gilvandro Araujo, 02.12.2014).

[27] BRASIL. Secretaria de Comunicação Social. Acordo entre o Governo Federal e o Mercado Publicitário sobre Publicidade de Utilidade Pública, Brasília, DF, 29 maio 2002. Disponível em: https://www.gov.br/secom/pt-br/acesso-a-informacao/legislacao/acordosecomcenp.pdf. Acesso em: 5 jan. 2024.

e 3.11, e respectivos subitens, das **Normas-Padrão da Atividade Publicitária, editadas pelo CENP – Conselho Executivo das Normas-Padrão**, com as alterações constantes das Atas das Reuniões do Conselho Executivo datadas de 13 de fevereiro, 29 de março e 31 de julho, todas do ano de 2001, e registradas no Cartório do 1º Ofício de Registro de Títulos e Documentos e Civil de Pessoa Jurídica da cidade de São Paulo, respectivamente sob nº 263447, 263446 e 282131. (Grifo nosso)

O processo de integração de um *standard*, como as Normas-Padrão ao Direito, pode ser denominado como "incorporação" ou "referência", essa segunda modalidade também é nomeada como "remissão"[28] a *standard* pela ordem jurídica estatal. Em uma leitura orientada pelo estatalismo jurídico, a incorporação e a remissão a *standard* pelo Direito estatal são o caminho para que um padrão adquira significação jurídica, não por uma qualidade intrínseca, mas, justamente, por ser introduzido no âmbito do Direito produzido pelo Estado.[29-30]

Por fim, o reconhecimento institucional do Cenp e das NPAP ganha ainda mais força no âmbito da Administração Pública no ano 2010, com a aprovação da Lei nº 12.232/2010, que dispõe sobre as normas gerais para licitação e contratação pela administração pública de serviços de publicidade prestados por intermédio de agências de propaganda. O art. 4º do referido diploma estabelece que apenas as agências de publicidade com certificado de qualificação técnica de funcionamento, emitido pelo Cenp, segundo suas normas, poderão ser contratadas. Vejamos:

> Art. 4º Os serviços de publicidade previstos nesta Lei serão contratados em agências de propaganda cujas atividades sejam disciplinadas pela Lei nº 4.680, de 18 de junho de 1965, e que tenham obtido certificado de qualificação técnica de funcionamento.
>
> § 1º O certificado de qualificação técnica de funcionamento previsto no *caput* deste artigo poderá ser obtido perante o Conselho Executivo das Normas-Padrão – CENP, entidade sem fins lucrativos, integrado e gerido por entidades nacionais

---

[28] A Resolução nº 06/2002 do Conmetro utiliza o termo "referência" e a doutrina de Marc Tarrés Vives emprega a expressão "remissão" para analisar o mesmo fenômeno (VIVES, Marc Tarrés. Las normas técnicas en el Derecho Administrativo. *Documentación administrativa*, n. 265-266, 2003).

[29] De acordo com Marc Tarrés Vives: "Conforme assinalado, a norma técnica pode alcançar significação legal quando uma norma do ordenamento jurídico se refere a ela. Essa possibilidade é frequentemente usada tanto pelo Direito técnico quanto pelo Direito ambiental. Pode-se dizer que mediante técnica de remissão o conteúdo das normas oriundas de organizações privadas passa a adquirir os atributos de validade e eficácia característicos da norma jurídica" (VIVES, Marc Tarrés. Las normas técnicas en el Derecho Administrativo. *Documentación administrativa*, n. 265-266, 2003. p. 170). O autor também possui tese de doutoramento sobre o tema: VIVES, Marc Tarrés. *Normas técnicas y ordenamiento jurídico*. Universitat de Girona, 2002.

[30] Por outro lado, a relação dos standards com a ordem jurídica estatal indica um ponto de tensão sob o princípio da legalidade, elemento basilar do Direito Público do Estado. Para aprofundamentos sobre modelos de remissão a standards e princípio da legalidade, cf.: VENTURINI, Otavio. *Teorias do direito administrativo global e standards: desafios à estatalidade do Direito*. Coimbra: Almedina, 2020. p. 130-133.

que representam veículos, anunciantes e agências, ou por entidade equivalente, legalmente reconhecida como fiscalizadora e certificadora das condições técnicas de agências de propaganda.

Constata-se, portanto, que o processo de afirmação e de reconhecimento institucional do Cenp se confunde com a trajetória tendente à autorregulação do mercado publicitário, consolidando-se ao longo de mais de duas décadas e por diferentes governos. O processo de desregulamentação do mercado publicitário, instaurado no ano de 1997 (primeiro mandato do Governo FHC), por meio da edição do Decreto nº 2.262, que suprimiu a referência às primeiras Normas-Padrão da Abap, reverte-se no final do segundo mandato do mesmo Governo FHC, com a criação e o reconhecimento do papel do Cenp enquanto representante do mercado publicitário e edição do Decreto nº 4.563, com respectiva remissão às novas NPAP. Esse reconhecimento ganha ainda mais força a partir da aprovação da Lei nº 12.232/2010, no segundo mandato do Governo Lula, condicionando a prestação de serviços à Administração Pública e às entidades com certificado de qualificação técnica de funcionamento.

2.3. Associações e entidades de representação: estandardização de boas práticas

Ainda no âmbito da autorregulação, cabe mencionar o importante papel desempenhado pelas associações e entidades de representação, na promoção de debates, estandardização de boas práticas e definição de parâmetros de atuação no setor.[31]

Esse o caso da já mencionada Associação Brasileira de Agências de Publicidade, fundada em 1º de agosto de 1949, que exerce um papel fundamental na construção do modelo de autorregulação publicitária no Brasil, seja pela condução dos trabalhos que resultaram nas primeiras normatizações – como as primeiras Normas-Padrão aprovadas no contexto do I Congresso Brasileiro de Propaganda no ano de 1957 –, seja participando da criação e integrando as entidades de autorregulação criadas mais recentemente, como o Conar e o

---

[31] A estandardização ou normalização pode ser conceituada como "atividade que estabelece, em relação a problemas existentes ou potenciais, prescrições destinadas à utilização comum e repetitiva com vistas à obtenção do grau ótimo de ordem em um dado contexto. Consiste, em particular, na elaboração, difusão e implementação das normas". Em suma, a finalidade da estandardização é definir padrões e boas práticas (ABNT. Normalização. Disponível em: http://www.abnt.org.br/normalizacao/o-que-e/o-que-e. Acesso em: 21 jan. 2018). No contexto de uma lógica de intervenção subsidiária e excepcional do Estado sobre o exercício de atividades econômicas, a autorregulação e a produção de *standards* têm sido cada vez mais legitimada e incentivada pela ordem jurídica nacional. Cf.: VENTURINI, Otavio; FERRAZ, Sergio. Intervenção subsidiária e excepcional do Estado sobre o exercício de atividades econômicas: um breve ensaio sobre o fundamento da "economia de poder" e modelos autodeclaratórios com controle administrativo *ex post* na Lei nº 13.874/19. *Revista Digital de Direito Administrativo*, v. 9, n. 2, p. 99-112, 2022.

Cenp. Atualmente, Abap também desempenha um relevante papel promovendo importantes debates e definindo *standards* de boas práticas para o setor, como, por exemplo, o guia "Diretrizes de *Compliance*" para agências de publicidade.[32]

Menção também deve ser feita à atuação da Federação Nacional das Agências de Propaganda (Fenapro) e dos respectivos Sindicatos das Agências de Propaganda (Sinapros), que não se limitam às questões de representação sindical patronal. Criada em 1982, a Fenapro, por meio dos Sindicados, também desenvolve ações como a edição do documento "Valores Referenciais de Serviços Internos", que é considerado a principal referência para a precificação dos serviços realizados pelas agências de publicidade e propaganda.[33]

3. CORREGULAÇÃO: A ATUAÇÃO DOS ÓRGÃOS DE CONTROLE E AGÊNCIAS ESTATAIS

Em que pese a força da autorregulação do mercado publicitário no Brasil, é importante enfatizar a atuação regulatória estatal, na constituição daquilo que podemos denominar como "**corregulação do mercado publicitário brasileiro**".

Como já pontuado, não há previsão legal no ordenamento pátrio de reserva de jurisdição para as entidades de autorregulação publicitária e, nos termos do princípio da "**inafastabilidade da tutela jurisdicional**" vigente no país (art. 5º, inciso XXXV, da Constituição Federal[34]), toda e qualquer questão pode ser levada à apreciação do Poder Judiciário.

3.1. Corregulação estatal voltada ao conteúdo dos anúncios: a função do CDC

Além dessa premissa, há importantes leis e atores estatais que regulam a publicidade. Com relação ao conteúdo da publicidade, menção se deve fazer ao **Código de Defesa do Consumidor (CDC – Lei nº 8.078, de 11 de setembro de 1990)**, que regulamenta o tema com capítulos e seções específicas para: *i)* tipificação do princípio da identificação da publicidade e vedação às formas de

---

[32] ASSOCIAÇÃO BRASILEIRA DE AGÊNCIAS DE PUBLICIDADE – Abap. Abap lança o guia "Diretrizes de Compliance" para agências de publicidade, 25 mar. 2019. Disponível em: https://www.abap.com.br/releases/abap-lanca-o-guia-diretrizes-de-compliance-para-agencias-de-publicidade/. Acesso em: 05.01.2024.

[33] SINDICATO DAS AGÊNCIAS DE PROPAGANDA ESTADO DE SÃO PAULO – Sinapro. *Valores Referenciais de Serviços Internos*, São Paulo, jul. 2021. Disponível em: https://www.sinaprosp.org.br/wp-content/uploads/2019/04/Documento-Valores-Referenciais-de-Servi%C3%A7os-Internos-SINAPRO-SP-V%C3%A1lidos--a-partir-de-julho-de-2021-Atualizado-17-08-2021-2.pdf. Acesso em: 5 jan. 2024.

[34] *In verbis*: "a lei não excluirá da apreciação do Poder Judiciário lesão ou ameaça a direito".

publicidade enganosa (art. 37, § 1º)[35] ou abusiva (art. 37, § 2º)[36]; *ii)* definição de fiscalização e sanções administrativas a cargo da Senacom, em âmbito federal, e dos Procons, no âmbito dos estados[37]; *iii)* tipificação de crimes contra as relações de consumo nos casos de publicidade sabidamente enganosa ou abusiva, com pena de detenção; entre outras medidas. O CDC possibilita ainda a defesa em âmbito judicial de direitos difusos ou coletivos dos consumidores afetados por publicidade abusiva ou enganosa, o que se dá por meio da proposição pelos órgãos e entidades legitimadas[38] das chamadas ações coletivas(ação civil pública).

Ainda com relação ao conteúdo da publicidade, há também leis específicas, por exemplo, a Lei nº 11.265, de 3 de janeiro de 2006, que regulamenta a comercialização de alimentos para lactentes e crianças de primeira infância, vedando a promoção comercial de determinados produtos em quaisquer meios de comunicação (como fórmulas infantis para crianças de primeira infância e fórmula de nutrientes apresentada ou indicada para recém-nascido de alto risco), como meio de contribuir para a adequada nutrição dos lactentes e das crianças de primeira infância.

3.2. Corregulação estatal na publicidade da Administração Pública: o protagonismo da Secom e a atuação dos órgãos de controle

Para além da corregulação estatal voltada ao conteúdo dos anúncios, há a atuação de órgãos e entidades públicas relacionadas à regulação do mercado

---

[35] "É enganosa qualquer modalidade de informação ou comunicação de caráter publicitário, inteira ou parcialmente falsa, ou, por qualquer outro modo, mesmo por omissão, capaz de induzir em erro o consumidor a respeito da natureza, características, qualidade, quantidade, propriedades, origem, preço e quaisquer outros dados sobre produtos e serviços."

[36] "É abusiva, dentre outras a publicidade discriminatória de qualquer natureza, a que incite à violência, explore o medo ou a superstição, se aproveite da deficiência de julgamento e experiência da criança, desrespeita valores ambientais, ou que seja capaz de induzir o consumidor a se comportar de forma prejudicial ou perigosa à sua saúde ou segurança."

[37] Nos termos do art. 56 do CDC: "As infrações das normas de defesa do consumidor ficam sujeitas, conforme o caso, às seguintes sanções administrativas, sem prejuízo das de natureza civil, penal e das definidas em normas específicas: I – multa; II – apreensão do produto; III – inutilização do produto; IV – cassação do registro do produto junto ao órgão competente; V – proibição de fabricação do produto; VI – suspensão de fornecimento de produtos ou serviço; VII – suspensão temporária de atividade; VIII – revogação de concessão ou permissão de uso; IX – cassação de licença do estabelecimento ou de atividade; X – interdição, total ou parcial, de estabelecimento, de obra ou de atividade; XI – intervenção administrativa; XII – imposição de contrapropaganda".

[38] São eles: I – o Ministério Público, II – a União, os Estados, os Municípios e o Distrito Federal; III – as entidades e órgãos da Administração Pública, direta ou indireta, ainda que sem personalidade jurídica, especificamente destinados à defesa dos interesses e direitos protegidos por este código; IV – as associações legalmente constituídas há pelo menos um ano e que incluam entre seus fins institucionais a defesa dos interesses e direitos protegidos pelo CDC.

como um todo. Especificamente para publicidade no âmbito da Administração Pública uma entidade fundamental é a Secretaria de Comunicação (Secom), ligada ao Poder Executivo Federal. Conforme as mudanças políticas, ela pode figurar como Secretaria, como seu nome indica, inclusive dentro do Ministério das Comunicações, por exemplo, ou possuir *status* de Ministério.

Em âmbito federal, a Secom possui ao menos três grandes atribuições. Isso é o que se verifica da Lei nº 14.600, de 19 de junho de 2023, em que a Secom, vinculada à Presidência da República, tem entre suas atribuições:

> Art. 6º À Secretaria de Comunicação Social da Presidência da República compete:
> I – formular e implementar a política de comunicação e divulgação social do Poder Executivo federal;
> II – coordenar, formular e implementar ações orientadas para o acesso à informação, o exercício de direitos, o combate à desinformação e a defesa da democracia, no âmbito de suas competências;
> (...)
> IX – coordenar, normatizar e supervisionar a publicidade e o patrocínio dos órgãos e das entidades da administração pública federal, direta e indireta, e das sociedades sob o controle da União;
> (...)
> XV – editar normas e manuais sobre a legislação aplicada à comunicação social; (...)

A primeira grande atribuição é realizar a normatização das licitações e dos contratos de publicidade, dentro do que a legislação permite. Isso ocorre, tradicionalmente, por meio de Instruções Normativas, mas também Portarias e Manuais.

A segunda é realizar o acompanhamento dessas licitações e contratos. Isso se dá tanto no exame de minutas de editais, contratos, dos planos de mídia e da documentação produzida durante a execução do contrato. Misturada à atribuição anterior, pode-se citar que a Secom dispõe de uma minuta-padrão de edital e contrato.

Essas atribuições estão relacionadas ao fato de que a Secom é o órgão central do Sistema de Comunicação de Governo do Poder Executivo Federal (Sicom). Segundo o art. 4º do Decreto nº 6.555/2008:

> Art. 4º O Sistema de Comunicação de Governo do Poder Executivo Federal (Sicom) é integrado pela Secretaria de Comunicação Social da Presidência de República, como órgão central, e pelas unidades administrativas dos órgãos e entidades integrantes do Poder Executivo Federal que tenham a atribuição de gerir ações de comunicação.

Como tal, portanto, a Secom desempenha um papel central na Comunicação do Governo Federal, junto aos demais ministérios e até as empresas estatais, como Banco do Brasil, Correios e Caixa Econômica Federal.

Em terceiro lugar, a Secom, ela própria, também realiza boa parte do que normatiza e acompanha. Isto é, ela também contrata agências de publicidade que realizam campanhas, bem como promove ações, políticas e cuida da comunicação do Governo Federal de forma ampla.

Essa estrutura da Secom é reproduzida, com as devidas proporções, pelas Secretarias de Comunicação de Estados e Municípios, as quais também normatizam os contratos em âmbito local, sempre observadas as normas gerais da Lei nº 12.232/2010, bem como coordenam e realizam a comunicação do Poder Executivo local.

Por fim, para completar esse panorama geral, vale situar que a Publicidade da Administração Pública também está sujeita à fiscalização realizada pelos órgãos de controle. Além da atuação do Poder Judiciário, que volta e meia paralisa licitações e traz questionamentos, cabe destacar outras duas entidades: o Conselho Administrativo de Defesa Econômica (Cade) e o Tribunal de Contas da União (TCU).

O Cade possui atuações mais pontuais, porém significativas no setor. Responsável pela defesa da concorrência, nos termos da Lei Federal nº 12.529/2011. Como já destacado, o órgão teve atuação importante no controle da criação do Cenp e de suas normas de autorregulação, do ponto de vista concorrencial. O modelo de agência de publicidade *full service*, bem como a forma de remuneração praticada resultam em um modelo específico de autorregulação amparado na legislação. Isso é importante porque existem outros modelos de agências e remuneração possíveis, com implicações concorrenciais, que podem vir a ser sugeridos ou questionados pelo próprio mercado, dando lugar a novas práticas, em especial considerando a publicidade veiculada em meios digitais.

Já o TCU, apesar do que o nome diz, não é propriamente um Tribunal vinculado ao Poder Judiciário, mas um órgão do Poder Legislativo, que fiscaliza a aplicação de recursos públicos, em âmbito federal (estados possuem Tribunais de Contas dos Estados e alguns municípios contam com Tribunais de Contas dos Municípios), conforme consta dos arts. 70 e seguintes da Constituição Federal.

O TCU desempenhou papel importante em especial na época do escândalo do Mensalão. O órgão consolidou auditorias dos contratos de publicidade do Poder Executivo Federal, examinou práticas e fez apontamentos que acabaram se refletindo em parte na Lei nº 12.232/2010[39]. Ademais, periodicamente, o controle por ele realizado resulta em mudanças de interpretação da lei, bem como inspira mudanças legais.

---

[39] Em especial por meio do Acórdão nº 2.062/2006, do Plenário e seu recurso, como aponta PEDROSO, Lucas Aluísio Scatimburgo. *Contratos Administrativos de Serviços de Publicidade*: A remuneração das agências. Belo Horizonte: Editora Forum: 2022. p. 48 e ss.

4. COMUNICAÇÃO DIGITAL E NOVAS TECNOLOGIAS: OS DESAFIOS ATUAIS E A EVOLUÇÃO DA AUTORREGULAÇÃO

A emergência da comunicação digital, acompanhada do emprego de novas tecnologias para o desenvolvimento e a veiculação de campanhas publicitárias, traz uma série de desafios regulatórios e de natureza ética ao mercado publicitário. Apenas para ilustrar com alguns exemplos de novas questões que o mercado publicitário passa a se deparar, valer mencionar: *i)* definição do modelo de remuneração das agências na veiculação de campanhas nos novos formatos de mídia *on-line*; *ii)* manutenção de padrões éticos e lícitos em conteúdos publicitários gerados por milhares de influenciadores digitais; *iii)* preservação do *brand safety* em relação à veiculação de campanhas em veículos que não disseminem *fake news* ou propaguem discurso de ódio; *iv)* proteção de dados pessoais em veiculações de mídia programática; *v)* limites éticos e gestão de riscos legais na utilização de mecanismos de IA para produção de campanhas, como o uso de *deep fake* ou IA generativa para criações, entre outros.

Essas preocupações transcendem, inclusive, o âmbito mercadológico das campanhas publicitárias. A temática das *fake news* e todo aparato lucrativo existente nas mídias digitais por trás da desinformação e do discurso de ódio ensejam sérias preocupações de *brand safaty*, isto é, proteção do nome e da imagem da marca de um anunciante com relação à veiculação em veículos ou por influenciadores digitais que exponham conteúdos ilícitos, inidôneos ou sensíveis. Sobre o tema, o *Interactive Advertising Bureau* (IAB) traz contribuições importantes ao definir práticas de *compliance* voltadas ao *brand safety*, como:

> *Brand safety* descreve as práticas e ferramentas que são estabelecidas para garantir que uma campanha de publicidade digital não apareça próxima a qualquer conteúdo que seja ilícito (por exemplo, conteúdo relacionado a drogas) ou perigoso (por exemplo, pornografia ou violência). Isto deve ser aplicado a todas as campanhas para proteger a reputação de uma marca e não financiar quaisquer fornecedores de conteúdo ilícito ou perigoso.[40]

O tema, inclusive, já foi objeto de representações e análises por parte do TCU a respeito de despesas com publicidade do Governo Federal, como a divulgação de campanha publicitária em *sites* inapropriados, seja porque divulgam *fake news* ou estariam associados a atividades ilegais.[41]

---

[40] INTERACTIVE ADVERTISING BUREAU – IAB BRASIL. Guia: Brand Safety and Suitability – IAB Europa, [s.l.], 18 set. 2020. Disponível em: https://iabbrasil.com.br/guia-brand-safety-and-suitability-iab-europa/. Acesso em: 22 abr. 2021.

[41] Processo: TC 018.941/2020-6.

Outra preocupação da maior relevância é a legitimidade das bases de dados pessoais da qual se valem os *players* que atuam na comunicação digital e no ecossistema de mídia programática. Os dados pessoais, como aqueles obtidos por meio de *cookies*, são utilizados, entre outras coisas, para processos de *microtargeting*, isto é, segmentação de grupos e direcionamento assertivo da mensagem publicitária a determinados públicos-alvo. Todo esse processo de coleta, compartilhamento e processamento dos dados pessoais deve observar os parâmetros regulatórios e de governança em privacidade previsto não apenas na legislação nacional (Lei nº 13.709/2018 - LGPD - e Lei nº 12.965/2014 - Marco Civil da Internet), mas também em leis estrangerias de proteção de dados e *standards* globais, considerando o intenso fluxo transnacional de dados em uma economia globalizada.

O uso de IA generativa e de tecnologias de *deep fake* para criação de conteúdo publicitário traz novas questões éticas e necessidade de gestão de riscos legais emergentes, para além daqueles que os mecanismos de *deep learning* voltados à classificação de pessoas nas redes sociais já evidenciavam.

4.1. Ênfase nas políticas internas de *compliance* dos *players* do mercado

E como fica a autorregulação nesse contexto? De forma geral, ela será ampliada para toda cadeia, ainda que com papéis distintos, e reforçada por meio de um modelo de corresponsabilidade focado na exigência de implantação de medidas de *compliance* voltadas à prevenção de ilícitos, ao mesmo tempo que a atuação estatal regulatória, fiscalizadora e sancionatória se tornará mais presente.

Do ponto de vista estritamente jurídico, *compliance* nada mais do que é um mecanismo de autorregulação e autofiscalização reguladas[42] a ser implementado por *players* atuantes com temas ou em setores altamente regulados. Em suma, a legislação e os *standards* do setor impõem aos *players* regulados o dever de implementação e efetivo funcionamento de: *i)* estruturas (*officers*); *ii)* políticas internas; e *iii)* processos capazes de garantir a conformidade com

---

[42] A expressão autorregulação regulada, na definição Luis Arroyo Jiménez, alude "ao fato de que as estruturas de autorregulação são geralmente condicionadas externamente pelos poderes públicos, o que nos obriga a levar em conta as relações entre a autorregulação e a intervenção pública, visando capacitar, estimular e condicionar seu desenvolvimento" (ARROYO JIMÉNEZ, Luis. Introducción a la autorregulación. In: ARROYO JIMÉNEZ, Luis; NIETO MARTÍN, Adán. *Autorregulación y Sanciones*. Valladolid: Lex Nova, 2008. p. 31). Vale mencionar que o termo "autorregulación regulada" é recorrente na literatura espanhola e ganhou atenção com os aportes teóricos do professor de Direito Administrativo da Universidade de Barcelona, José Esteve Pardo, sobre os efeitos públicos da autorregulação privada. Cf.: PARDO, José Esteve. *Autorregulación: génesis y efectos*. Navarro: Aranzadi, 2002; VENTURINI, Otavio. *Teorias do direito administrativo global e standards: desafios à estatalidade do Direito*. Coimbra: Almedina, 2020. p. 45-67).

as exigências regulatórias (*compliance with*), com vistas a prevenir, detectar e até mesmo remediar ilícitos que venham a ocorrer, sob pena de responsabilização jurídica.[43]

Trata-se de um desenho de responsabilidade jurídica próprio de um sociedade de riscos[44], em que, para mitigação de potenciais danos coletivos e proteção da sociedade como um todo, se faz necessária a imposição de um dever de conformidade e de implementação de mecanismos preventivos, em consonância com o resultado e os riscos que razoavelmente se esperam de uma atividade. Um desenho que se afasta da concepção tradicional de responsabilidade objetiva, focada na demonstração de elementos subjetivos (culpa ou dolo), em direção à responsabilidade objetiva, considerando o grau de riscos e obrigatoriedade de postura proativa, antes que um eventual dano ocorra.[45]

Vale reiterar que, em um contexto em que os temas objeto da regulação são cada vez mais complexos e dinâmicos em suas mudanças – como a tecnologia e o Direito Digital –, dificilmente os reguladores alcançarão um nível de *enforcement* adequado da legislação sem o compartilhamento de atribuições e responsabilidades com os *players* regulados.

---

[43] VENTURINI, Otavio. Programa de *compliance* digital. In: CARVALHO, André Castro; BERTOCCELLI, Rodrigo de Pinho; ALVIM, Tiago Cripa; VENTURINI, Otavio. *Manual de* Compliance. 4. ed. Rio de Janeiro: Editora Forense, 2023.

[44] BECK, Ulrich; WYNNE, Brian. *Risk society*: Towards a new modernity. Londres: Sage, 1992; GIDDENS, Anthony. Risk and responsibility. *Modern Law Review*, v. 62, n. 1, jan. 1999, p. 1.

[45] VENTURINI, Otavio. Programa de *compliance* digital. In: CARVALHO, André Castro; BERTOCCELLI, Rodrigo de Pinho; ALVIM, Tiago Cripa; VENTURINI, Otavio. *Manual de* Compliance. 4. ed. Rio de Janeiro: Editora Forense, 2023.

Nesse sentido, o modelo de autorregulação do mercado publicitário no Brasil – notadamente, em relação aos desafios advindos da comunicação digital e do uso de novas tecnologias – avança em direção ao estímulo e ao reforço da função preventiva das políticas internas de *compliance* dos *players* do mercado, promovida pela intensificação da regulação estatal, inclusive por meio de criação de autoridades com competências fiscalizatórias e sancionatórias[46], e com suporte em códigos e *standards* de boas práticas desenvolvidos por entidades de autorregulação setorial.

Nesse modelo, as políticas internas de *compliance* de cada um dos *players* do mercado devem ser parametrizadas de acordo com os padrões de governança definidos na legislação e o grau de risco de suas atividades. Dentro da lógica de responsabilidade compartilhada, legislações estrangeiras já incumbem *big techs* de atribuições fundamentais para confiabilidade e integridade dos sistemas informacionais.[47] Por meio de termos e políticas de uso, os provedores de redes sociais, ferramentas de busca e de mensageria instantânea devem atuar ativamente na moderação de conteúdo, dentro de parâmetros legais preestabelecidos, implementar padrões de governança algorítmica e conferir transparência em relação às medidas aplicadas, que garanta o contraditório e a ampla defesa nos procedimentos de moderação. Nesse contexto, a atuação de entidades autorreguladoras setoriais, como o próprio Conar, também é reforçada, sobretudo, no aprofundamento de discussões de temas e problemas emergentes, definição de novos parâmetros éticos e acompanhamento do conteúdo dos anúncios.[48]

Todavia, muito embora o regime de corresponsabilidade se destine com mais intensidade a *big techs* e provedores, isso não significa que outros importantes *players* não devam adotar medidas de conformidade. Esse é o caso das agências de publicidade, que por conta e ordem de seus clientes anunciantes, contratam, por exemplo, serviços de provedores para impulsionamento de conteúdos publicitários. De partida, as agências têm um papel da maior relevância na curadoria do conteúdo a ser veiculado, o que inclusive ganha ainda mais relevância com a tendência global trazida pela agenda ESG (do inglês, *Environmental, Social and Governance*) de responsabilidade social na publicidade.[49]

---

[46] Como, por exemplo, a Autoridade Nacional de Proteção de Dados (ANPD).

[47] A legislação alemã, Network Enforcement Act (NetzDG), aprovada em 2017, estabelece em uma espécie de "delegação" de poder fiscalizatório, na qual as plataformas *on-line* devem "monitorar, filtrar e remover conteúdo proativamente para cumprir a lei", sob pena de sanção.

[48] Vide, por exemplo, o debate sobre a utilização de *deep fake* (PACETE, Luiz Gustavo. Apuração do Conar no uso de deepfake da Volks abre precedente histórico. *Forbes*, 11 jul. 2023. Disponível em: https://forbes.com.br/forbes-tech/2023/07/apuracao-do-conar-no-uso-de-deepfake-da-volks-abre-precedente-historico/. Acesso em: 6 jan. 2024).

[49] Esse é o caso das medidas de combate ao chamado *greenwashing*, isto é, uma técnica de publicidade ou *marketing* de persuasão enganosa do público para ressaltar que os produtos, serviços, objetivos ou políticas de uma organização são ecologicamente corretos.

Há ainda outra importante contribuição aos seus clientes na seleção de provedores que possam oferecer soluções de *compliance* em matéria de *brand safety*, evitando a destinação de conteúdos a sítios eletrônicos ou contas em redes sociais que propaguem conteúdos nocivos ou *fake news*. Todas essas atribuições ganham ainda maior relevância em se tratando de comunicações de Administração Pública.[50]

REFERÊNCIAS

ADMUCOM. Entenda o que é mídia programática e como funciona essa metodologia. *Eficaz marketing e tecnologia*, [s.l.], 15 set. 2020. Disponível em: https://eficazmarketing.com/blog/entenda-o-que-e-midia-programatica/. Acesso em: 3 jan. 2024.

ARROYO JIMÉNEZ, Luis. Introducción a la autorregulación. In: ARROYO JIMÉNEZ, Luis; NIETO MARTÍN, Adán. *Autorregulación y Sanciones*. Valladolid: Lex Nova, 2008.

ASSOCIAÇÃO BRASILEIRA DE AGÊNCIAS DE PUBLICIDADE – Abap. *Diretrizes de Compliance – Guia de boas práticas para o mercado publicitário*, [s.l.], fev. 2019. Disponível em: https://www.legiscompliance.com.br/images/pdf/abap_diretrizes_compliance.pdf. Acesso em: 3 jan. 2024.

ASSOCIAÇÃO BRASILEIRA DE NORMAS TÉCNICAS – ABNT. Normalização. Disponível em: http://www.abnt.org.br/normalizacao/o-que-e/o-que-e. Acesso em: 21 jan. 2018.

BECK, Ulrich; WYNNE, Brian. *Risk society*: Towards a new modernity. Londres: Sage, 1992.

BRASIL. Secretaria de Comunicação Social. Acordo entre o Governo Federal e o Mercado Publicitário sobre Publicidade de Utilidade Pública, Brasília, DF, 29 maio 2002. Disponível em: https://www.gov.br/secom/pt-br/acesso-a-informacao/legislacao/acordosecomcenp.pdf. Acesso em: 5 jan. 2024.

CONSELHO NACIONAL AUTORREGULAMENTAÇÃO PUBLICITÁRIA – Conar. *Guia de Publicidade para Influenciadores Digitais – 2021*. Disponível em: http://conar.org.br/pdf/CONAR_Guia-de-Publicidade-Influenciadores_2021-03-11.pdf. Acesso em: 3 jan. 2024.

DELOITTE. *O valor da publicidade no Brasil – O impacto do setor nos negócios, na economia e na sociedade*, [s.l], 2021. Disponível em: https://www.abap.com.br/wp-content/uploads/2021/09/deloittevalorpublicidadeptdigital.pdf. Acesso em: 4 jan. 2023.

---

[50] DI FLORA, Marcus; VENTURINI, Otavio. As agências de publicidade no combate às *fake news*. *Correio Brasiliense*, 15 maio 2023.

DI FLORA, Marcus; VENTURINI, Otavio. As agências de publicidade no combate às *fake news*. *Correio Brasiliense*, 15 maio 2023.

GIDDENS, Anthony. Risk and responsibility. *Modern Law Review*, v. 62, n. 1, jan. 1999, p. 1.

INTERACTIVE ADVERTISING BUREAU – IAB Brasil. Guia: Brand Safety and Suitability – IAB Europa, [s.l.], 18 set. 2020. Disponível em: https://iabbrasil.com.br/guia-brand-safety-and-suitability-iab-europa/. Acesso em: 22 abr. 2021.

INTERNATIONAL CHAMBER OF COMMERCE – ICC. *ICC Policy Statement on Freedom of Commercial Communication*. Disponível em: https://www.iccwbo.be/wp-content/uploads/2016/12/20161216-ICC-Policy-Statement-on-Freedom-of-Commercial-Communication.pdf. Acesso em: 3 jan. 2024.

INTERNATIONAL COUNCIL FOR AD SELF-REGULATION – ICAS. *2021 global factbook of advertising self-regulatory organizations*, Bruxelas, nov. 2022. Disponível em: https://icas.global/wp-content/uploads/2021-Global-Factbook_ICAS.pdf. Acesso em: 3 jan. 2024.

KITA, Oscar. *Publicidade na Administração Pública*. Rio de Janeiro: Renovar, 2012.

MÍDIA programática vai muito além do leilão. *Propmark*. 25 de agosto de 2017. Disponível em: https://propmark.com.br/midia-programatica-vai-muito-alem-do-leilao/. Acesso em: 3 jan. 2024.

PACETE, Luiz Gustavo. Apuração do Conar no uso de *deepfake* da Volks abre precedente histórico. *Forbes*, 11 jul. 2023. Disponível em: https://forbes.com.br/forbes-tech/2023/07/apuracao-do-conar-no-uso-de-deepfake-da-volks-abre-precedente-historico/. Acesso em: 6 jan. 2024.

PARDO, José Esteve. *Autorregulación*: génesis y efectos. Navarro: Aranzadi, 2002.

PEDROSO, Lucas Aluísio Scatimburgo. *Contratos Administrativos de Serviços de Publicidade*: A remuneração das agências. Belo Horizonte: Editora Forum, 2022.

SCHNEIDER, Ari. *Publicidade, ética e liberdade*: o trabalho do Conar pelo respeito na propaganda. São Paulo: Conar, 2018.

SINDICATO DAS AGÊNCIAS DE PROPAGANDA ESTADO DE SÃO PAULO – Sinapro-SP. *Valores Referenciais de Serviços Internos*, São Paulo, jul. 2021. Disponível em: https://www.sinaprosp.org.br/wp-content/uploads/2019/04/Documento-Valores-Referenciais-de-Servi%C3%A7os-Internos-SINAPRO-SP-V%C3%A1lidos-a-partir-de-julho-de-2021-Atualizado-17-08-2021-2.pdf. Acesso em: 5 jan. 2024.

VENTURINI, Otavio. Programa de *compliance* digital. In: CARVALHO, André Castro; BERTOCCELLI, Rodrigo de Pinho; ALVIM, Tiago Cripa; VENTURINI, Otavio. *Manual de Compliance*. 4. ed. Rio de Janeiro: Editora Forense, 2023.

VENTURINI, Otavio. *Teorias do direito administrativo global e standards*: desafios à estatalidade do Direito. Coimbra: Almedina, 2020.

VENTURINI, Otavio; FERRAZ, Sergio. Intervenção subsidiária e excepcional do Estado sobre o exercício de atividades econômicas: um breve ensaio sobre o fundamento da "economia de poder" e modelos autodeclaratórios com controle administrativo *ex post* na Lei nº 13.874/19. *Revista Digital de Direito Administrativo*, v. 9, n. 2, p. 99-112, 2022.

VENTURINI, Otavio; PEDROSO, Lucas. A proteção de dados em redes sociais: desafios regulatórios. In: FERRAZ, Sérgio; VENTURINI, Otavio; GASIOLA, Gustavo Gil (coord.). *Proteção de dados pessoais e compliance digital*. Cuiabá: Umanos Editora, 2022.

VIVES, Marc Tarrés. Las normas técnicas en el Derecho Administrativo. *Documentación administrativa*, n. 265-266, 2003.

VIVES, Marc Tarrés. *Normas técnicas y ordenamiento jurídico*. Universitat de Girona, Girona, 2002.

COMUNICAÇÃO DE INTERESSE PÚBLICO: RELEVÂNCIA E DESAFIOS ATUAIS

Ana Cristina Gonçalves

Sumário: Introdução – 1. A maior ofensiva contra o tabaco – 2. Outras campanhas de prevenção – 3. A CIP na iniciativa privada – 4. A CIP na era digital.

INTRODUÇÃO

A Comunicação de Interesse Público (CIP) tem por essência promover benefícios concretos à sociedade, ou parte dela, trazendo resultados que promovam melhorias na compreensão e na vivência de mundo. Ela engloba a Comunicação Pública, a Publicidade de Interesse Público e o Jornalismo de Interesse Público. Na Administração Pública, ela se relaciona com a Publicidade de Utilidade Pública (PUP), prevista no inciso V do artigo 3º do Decreto nº 6.555, de 8 de setembro de 2008. A PUP se destina a divulgar temas de interesse social e apresenta comando de ação objetivo, claro e de fácil entendimento para informar, educar, orientar, mobilizar, prevenir ou alertar a população para adoção de comportamentos que gerem benefícios individuais e/ou coletivos.

No século passado, a CIP ganhou relevância, junto com a preocupação com sustentabilidade, responsabilidade social, democracia e cidadania. No começo, a CIP era comumente praticada por governos (classificada como PUP) e organizações do terceiro setor. Os temas relacionados à saúde e à educação são nativos desse tipo de comunicação, pois, na maioria das vezes, governos municipais, estaduais e federal precisam levar até a sociedade informação de seu interesse, como campanhas de prevenção à doença, calendário escolar e de matrículas, acesso à universidade, vacinação, hábitos saudáveis etc. Coube ao terceiro setor, em suas campanhas, chamar a atenção para temas de outras áreas, como ambiental (falta de saneamento, mudanças climáticas, desmatamentos) e direitos humanos (desigualdade, descriminalização, violência).

1. A MAIOR OFENSIVA CONTRA O TABACO

Na administração pública, o desafio da CIP aumenta quando, além de informar, precisa mudar comportamentos. No ano 2000, o Ministério da Saúde havia decidido enfrentar uma batalha contra a indústria do tabaco em todas as frentes: proibir o fumo em ambientes fechados, estampar os maços de cigarro com imagens e frases que mostrassem os seus malefícios e divulgar uma campanha de publicidade que desmistificasse a propaganda de cigarro.

Foi assim que surgiu um dos maiores *cases* de Comunicação de Interesse Público. Tudo começou com uma grande pesquisa nacional para diagnosticar os efeitos e as consequências do cigarro na vida das pessoas. O resultado comprovou que a propaganda tinha um impacto devastador na decisão de começar a fumar, principalmente para os jovens. Afinal, a propaganda associava o cigarro à vida saudável, à potência sexual e à conquista do sexo oposto. Era tudo o que os jovens buscavam.

Ao mesmo tempo que enviava ao Congresso Nacional um projeto de lei para proibir a propaganda de cigarros no rádio, na televisão, nas revistas, nos jornais e em *outdoors*, além de vetar o patrocínio de marcas de cigarro a eventos esportivos e culturais, o Ministério da Saúde colocava no ar a campanha mostrando que "cigarro faz mal até na propaganda".

A articulação, que começou com a pesquisa, contou com uma exposição itinerante uma semana antes do Dia Mundial de Combate ao Tabaco (31 de maio). No Centro de Convenções Rebouças, em São Paulo, ocorreu o Fórum Mídia e Tabaco, com o tema "O *marketing* do cigarro – enxergando através da fumaça", no qual foi apresentada a campanha publicitária, o resultado da pesquisa *"influência da propaganda na sedução dos jovens e adolescentes no Brasil*, além de palestras com especialistas de vários países sobre o processo de regulamentação da propaganda nos Estados Unidos, no Canadá e em parte da União Europeia.

Fonte: Ministério da Saúde.

A agência de publicidade que desenvolveu toda a estratégia da campanha partiu da premissa (e dos dados) de que cigarro é droga e deveria ser tratado como tal na propaganda. Uma das peças da campanha, um folheto (imagem anterior), trazia explícita a associação do cigarro com a droga, pois, além de nicotina e alcatrão, ele traz substâncias como amônia, formol, naftalina, fósforo P4/P6 (usado em veneno para rato), totalizando, à época, 48 substâncias cancerígenas.

Fonte: Ministério da Saúde.

Outra peça, o cartaz *supra*, mostrava, em um lado do sorriso, o que os fabricantes vendiam na propaganda (beleza, felicidade) e, no outro, os danos à saúde (dentes podres), com a frase "O que eles vendem não é o que você leva".

Fonte: Ministério da Saúde.

Utilizando a imagem de uma famosa propaganda de uma das maiores marcas de cigarro, a Marlboro, que a CIP do Ministério da Saúde fez sucesso. A marca Marlboro tinha como garoto-propaganda o ator americano Wayne McLaren, que transmitia, em seus filmes, *glamour*, masculinidade e sucesso. Ocorre que o ator, que conhecidamente fumava um maço e meio de cigarro por dia, havia morrido de câncer de pulmão aos 51 anos de idade. Foi o mote utilizado pelo Ministério da Saúde, aproveitando o *recall* da campanha com o "*cowboy* da Marlboro" para produzir peças como o cartaz anterior, com a pergunta, "Sabe aquele *cowboy* da propaganda de cigarro?" sobre a imagem do pôr de sol e dois homens cavalgando; com a resposta na parte inferior, sobre a imagem também do pôr de sol, mas com lápides de cemitério e a resposta "Morreu de câncer".

Cap. 2 • Comunicação de Interesse Público: relevância e desafios atuais | 35

Fonte: anúncio do Ministério da Saúde na Revista *Trip*.

Um sequencial de anúncios na revista *Trip* (imagem anterior), em agosto de 2000, começa com a estratégia utilizada nas propagandas de tabaco: um maço de cigarro fictício (Jockey), a imagem de um *cowboy* sobre um touro e a frase "O sabor da vitória". Nas duas páginas seguintes, era revelada a verdade da propaganda com o título "Qualquer semelhança com outros anúncios de cigarro não é mera coincidência" e as informações que "a cada tragada, você inala mais de 48 substâncias cancerígenas", "cigarro diminui a oxigenação do corpo", "a indústria do cigarro explora imagens que despertam em seu inconsciente a ideia de que nada pode derrubar você (alusão ao *cowboy* em cima do touro)", entre outras, e o conceito da campanha CIP: cigarro faz mal até na propaganda.

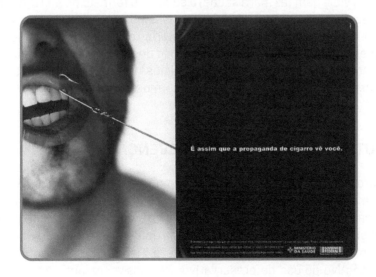

Fonte: anúncio sequencial do Ministério da Saúde na Revista *Trip*.

Outra peça gráfica era a "anzol", na qual, em uma página, havia o lábio de homem jovem (público-alvo dos fabricantes de cigarro) içado por um anzol e, na página seguinte, a frase "É assim que a propaganda de cigarro vê você", ou seja, quer você fisgado, preso a um vício que consome seu dinheiro, sua juventude.

Um dos filmes para televisão aberta tinha como protagonista um ex-fotógrafo e colunista social, José Carlos Gomes. Em *off* ele ia contando sua história: "A imagem do cigarro sempre me atraiu. Achava elegante, charmoso, sedutor", enquanto apareciam fotos dele em ocasiões sociais, jovem, engravatado e sempre com uma piteira na boca. Bruscamente, a imagem mudava para a de um homem na cadeira de rodas, com as pernas amputadas na altura do joelho, contrastando com tudo o que havia sido mostrado, e José Carlos falava sua atual situação: "Hoje é essa a imagem que o cigarro me deu", e o locutor completava: "por causa do cigarro, José Carlos perdeu as pernas e os movimentos dos braços. Essa propaganda o cigarro não faz".

Em 2013, a filha de José Carlos, Luciana Carlos Gomes, escreveu um livro sobre a vida de seu pai, morto aos 64 anos em decorrência de trombose, dizendo ser um relato franco e pessoal de uma filha que viu o pai ser consumido pelo vício. Na descrição da obra, ela faz referência à campanha publicitária do Ministério da Saúde,

A propaganda de cigarro continua proibida no Brasil, 24 anos depois, e o resultado de tanto esforço é demonstrado com o Brasil ocupando o primeiro lugar nas Américas, segundo a Organização Mundial da Saúde (OMS), entre os países que têm propostas de redução do tabaco (Convenção-quadro).

O desafio atual para o Ministério da Saúde é combater o uso ilegal do cigarro eletrônico e de *vapes*, cujos fabricantes usam a mesma tática, de iludir (de que não vicia nem faz mal à saúde) e seduzir (o formato de *pen drive*, o vapor, os sabores de fruta), há mais de 20 anos. Mesmo com a venda e a propaganda proibidas, uma pesquisa do próprio Ministério revela que o cigarro eletrônico já foi experimentado por cerca de um milhão de brasileiros, dos quais 70% são jovens entre 15 e 24 anos. E se os malefícios do fumo tradicional aparecem apenas depois de 15 ou 20 anos de uso, com os cigarros eletrônicos, são precoces as doenças de pulmão.

2. OUTRAS CAMPANHAS DE PREVENÇÃO

Outro exemplo de CIP para mudar comportamento é sobre o uso da camisinha como forma de prevenir doenças sexualmente transmissíveis. Uma das campanhas mais irreverentes sobre o tema foi a do "Bráulio", veiculada em 1995 pelo Ministério da Saúde. O cenário era uma epidemia mundial de HIV e o Brasil perdia famosos para a doença (como Cazuza, Renato Russo, Henfil). Somente com o incentivo do uso do preservativo era possível garantir o sexo seguro e conter o avanço da doença. O desafio era como abordar um assunto tão íntimo.

Fonte: *Frame* do filme *Bráulio* do Ministério da Saúde.

A campanha tinha filmes que mostravam situações em ambientes de paquera (bares, festas, boates) e uma conversa constrangedora entre um homem e seu órgão sexual masculino, apelidado de "Bráulio". Enquanto Bráulio incentivava o homem a investir na paquera, este orientava seu companheiro a usar o preservativo antes de partir para qualquer aventura. Bráulio, então, usava argumentos comuns àqueles que não usavam preservativo, como "atrapalha; vai perder o clímax", sendo convencido de que eram mitos e dos benefícios da camisinha. A polêmica tornou a campanha popular, e "Bráulio" se tornou apelido do órgão sexual masculino para a geração daquela época. Após duas semanas de veiculação, os filmes foram adaptados com o órgão sexual masculino sendo chamado de "amigo" e não mais de Bráulio, pois pessoas com mesmo nome reclamavam de constrangimento pela coincidência. Fato é que a campanha CIP cumpriu seu objetivo de popularizar o uso da camisinha para prevenir doenças sexualmente transmissíveis.

Muitos gestores de comunicação pública acreditam que basta dar um comando "saiba mais em www" para uma campanha ser PUP. Entretanto, as mais eficazes são as que se destacam, chamam a atenção, tornando-se uma verdadeira CIP. Muitas vezes, é preciso chocar para se diferenciar, como é o caso das campanhas para conscientização sobre o perigo da combinação de álcool e direção. No Brasil, a maioria das campanhas falava da proibição, da multa, do perigo, mas os índices de acidentes com motoristas embriagados continuavam aumentando. Então, a exemplo do que já ocorria em países como Austrália, os Departamentos de Trânsitos (Detrans) e Ministério dos Transportes passaram a veicular campanhas com cenas que, mesmo fictícias, eram muito próximas da realidade: atropelamentos, mortes de motoristas embriagados. Ao chocar, as campanhas deixaram de ser paisagens e passaram a impactar o público, atingindo o objetivo principal da CIP.

Fonte: *Frame* de filme do Ministério dos Transportes de prevenção a acidentes de trânsitos.

Em 2014, o Governo Federal lançou uma campanha de prevenção de acidentes no período de carnaval, abordando de forma direta as consequências. Nas cenas, apareciam jovens ensanguentados vítimas de acidente de carros, ao som de cuíca e tambores comuns nas festas de carnaval e pontuava as analogias: o carro alegórico era o dos bombeiros fazendo o salvamento; as máscaras eram as de oxigênio; a fantasia era um plástico preto sobre um corpo estendido no asfalto. E o conceito: "Não seja vítima do álcool. Seu Carnaval não precisa acabar assim".

Um balanço divulgado pela Polícia Rodoviária Federal após três meses de fiscalização mostrou que houve queda significativa, com 15% a menos feridos e 18% a menos de mortes nas estradas. As campanhas CIP veiculadas no período de festas (dezembro a fevereiro) provavelmente contribuíram para os bons índices.

3. A CIP NA INICIATIVA PRIVADA

A abrangência, a eficácia e a importância da CIP extrapolaram os limites dos governos e organizações não governamentais (ONGs), levando a iniciativa privada a aderi-la. Dessa forma, a CIP ganha um nome mais atual, moderno e universal: Comunicação de Causa. Os festivais de publicidade de Cannes ajudaram a popularizar a CIP com os *cases* de sucesso no mundo todo, como a instituição financeira levando água potável para comunidades na África e a montadora e fabricante de veículos automotores incentivando o uso de bicicleta para locomoção nas grandes metrópoles. Percebam que são ações, atitudes, posicionamentos que aparentemente contradizem com seus negócios. Mas que, na realidade, contribuem para fortalecer as marcas nas mentes e corações, principalmente das novas gerações.

Uma das marcas mais antigas e cujo produto é conhecido pelo seu nome, a Gilette, chamou a atenção quando mudou seu posicionamento mundial para apoiar uma causa: o combate à masculinidade tóxica. Durante 30 anos, a comunicação da marca foi voltada para ressaltar a masculinidade no aspecto físico (dorso nu, musculoso, mesmo quando só se depilava a barba) embutindo na imagem de usar uma lâmina de barbear todo o poder masculino. Porém, no final de 2017, a marca lançou um novo e controverso posicionamento "We Believe: The Best Men Can Be" (Nós acreditamos que o homem pode ser melhor), num claro apoio à luta das mulheres contra o assédio e o machismo.

Outro posicionamento difícil de se imaginar é uma instituição financeira fazer uma campanha para dizer que o amor é bem mais valioso que dinheiro. Foi o que o banco holandês ING fez, ao mostrar um experimento social que reuniu pessoas que se amam, mas acabaram se afastando por conta de disputas financeiras. Os envolvidos gravaram depoimentos sobre os motivos do desentendimento (empréstimo não quitado, recusa de ajuda financeira, disputa por bens ou dinheiro) e, depois de assistir a versão gravada pelo outro envolvido, eram questionados se valia a pena manter a desavença por dinheiro ou buscar o entendimento e o amor do outro. O desfecho era o reencontro daqueles que escolheram o amor. A iniciativa do banco foi baseada em pesquisa mostrando que, na época, mais da metade dos holandeses (62%) discutiam regularmente sobre dinheiro e muitas vezes acabavam em conflito.

Fonte: *Frame* de filme "Tem hora para tudo", da operadora de celular Vivo.

Mais inusitado ainda é uma empresa de telefonia recomendar que as pessoas fiquem menos conectadas ao celular. Em 2018, a empresa Vivo lançou a campanha "Tem hora para tudo", mostrando que cada conexão, tecnológica ou não, tem a sua hora para ocorrer. O objetivo da campanha foi sensibilizar o público com situações que resgatam a memória afetiva. Nas peças, as pessoas escolhiam se desconectar para aproveitar ficar com o filho, namorar, conversar com amigos, comer ou assistir a um *show*. Na época, a diretora de comunicação da empresa explicou que a empresa estava atenta à necessidade das pessoas se desconectarem, mas garantia que, como seus serviços eram de excelência (seu posicionamento era de ter o melhor sinal, conexão de internet), as pessoas poderiam otimizar seu tempo entre necessidade de estar conectado para resolver algo importante e se desconectar para aproveitar momentos com quem realmente importa.

Não tenha dúvida de que, quando uma marca escolhe uma causa para apoiar, indo das atitudes à comunicação, ela está mais preocupada em alavancar seus negócios ao ganhar a simpatia dos consumidores. Mas o efeito em onda leva a beneficiar a sociedade em que está inserida, transformando vidas em sua comunidade e contribuindo para um mundo melhor. É a tradicional fórmula do ganha/ganha.

4. A CIP NA ERA DIGITAL

A revolução digital transformou radicalmente a forma como nos comunicamos, e a CIP não ficou imune a essas mudanças. As novas tecnologias permitiram uma comunicação mais rápida, personalizada e interativa, ampliando o alcance e o impacto das mensagens. Plataformas como Facebook, Twitter, Instagram e TikTok se tornaram canais importantes para a disseminação de informações e a mobilização da sociedade. Elas também permitem, por meio dos algoritmos, saber as preferências e necessidades das pessoas, concedendo uma comunicação mais direcionada e assertiva para os mais variados públicos.

Um exemplo prático de como as redes sociais desempenharam papel fundamental no processo de comunicar de forma efetiva foi durante a pandemia da covid-19. Governos e organizações de saúde em todo o mundo tiveram na Comunicação de Interesse Público a melhor maneira de informar sobre o vírus, sua gravidade, forma de transmissão, cuidados para evitar o contágio, a melhor prevenção por uso da vacina e até mesmo o enfrentamento efetivo de um ambiente de desinformação gerada por *fake news* sobre o tema.

As redes sociais permitiram, também, que a comunicação tivesse mão dupla, com a sociedade não ficando à espera de informação governamental. São vários os exemplos de cocriação entre as orientações oficiais de governo e sua boa utilização pelos cidadãos, mas cito uma que durante a pandemia chamou a atenção. Quando o Ministério da Saúde orientou que a melhor prevenção contra a transmissão da covid-19 era o antigo hábito de lavar as mãos (ou higienizá-las com álcool), logo surgiram nas redes sociais vídeos com as mais variadas estratégias para fazê-lo da forma correta. Por exemplo, cantar o "parabéns para você" enquanto ensaboava as mãos, já que foi cronometrado que era tempo suficiente para higienizar todos os dedos das mãos nesse período.

A comunicação digital nos permite acreditar num futuro promissor para a CIP, com a crescente importância da participação dos cidadãos nas tomadas de decisão para construção de uma sociedade mais justa e sustentável. Cabe aos gestores dessa comunicação ficarem atentos à velocidade de mudança e às tendências, uma vez que as mensagens devem ser cada vez mais personalizadas com os interesses e as necessidades individuais ou de grupos de cidadãos.

Um desafio da era digital e das redes sociais é furar as bolhas. Se o algoritmo, já citado, ajuda na definição de *cluters*, ele também faz com que as pessoas comecem a conversar e receber informações apenas de pessoas que pensam como elas. Na área de saúde, temos o grande desafio de falar sobre vacinação com os chamados anti-vax (pessoas ou comunidades que não reconhecem as vacinas como prevenção às doenças e não defendem sua aplicação). É preciso que a Comunicação de Interesse Público esteja em todas as mídias tradicionais (para ir em busca do maior número de público), mas também se reinvente, buscando formas de furar as bolhas.

Nos dias atuais, a CIP já enfrenta as *fake news*, a epidemia de desinformação. Uma campanha CIP de multivacinação concorre com uma série de vídeos, *cards*, com dados e informações mentirosas e que, na maioria das vezes, demoram a serem detectadas e se disseminam como um rastilho de pólvora. Isso porque geralmente as *fake news* nascem nos aplicativos de mensagens (WhatsApp e Telegram, por exemplo) e se disseminam sendo compartilhadas de grupo em grupo. E como não acreditar naquilo que você recebe no grupo da família, do trabalho, dos melhores amigos? Chegamos ao ponto de que, além de fazer CIP para informar, estamos tendo que também fazer CIP para combater a desinformação, principalmente em áreas vitais para a sociedade, como saúde e educação.

Num mundo cada vez mais polarizado e fragmentado, a Comunicação de Interesse Público precisa se diferenciar, persistir em informar, criar abordagem e estratégias que tragam confiança para o que está sendo comunicado. Principalmente quando é inevitável que usem a inteligência artificial (IA) para distorcer a verdade de maneira irresponsável e antiética.

parte II

Publicidade e comunicação no mundo em transformação – desafios das novas tecnologias e *fake news*

CRIATIVIDADE INTELIGENTE E CRIATIVIDADE ARTIFICIAL

Thomaz Munster

Sumário: 1. O botão "ideia" – 2. Quem alimenta a inteligência artificial?.

1. O BOTÃO "IDEIA"

Lembro-me da chegada dos computadores na criação da primeira agência de propaganda em que trabalhei. Eu tinha cerca de 18 anos e nenhuma ideia do que meus amigos mais *nerds* queriam dizer com *basic*, *cobol* e outras palavras desconhecidas.

Eu, que comecei a trabalhar na agência porque gostava de guache, canetinha e nanquim, imediatamente me senti obsoleto. Não era mais necessário saber desenhar, ilustrar nem marcar letras.

Foi quando o diretor de criação falou para mim: "Fique tranquilo. Enquanto esses Macs não vierem com um botão *'ideia'*, seu emprego está garantido. Senta aí e vê como esse troço pode ajudar".

Hoje, com a chegada da inteligência artificial (IA), a primeira preocupação da maioria das pessoas é com seus empregos. E muitas estruturas vão mudar drasticamente, mesmo. Mas, novamente, trata-se da chegada de uma nova tecnologia – como foram a internet e os algoritmos das redes sociais. Para a comunicação, é, mais uma vez, uma nova ferramenta. Então, bora ver como esse troço pode nos ajudar.

O papel básico de um criativo em uma agência de propaganda é gerar conteúdo persuasivo, original e impactante que ajude os clientes a alcançarem seus objetivos. Quando falamos "conteúdo", estamos falando de ideias traduzidas em textos, imagens e sons.

A inteligência artificial já está nos ajudando com isso. Está transformando a maneira como esses textos, imagens e sons são produzidos, tornando o processo criativo mais rápido, eficiente e inovador.

No dia a dia de uma agência, ao criarmos um texto ou roteiro, já podemos contar com a IA para buscar informações, sugerir estrutura de conteúdo, reduzir, traduzir e até adaptá-lo aos parâmetros de cada rede social em questão de segundos.

Na direção de arte, se antes era necessário ficar procurando, montando e retocando imagens por horas para fazer um leiaute e apresentar uma ideia ao cliente, agora isso é feito em segundos. E, muitas vezes, com mais qualidade.

Na criação de *jingles* e na edição de filmes, estamos apenas começando a entender o potencial da tecnologia. Mas já é possível fazer testes que nos inspiram para depois lapidarmos uma possível ideia.

Como toda novidade, ainda cabem muitas discussões éticas para tudo isso, como, por exemplo, sobre direitos autorais. De onde a IA busca o que nos entrega? Não está plagiando alguém ou "roubando" uma imagem publicada por algum autor que sequer faz ideia desse uso?

Outra discussão surgiu no recente caso de uso, em um comercial, da imagem de uma personalidade que já morreu. Os questionamentos passam por se a pessoa concordaria com o uso de sua imagem para aquele fim; se os herdeiros detêm o direito da imagem do falecido, como ocorreria no caso de direito autoral e até mesmo se essa não seria uma opção criativa de mau gosto.

Fonte: Cena do comercial da Volkswagen que causou controvérsia ao usar inteligência artificial para criar dueto póstumo da cantora Elis Regina com a filha Maria Rita.

Em uma comparação rasa, vejo a IA como as redes sociais, que têm um potencial enorme e são extremamente eficientes para a propaganda, mas ainda hoje suscitam muitas questões, como a falta de privacidade e os males que causam à saúde mental dos usuários.

O fato é que, mesmo necessitando de regras, leis e normas, a inteligência artificial já faz parte das nossas vidas e é utilizada com eficiência para algumas tarefas na criação publicitária.

Mas e a ideia? A inteligência artificial será capaz de nos compreender tão profundamente a ponto de nos emocionar, divertir e convencer a tomar ou evitar atitudes?

Penso que sim, principalmente quando falamos em comunicação de massa. Afinal, é mais fácil prever como a sociedade vai reagir a uma mensagem do que entender e prever a reação de cada indivíduo. Como a inteligência artificial se baseia nos dados coletados de um todo, comunicar para essa "média" já está, em certa medida, muito bem encaminhado. Mas, na última década, a tendência da comunicação e do marketing ainda tem sido a inversão do funil. Fico curioso em ver o poder da inteligência artificial na personalização da mensagem, em como ela trabalhará com algoritmos e a complexidade do indivíduo.

É preciso lembrar que a inteligência artificial acabou de nascer e ainda está aprendendo. Os cientistas da computação já preveem, desde os anos 1950, o fenômeno da singularidade tecnológica – quando as máquinas passarão a fazer conexões informacionais como faz o cérebro humano. A data prevista para isso ocorrer é na década de 2040. A partir de então, a inteligência artificial nos dará o botão "ideia".

2. QUEM ALIMENTA A INTELIGÊNCIA ARTIFICIAL?

A base de qualquer IA é um grande volume de dados, que podem ser estruturados (como bases de dados) ou não estruturados (como textos, imagens e vídeos). A qualidade e a quantidade dos dados disponíveis são cruciais para o desempenho da inteligência artificial, o que me traz duas preocupações no médio prazo.

A primeira é o fato de a IA se esgotar em si, retroalimentada pelo mesmo material que produz. Ao consumir cada vez mais conteúdo "reciclado" pela tecnologia, podemos deixar de produzir matéria-prima criativa e inovadora para alimentá-la, levando a Publicidade a uma espécie de *loop* monótono.

Diferentemente da arte, cujo valor está na disrupção, a criação publicitária está orientada a resultados. Assim, o comodismo com a segurança de receitas que já deram certo é um risco. Já vimos isso acontecer com o uso de imagens supereditadas que, com o tempo, deixamos de considerar perfeitas e passamos a julgar plastificadas, sem vida.

Também cabe aos criativos diferenciarem marcas e a imagem de produtos na chamada "*age of average*", a era da média, quando a tendência é deixar tudo cada vez mais "igual", de acordo com as tendências do que vende mais.

Minha segunda preocupação é a possibilidade de a inteligência artificial reforçar estigmas e preconceitos, o que considero bem mais grave.

Um exemplo recente ocorreu com um colega diretor de arte. Ao testar a ferramenta mais avançada na atualidade para gerar imagens, ele pediu por uma "imagem de um executivo de sucesso". Em inglês, sem gênero: "*successful executive*". Como resultado, a IA produziu apenas imagens de homens brancos de meia-idade.

Ele pediu variações. A IA mudava o tipo de empresa retratada, a linguagem fotográfica, a estética, mas seguia retratando homens brancos de meia-idade, até que ele pedisse variações de etnia e gênero.

Legenda: Em exercício para ilustrar essa questão, estas são as primeiras opções de imagens oferecidas pelo Midjourney para o *prompt "Successful Doctor"*: todos do sexo masculino e de etnia caucasiana.

Legenda: O mesmo se repetiu ao pedirmos *"Successful Lawyer"* ao gerador de imagens em IA.

Experimente pedir à inteligência artificial uma imagem de família brasileira e avalie três aspectos: o que ela entenderá por "família"; como retratará "brasileiros"; e qual será o cenário em que essa família estará. É claro que os comandos podem e devem ser refinados, mas é inegável que a forma como essa tecnologia apresenta alguns conceitos pode reforçar preconceitos. Se isso é uma preocupação para qualquer tipo de conteúdo, é ainda mais assustador para a Publicidade, que ainda luta para se livrar de estigmas criados por ela mesma.

Legenda: Estes foram os primeiros resultados obtidos no Midjourney ao utilizar o *prompt* *"Brazilian Family"*: todas as famílias compostas por um casal de pais heterossexuais, de etnia miscigenada e filhos. Nota-se, também, ambientação predominante de pobreza nas imagens geradas.

Estamos mais do que acostumados a ver novas tecnologias substituindo trabalhadores. Da automação industrial ao totem eletrônico que hoje nos atende na rede de *fast food*, isso não é novidade. O "artificial" já está aí há décadas, cada vez mais eficiente. O que me preocupa, talvez pelas referências de livros e filmes de ficção distópica, é abrirmos mão da nossa "inteligência". Da nossa humanidade.

Ainda lembrando que o papel do publicitário é vender um produto, criar a imagem de uma empresa ou convencer as pessoas a agirem de determinada forma, fica a preocupação: se uma tecnologia surge para melhorar o desempenho de uma atividade, como serão tratadas questões como a representatividade e a misoginia na propaganda? Serão utilizadas como um artifício para vender mais? Isso pode ser ainda mais perigoso do que como é hoje, na mão de algumas pessoas? Creio que a IA poderá nos ajudar muito na evolução de questões dessa natureza, que foram claramente negligenciadas desde o surgimento da publicidade de massa, mas não é uma certeza. A inteligência artificial vai evoluir. Cabe a nós evoluirmos juntos.

DESAFIOS DA INTELIGÊNCIA ARTIFICIAL DIANTE DA REGULAMENTAÇÃO DOS DIREITOS AUTORAIS

Fernanda Galera Soler

Sumário: Introdução - 1. Direitos autorais - 1.1. Noções gerais sobre direito autoral - 1.2. Desafios relacionados à inteligência artificial - 1.2.1. Autoria e proteção da criação - 1.2.2. Mineração de dados e o uso de obras por inteligência artificial - 1.3. Perspectivas de um futuro incerto - 2. Criação publicitária - 2.1. O caso Elis Regina - Conclusão - Referências - Anexo - Decisão do Conar sobre a publicidade da Volkswagen com Elis Regina (falecida e recriada por IA).

INTRODUÇÃO

Certos avanços tecnológicos (entre eles, o telégrafo, a eletricidade, o telefone, o rádio e a televisão) levaram o sistema jurídico a encontrar novas estruturas normativas para lidar com as oportunidades oferecidas por tais inovações, e que avanços tecnológicos tornaram obsoletos certos dilemas jurídicos, citando, especificamente, as gravações de conversas telefônicas como um exemplo dessa situação (LEONARDI, 2013, p. 27).

A reflexão que inaugura este capítulo direciona o seu enfoque também. A análise do desenvolvimento tecnológico perante o Direito é uma problemática que precisa ser enfrentada, mas de maneira mais ampla e não apenas demandando regulamentação. Porém, com a atuação da interpretação do jurista do sistema posto, buscando a devida harmonização, enquanto o Legislativo segue "tentando alcançar" a tecnologia.

Nesse caso, a escolha do enfoque é a questão dos Direitos Autorais, tema extremamente necessário para uma obra que versa sobre Comunicação Pública, já que este direito nada mais é do que o fruto de uma concretização da liberdade artística e de expressão tangibilizada por uma obra[1].

Assim, sua análise é crucial seja pelo tema deste livro, seja pelos desafios impostos pela nova tecnologia, a qual vem ganhando os jornais em razão do questionamento sobre a possibilidade de uma inteligência artificial (IA) criar uma obra, o que usualmente é atribuído apenas a humanos, ou mesmo em razão da possibilidade do uso de criações, por tal ferramenta, sem a autorização de seus titulares.

Tais ponderações ganharam notoriedade não apenas pela sua relevância, mas pelo desafio de conciliação entre interesse público e privado, entre desenvolvimento histórico e filosófico e potencial tecnológico, sendo abordado a seguir de maneira ampla com a introdução do tema Direitos Autorais e a abertura pontual e genérica de seus desafios.

Como não poderia ser diferente, devido à amplitude do tema, não é objetivo aqui esgotar os debates, ou mesmo trazer uma opinião definitiva ou certa, mas, sim, inspirar o leitor a pensar além do quanto posto, ou mesmo do conteúdo existente nos jornais. O desenvolvimento dessa relação somente será possível com a participação do debate por toda a sociedade, cabendo ao estudioso o papel de difundir informações relevantes e bem fundamentadas.

Dessa maneira, não foram analisadas soluções profundas, como é o objeto de determinadas obras específicas sobre cada pormenor deste tema, mas tão somente serão introduzidos os questionamentos existentes, as possíveis ponderações de diferentes interesses e a situação vigente.

Quando possível, para não deixar o leitor sem um direcionamento, a casuística será buscada, seja com o caso real ou com as ponderações hipotéticas, trazidas à luz da legislação brasileira como recurso metodológico de entendimento e reflexão sobre as possibilidades que ainda serão definidas pela legislação e pela prática.

Assim, será apresentada uma introdução sobre a área do Direito que se pretende estudar, em seguida, aprofundar-se-á ainda mais com a sua relação às criações/obras publicitárias, não apenas como recorte metodológico, mas também como possibilidade de pincelar os pormenores de outra área jurídica, que lhe é a fim, apresentando um dos principais casos sobre o tema, qual seja

---

[1] "O Direito de Autor está ligado, umbilicalmente, desde o seu surgimento, às formas de comunicação, cuja evolução acompanha, influenciando-as e sofrendo a sua ingerência, em um processo contínuo e inelutável de mútua independência, que, a um passo propicia o extraordinário desenvolvimento desse Direito e, paradoxalmente, cria óbices, às vezes intransponíveis, para a sua preservação e, mesmo, para sua concretização prática" (BITTAR, 1989, p.18).

a publicidade da Volkswagen que contou com a participação da cantora, já falecida, Elis Regina.

Note-se que nesta nova análise serão mantidos os objetivos inicialmente pontuados, qual seja, de apenas introduzir o tema que se apresenta, destacando os desafios que o jurista enfrentará quando da análise do conteúdo publicitário e sugerindo boas práticas e recomendações, as quais se alinham com as recomendações realizadas no caso em concreto existente.

Sem mais delongas e diante de uma sociedade em constante movimento, que demanda respostas rápidas e direcionadas para desafios que se impõem em velocidade galopante, nem sempre acompanhada da melhor doutrina. Este capítulo busca, humildemente, introduzir o tema, inspirar a construção de uma nova doutrina, fomentar o debate mais aprofundado sobre inteligência artificial e as demais áreas do Direito, sem, contudo, perder a "liquidez" que lhe será característica, pelo tema, pela reunião de assuntos em um único capítulo, ou, ainda, pelo tipo da sociedade vivida.

> A nossa é uma sociedade de consumidores, em que a cultura, em comum com o resto do mundo por eles vivenciado, se manifesta como arsenal de artigos destinados ao consumo, todos competindo pela atenção, insustentavelmente passageira e distraída, dos potenciais clientes, todos tentando prender essa atenção por um período maior que a duração de uma piscadela. Como já observamos, ela afasta todos os rígidos padrões e exigências, aceita todos os gostos com imparcialidade e sem uma preferência unívoca, com "flexibilidade" de predições (o termo politicamente correto como hoje se designa a falta de coragem), com impermanência e inconsequência da escolha. Essa é a marca da estratégia recomendada como mais sensata e mais correta (BAUMAN, 2013).

1. DIREITOS AUTORAIS

Com o intuito de melhor adentrar ao tema central deste recorte, é preciso primeiro definir e entender o que é esta área, abordando os aspectos e o objeto de proteção. Com tais informações em mente, é possível começar a traçar um paralelo com a questão posta pelo desafio tecnológico, qual seja a análise da aplicação dos Direitos Autorais diante da inteligência artificial.

Considerando a atualidade do tema, assim como a amplitude dos debates, não será possível contar com uma resposta final e definitiva nesta explanação, mas tão somente com ponderações sobre o quanto existente hoje, incluindo-se, uma análise da casuística perante o pouco conteúdo existente e as promessas para o futuro, abordando as tentativas de regulação e as ponderações realizadas.

Cumpre destacar que, pela vastidão do tema, as ponderações ora realizadas são apenas pontuações e meros recortes do quanto já vem sendo amplamente discutido, com o intuito de introduzir apenas o assunto, considerando que o tema Direitos Autorais é uma área autônoma por si só, com séculos de existência, enfoque internacional e inúmeros debates que não cabem nem mesmo uma única doutrina, mas se pulverizam em inúmeras reflexões de cada um dos seus pormenores.

Feitas referidas pontuações, passamos ao entendimento deste direito.

1.1. Noções gerais sobre direito autoral

Para abordar o tema, primeiramente, é pertinente entender o que são direitos autorais, como bem pontua o Professor Carlos Bittar, temos que:

> Preocupa-se esse Direito, em seu cerne com os vínculos jurídicos derivados da criação e da exploração econômica de obras literárias, artísticas e científicas, a nível interno e internacional, dada a extraordinária difusão, que a evolução da tecnologia permite às várias concepções de espírito situadas nos referidos domínios (pela imprensa, pelo rádio, pela televisão, pelo cinema, por satélites de comunicação, por via de laser e por outros tantos meios ou processos de comunicação) (BITTAR, 1994, p. 89-90).

Neste sentido, a Constituição Federal, em seu art. 5º, XXVII,[2] expressamente concederá aos criadores um direito sobre a criação. Referida proteção está alinhada com diversos tratados internacionais ratificados pelo país, especialmente a Convenção de Berna, principal norma sobre o tema que trata da proteção das obras artísticas e ratificada em 1975[3].

O intuito de tais previsões, cumuladas especialmente com a Lei nº 9.610/1998 (Lei de Direitos Autorais – LDA), é conceder aos criadores uma proteção pelo seu esforço intelectual por meio do direito de explorar economicamente a sua criação, garantindo-lhes direitos patrimoniais[4], assim como, assegurando a

---

[2] "XXVII – aos autores pertence o direito exclusivo de utilização, publicação ou reprodução de suas obras, transmissível aos herdeiros pelo tempo que a lei fixar".

[3] Conforme pode ser analisado pelo Decreto nº 75.699, de 6 de maio de 1975.

[4] "O direito de autor recai, direta e imediatamente, sobre a sua criação, opondo-se erga omnes, constituindo uma forma de propriedade. Esse direito inato e absoluto decorre da própria criação, que o autor pode conservar em sua mente, inédita, e, mesmo, destruí-la antes de divulgada, o que levou Gama Cerqueira a afirmar que o homem possui um direito abstrato sobre as criações que sua inteligência produzir, direito que se realiza por meio do trabalho intelectual, dando em resultado um bem imaterial sobre o qual exerce esse direito.

Segundo Ascarelli, o denominado direito patrimonial do autor tem como fato constitutivo a criação de da obra e como ponto de referência a própria obra, considerada como externa ao sujeito, o qual conta com um direito absoluto sobre sua utilização. Por esse motivo, Ascarelli utiliza o esquema da propriedade, considerando o direito absoluto do autor como um direito de propriedade sobre sua obra, bem imaterial. O objeto do direito do autor é, em consequência, uma obra, entendida como produto da elaboração do intelecto" (SILVEIRA, 2012, p. 85-86).

tais pessoas a sua ligação com a obra, um direito moral, que lhe é particular e único, como o direito de paternidade, representado pela necessidade do autor de ter o seu nome vinculado à sua criação.[5]

Para tanto, a legislação optou por, de maneira ampla, conceder proteção autoral às "criações do espírito, expressas por qualquer meio ou fixadas em qualquer suporte, tangível ou intangível, conhecido ou que se invente no futuro", nos termos do art. 7º, *caput*, da LDA. Note-se que o referido artigo apresenta ainda um rol exemplificativo de criações que são enquadradas como protegidas, uma vez que, com o advento tecnológico, surgem novas modalidades de criação que anteriormente não poderia ser nem mesmo imaginadas, como as obras multimídias[6].

Considerando definição tão ampla não é de se estranhar que textos, músicas, quadros, filmes, fotografias, obras visuais no geral, entre diversos tipos de criação artística e científicas, inclusive acadêmicas, sejam tuteladas por tais direitos. Trata-se de uma tutela ampla para garantir os direitos privados dos criadores, mas que precisa ser balanceada com o devido interesse público, pois, como bem salienta Denis Borges Barbosa:

> haveria um interesse essencial da sociedade em ter acesso à informação, ciência, cultura e tecnologia. Toda produção que se afasta do domínio público restringe de alguma forma esse acesso. Se os direitos de exclusão não forem meios eficientes de propiciar a geração de novas obras, informações ou técnicas, esse interesse se frustra (BARBOSA, 2013, p. 588).

Desta forma, a própria Lei de Direitos Autorais traz uma série de limitações específicas em seus arts. 46 a 48, as quais buscam balancear o interesse público e privado, determinando hipóteses em que, apesar das obras estarem protegidas, o seu uso não constituirá uma ofensa aos direitos autorais.

Para além de tais previsões, esses direitos ainda possuem um prazo específico de proteção para o seu aspecto patrimonial, permitindo que, após determinado período, uma obra esteja em domínio público e possa ser livremente explorada economicamente por qualquer pessoa. Garantindo, assim, uma forma de fomento à criação de novas obras por aquele que se vê protegido pela

---

[5] "O direito moral de autor, como já vimos e aqui acentuamos, não se confunde com o seu direito patrimonial; e se alguns autores os distinguem como faculdades diversas ou como aspectos diferentes de um mesmo direito ou se consideram o direito de autor como um direito de dupla natureza, isto resulta de sua unidade aparente, unidade do 'conceito' ou do 'nome' que lhe emprestamos. Na realidade, porém, os dois direitos a que aludimos são diversos e atuam em duas ordens diferentes, entre as quais, sem dúvida, pode haver relações, mas relações que se manifestam em planos diferentes, sem cooperação essencial" (SILVEIRA, 2012, p. 25-26).

[6] Aqui entendida como a criação que se estabelece em um ambiente virtual, baseada em um *software*, mas que por sua natureza contempla diversas outras obras dentro de si, como, por exemplo, textos, som, animação, artes visuais, eventualmente, audiovisual, entre outros.

legislação autoral, e o seu retorno à sociedade após determinado período, ou em hipóteses especificas, balanceando, dessa forma, interesse público e privado.[7]

Entendidos tais conceitos mais introdutórios sobre o tema, ainda existem alguns pormenores importantes à presente análise que precisam ser pontuados. Primeiramente, a existência de proteção autoral para *software* e base de dados.

Se lembrarmos que a legislação autoral protege textos e o código fonte de um *software* pode ser assemelhado com uma obra textual e, à época, por uma escolha legislativa, recebeu proteção como direito autoral, como bem pontuado até mesmo no art. 7º, XII, da LDA, que expressamente prevê a proteção aos programas de computador.[8] Neste sentido, a proteção do *software*, por sua própria natureza, diferente das demais criações retrorreferidas, recebe uma proteção própria à luz da Lei nº 9.609/1996 (Lei de *Software*)[9].

Na mesma linha do suprarreferido, o art. 7º falará em outro inciso, qual seja XIII, que as bases de dados também são protegidas "por sua seleção, organização ou disposição de seu conteúdo, constituam uma criação intelectual". Recebendo especial previsão da referida norma, ao definir em seu art. 87 os direitos patrimoniais concedidos ao titular da citada base[10].

Se começarmos a pensar nos avanços tecnológicos, com a proteção de tais criações dentro da legislação autoral, começam a surgir questionamentos, já que existirá uma vasta intersecção e desafios na referida proteção, o que será observado a seguir.

Para além de tais pontos, é interessante ainda ponderar a existência de direitos conexos ao de autor, que como ensina Antonio Chaves,

---

[7] Sobre referido tema é importante destacar também as reflexões sobre a função social de tais direitos, que como bem ensina Carboni a função social do direito de autor "[...] é a promoção do desenvolvimento econômico, cultural e tecnológico, mediante a concessão de um direito exclusivo para a utilização e exploração de determinadas obras intelectuais por um certo prazo, findo o qual, a obra cai em domínio público e pode ser livremente utilizada por qualquer pessoa" (CARBONI, 2006, p. 233).

[8] Ainda que existam diversos questionamentos doutrinários sobre o tema, especialmente, frente à escolha de tratar o *software* como Direito Autoral, em razão de sua possível semelhança com uma obra literária, os quais apesar de relevantes e que contam com a opinião desta autora, em razão do enfoque da análise ora realizada e do recorte necessário realizado no presente artigo, neste momento, referido debate não será abordado ou mesmo prolongado para além desta nota de rodapé.

[9] Como bem pontua a Lei de *Software*: "Art. 2º O regime de proteção à propriedade intelectual de programa de computador é o conferido às obras literárias pela legislação de direitos autorais e conexos vigentes no País, observado o disposto nesta Lei".

[10] "Art. 87. O titular do direito patrimonial sobre uma base de dados terá o direito exclusivo, a respeito da forma de expressão da estrutura da referida base, de autorizar ou proibir: I - sua reprodução total ou parcial, por qualquer meio ou processo; II - sua tradução, adaptação, reordenação ou qualquer outra modificação; III - a distribuição do original ou cópias da base de dados ou a sua comunicação ao público; IV - a reprodução, distribuição ou comunicação ao público dos resultados das operações mencionadas no inciso II deste artigo."

São, em primeiros direitos dos artistas de interpretação ou dramática (em termo amplos), como elaboradores já não, evidentemente, de obras originárias (as literárias e as musicais que executam), mas de obras "conexas", isto é, que criam a partir daquelas preexistentes, adquirindo, quando meritoriamente desempenhadas, sua própria individualidade, como obras interpretadas, através de execuções "ao vivo" ou mediante gravações sonoras (CHAVES, 1999, p. 22).[11]

Temos, assim, que, ao analisarmos a proteção autoral, não podemos deixar de associá-la também à necessidade de proteção dos artistas, intérpretes e executantes, pois são eles que em muitos casos "dão vida" à obra e, como tal, também gozam de proteção patrimonial e moral sobre suas criações, ainda que "vizinhas" às de autor.

Frente às ponderações feitas, é possível notar a complexidade da área autoral e a existência de um complexo sistema de direitos protegido nacional e internacionalmente, o qual possui uma natureza dúplice, patrimonial e moral, que precisa ser analisada previamente a qualquer utilização, seja para ponderar a sua possibilidade de uso para além da necessidade de autorização, seja para demandar o seu respeito e devida transferência de direitos prévia a qualquer aplicação.

Entendida a amplitude do tema, mas sem adentrar em seus pormenores, passamos agora à análise da confluência deste tema com o cerne do texto, a sua aplicabilidade diante da inteligência artificial.

1.2. Desafios relacionados à inteligência artificial

O limite tradicional entre publicações da imprensa, gravações sonoras, produções cinematográficas, transmissão de radiodifusão e as "novas mídias" está rapidamente evaporando. Observando sua missão natural (de atuação em uma mídia específica) desaparecendo gradativamente, os produtores são forçados a redefinir suas metas. (...)

Tanto em âmbito doméstico quanto em âmbito internacional, o número de companhias de mídia independentes, que gozam de alguma importância, tem caído dramaticamente nos últimos anos. A aquisição de direitos de conteúdo (por exemplo, videotecas ou catálogos de música completos) é um ímpeto importante atrás do repentino número de fusões e aquisições de empresas, realidade esta que vem remodelando o cenário da mídia (HUGENHOLTZ, 2007, p. 239-240).

---

[11] Ressalte-se que a legislação autoral brasileira também prevê direitos conexos para além daqueles concedidos aos artistas, intérpretes e executantes, como ao produtor fonográfico, pela produção de um fonograma, e as empresas de radiodifusão por suas emissões. Contudo, para fins deste artigo não nos aprofundaremos nestes titulares de direitos conexos.

A reflexão anterior relembra os desafios trazidos pelo avanço tecnológico, se o espaço virtual, a internet, não é um local alheio ao direito[12], tampouco seria a inteligência artificial, o seu meio, suas criações, ou mesmo o seu desenvolvimento. Desta forma, todas as previsões suprarreferidas são totalmente aplicáveis a esta nova tecnologia, o que é de se esperar, e traz diversos questionamentos.

1.2.1. Autoria e proteção da criação

O primeiro e mais comum é a questão da autoria de obras criadas por inteligência artificial. Tema de debates desde os primórdios da proteção autoral é a questão de quem pode ser autor, como bem pontua Manoel Joaquim Pereira dos Santos ao tratar deste desafio:

> a problemática relacionada com as obras intelectuais geradas por meio de inteligência artificial é basicamente determinada por paradigmas tradicionais de Direito de Autor, relacionados com os conceitos de obra, autoria e originalidade, todos centrados na figura do ser humano. Os regimes de Direito de Autor não contemplam a hipótese de que obras sejam criadas por entes não humanos.
>
> Mas esses conceitos são claramente afetados pela inteligência artificial, que permite a realização e u ato de criação sem a intervenção humana direta. Portanto, chega-se a uma encruzilhada: como o instituto do Direito de Autor deve responder ao desafio tecnológico? (SANTOS; JABUR; ASCENSÃO, 2020, p. 34).

Como bem pontua o autor, será necessário mudar a forma que entendemos tais direitos e ponderar o que pode ser realizado para tais criações, uma vez que elas estão ganhando cada vez mais espaço na mídia. A criação de músicas e obras visuais por meio do aprendizado de máquina que se inspira em diversas criações é uma realidade que não pode ser negada. A título de exemplo, podemos citar a canção "Daddy's Car" (DREDGE, 2017) criada no estilo dos Beatles, que conta apenas com pequenos ajustes em sua letra e produção realizados por humanos, e foi disponibilizada pela Sony.

Tomando por base esse exemplo e o comparando com a questão de quem seria o autor das obras criadas por uma inteligência artificial, poderíamos imaginar algumas respostas: *i)* não existe proteção, pois não houve autoria humana; *ii)* considerando que a inspiração é dos Beatles, ou seja, as inspirações e o aprendizado vieram de tais canções, então a música deve pertencer a eles; *iii)* se é um projeto, a titularidade do direito autoral deve pertencer à inteligência artificial; *iv)* ou, ainda, sendo um projeto, deve ser protegido aquele que projetou

---

[12] "A internet não cria um espaço livre, alheio ao Direito, sendo aplicáveis as normas legais vigentes relativas aos contratos em geral também aos contratos eletrônicos. Na prática comercial, notadamente, surgem as inovações jurídicas decorrentes da alteração das relações de mercado, que ao longo do tempo vão sendo incorporadas pelo direito privado comum" (ROCHA, 2008, p. 80).

a inteligência artificial, mas aí quem seria: *(a)* a pessoa jurídica responsável por este direito; *(b)* a pessoa física que selecionou as músicas e efetivamente programou e desenvolveu a inteligência artificial (fez os "inputs"); ou, ainda, *(c)* o responsável pela "lapidação" da música, quem auxiliou na definição da versão final e realizou os ajustes humanos na criação?. Poderíamos seguir com outras hipóteses, que até o momento não possuem uma resposta exata.

Para além de tais proposições, ainda existem ponderações sobre a criação de tipos específicos de direitos para tais criações, como direitos conexos, ou como proteção *sui generis*. Contudo, todas as questões apontam para os desafios ponderados sobre a evolução do pensamento de que a criação para ser protegida deve ser humana (RAMALHO, 2021), criando um enorme desafio para o desenvolvimento da harmonização entre Direitos Autorais e inteligência artificial, em que pese as inúmeras possibilidades de solução retroapontadas, uma vez que há séculos se mantém este entendimento, sendo necessário repensar o sistema para então definir dois pontos cruciais: *i)* se a obra é protegida; e *ii)* quem será o autor/titular de Direitos Autorais sobre a criação.

> Seja qual for a resposta, porém, a reconfiguração do conceito de autoria é inevitável, uma vez que há situações de interação entre humanos e máquinas que não se adequam ao conceito individualista de autoria. Ou seja, se ambos colaborarem criativamente para uma obra indivisível, não sendo possível afirmar que um seja 'assistente' do outro, como tratar dessa 'coautoria'? Além disso, sistemas de inteligência artificial abrem novos caminhos para a produção de obras colaborativas que envolvam tanto humanos quanto máquinas (LOPES, 2021, p. 207).

A ponderação de Marcelo Frullani Lopes se alinha com o questionamento na medida em que insere uma nova camada de complexidade ao ressaltar não apenas a existência do desafio supraindicado, mas uma série de "embates" originários da interação entre humano e máquina, em que será necessário determinar o esforço de cada um, para além da satisfação da questão da tutela jurídica, uma vez que podem existir inúmeros cenários possíveis, seja de criação efetivamente autônoma, seja de assistida, seja de utilização da inteligência artificial como ferramenta, tal qual já acontece com diversos programas de edição de imagens que apenas aplicam efeitos requeridos pelo autor originário de determinada ilustração.

Uma vastidão de temas e desafios já está sendo amplamente debatida pela doutrina há anos e não apresenta uma resposta exata de momento, em que pese as diferentes ponderações no cenário nacional e internacional, diante, inclusive, dos casos que foram trazidos aos tribunais[13], os quais ainda não

---

[13] A título de exemplo, podemos relacionar os seguintes casos:
- Austrália - *Acohs Pty Ltd x Ucorp Pty Ltd 2012 FCAFC 16* - a corte determinou que não é possível proteger as criações realizadas pelo sistema de inteligência artificial por meio de Direito Autoral, pois elas não foram criadas por humanos;

trouxeram inovação para além do quanto anteriormente exposto, ou seja, de momento não tem proteção pela ausência do fator humano, salvo na hipótese de que a inteligência artificial seja uma mera ferramenta da criação.

1.2.2. Mineração de dados e o uso de obras por inteligência artificial

Passando agora à segunda grande camada de problemática, temos a utilização de obras para o treinamento de inteligência artificial. Ora, se considerarmos que, para o desenvolvimento de uma obra, a inteligência artificial precisou aprender de alguma maneira, ou seja, analisou, catalogou e extraiu padrões para a partir de então gerar algo, é necessário ponderar se houve ou não a autorização do referido uso de obras protegidas. Igualmente, se é devido o pedido de autorização para tanto.

A questão também é debatida especialmente em razão da mineração de dados[14], a qual é realizada não apenas para a geração de obras criativas, mas também para o desenvolvimento de pesquisas e estudos sobre determinados temas, a partir de uma análise mais rápida e ampla de dados por meio da tecnologia, em detrimento do esforço humano.

Neste sentido, deve ser debatida a questão se cada uso de cada obra precisa ser autorizado. Em inteligência à redação do art. 29 da LDA, para o lícito aprendizado de uma inteligência artificial de obras protegidas por Direitos Autorais seria necessário que todos os titulares de direitos de todas as obras utilizadas por esta tecnologia expressamente autorizem tal uso[15].

- Estados Unidos da América – *Thaler v. Perlmutter*, Case 1:22-cv-01564-BAH (D.D.C., Aug. 18, 2023) – a corte determinou que o Copyright Office (entidade responsável pelo registro de obras protegidas nos EUA) agiu corretamente ao negar o "registro de Direitos Autorais" (pondere-se que o sistema vigente no país é distinto do pátrio e pode requerer o registro de certas criações) para uma obra criada sem qualquer "envolvimento" humano, em razão exatamente da ausência da necessária "autoria humana" determinada pela legislação autoral;
- China – *Li Yunkai v. Liu Yuanchun* – houve a concessão de proteção autoral a uma obra criada por inteligência artificial, mais especificamente à pessoa que realizou os "inputs", incluiu os descritivos, selecionou a tecnologia e guiou a ferramenta, pois o tribunal entendeu que a tecnologia foi apenas uma ferramenta para a expressão da criatividade do autor (OH; QU; BOND, 2024).

[14] "A 'mineração de textos e dados', ou 'data and text mining' é um processo que permite a análise computacional de um grande volume de dados e de textos para identificar novas informações, relações e correlações. Esta prática é essencial para o desenvolvimento das tecnologias de inteligência artificial e é parte intrínseca e inexorável do ecossistema de inovação. Estabelecermos uma limitação que expressamente permita a mineração de textos e dados irá ampliar as possibilidades de inovação e trazer mais segurança jurídica para todos os negócios intensivos em dados, além de a presença do Brasil no grupo de países que já reconhecem esta necessidade e instituíram este direito em suas legislações, colocando-se na frente do processo de inovação em relação aos demais países" (SOUZA, 2022).

[15] Cabendo aqui ainda a ressalva de, eventualmente, ser discutível a necessidade de autorização de cada participante de cada criação, pois existe a hipótese de o titular de uma obra não ter direito de permitir referido uso específico pela inteligência artificial, por uma lacuna contratual, por exemplo, já que ao tempo da cessão de direitos não existia a previsão de tal uso da criação, em inteligência ao art. 49 da LDA.

Lembrando os demais direitos referidos no começo deste capítulo, podemos ter desafios quanto à efetividade de tal medida, ainda mais se considerarmos que não estamos apenas pensando, eventualmente, na proteção de textos, quadros e músicas, mas também na utilização de base de dados para fins de estudo, da análise de interpretações e aprendizado com direitos conexos dos músicos executantes e outros pormenores aplicáveis.

As questões que surgem de tais possíveis usos são: *i)* seria balanceada esta determinação de autorização, considerando que o aprendizado do ser humano é realizado também pela análise e, por vezes; pela cópia?; *ii)* seria viável determinar tantas autorizações, ou tal uso poderia impedir o desenvolvimento tecnológico em razão dos custos, trabalho e, possível, insegurança jurídica?; *iii)* seria equilibrado usar tais obras livremente sem pedir a autorização do autor, o qual não tinha ciência de que seu trabalho foi acessado, estudado, analisado e, eventualmente, copiado e reproduzido em larga escala para o aprendizado pela inteligência artificial?; *iv)* havia o interesse do autor na ampla utilização de sua obra?; *v)* como garantir o respeito aos direitos morais, especialmente a informação de autoria da obra?; *vi)* estilos de criações deveriam ser protegidos, em razão da semelhança entre o trabalho humano e o de uma inteligência artificial que pode mimetizar o esforço de determinador autor?; *vii)* é possível controlar e rastrear quais obras foram utilizadas, e com isto remunerar os autores?; *viii)* seria possível o balanceamento de direitos para apenas determinados usos das obras, como, por exemplo, para fins de estudo, similar ao que acontece com as limitações aos Direitos Autorais?; entre outros tantos questionamentos que podem ser realizados.

Tais perguntas podem deixar qualquer pessoa fervilhando de ideias e apresentam um cenário que aparentemente é caótico, mas que está mais adiantado no debate e próximo de respostas do que a questão de autoria. O debate neste ponto é o balanceamento do interesse privado dos autores, diante do interesse público de acesso da obra e de desenvolvimento tecnológico, os quais precisam ser devidamente equilibrados para evitarmos abusos de ambos os lados.

> não é possível permitir o livre e irrestrito uso das obras alheias na elaboração de novas obras, também não é possível vetar de modo absoluto todo e qualquer uso da obra de terceiros, já que esse extremo impediria, de maneira muito mais acentuada e perniciosa, o desenvolvimento social (BRANCO, 2007, p. 63).

Neste sentido, de momento, uma das formas de harmonização existentes é por meio da implementação das limitações aos Direitos Autorais que prevejam tais usos. A questão de mineração de dados para fins do desenvolvimento de pesquisa, por exemplo, encontra respaldo na legislação europeia e britânica[16]. Contudo, ainda existem inúmeros debates sobre a possibilidade de ampliação ou não desta medida para outros fins, uma vez que tais usos podem prejudicar os interesses dos autores.

As possíveis soluções debatidas nos casos anteriores remontam à criação de direitos específicos, licenças próprias, novas formas de incentivo à criação e ampliação das limitações. Tais temas são polêmicos e envolvem inúmeros debates, os quais também acontecem no território nacional e foram registrados ao longo do Projeto de Lei nº 2.338/2023, que versa sobre a regulação da inteligência artificial no Brasil[17]-[18], mas por ora ainda não tem uma resposta definitiva.

1.3. Perspectivas de um futuro incerto

Ainda que não seja possível definir uma resposta para tantas questões abertas ao longo desta análise, acredita-se que as reflexões podem ampliar o senso crítico do jurista ao se deparar com um tema tão complexo, permitindo reflexões mais profundas do que as existentes hoje na mídia e que com o devido tempo e dose de criatividade serão respondidas em um futuro ainda incerto.

Contudo, ainda que não seja possível determinar o que será realizado neste futuro, mas tão somente ponderar sobre o que existe, para aguçar e endereçar, ainda que parcialmente, o interesse do leitor, é possível realizar uma reflexão sobre casos em concreto, para além do quanto já exposto, abrindo hipóteses de entendimentos que buscam inspirar e delinear o que será a futura casuística.

Neste sentido, tomando por base novamente a questão da música "Daddy's Car", passamos à análise de seus desafios e possibilidades. Primeiramente, a obra, à luz da legislação brasileira vigente, precisaria da autorização expressa dos seus titulares de direitos autorais e conexos para ser desenvolvida. Caso contrário, ela poderia conter uma infração aos direitos de terceiros em razão do uso não autorizado e previsto contratualmente.

Não seria necessária esta autorização caso tais obras estejam em domínio público, sendo relevante separar neste ponto o que é composição e o que é

---

[16] Em linha com a redação dos arts. 3º, 4º e seguintes da Diretiva (UE) 2019/790 do Parlamento Europeu e do Conselho de 17 de abril de 2019 relativa aos direitos de autor e direitos conexos no mercado único digital e que altera as Diretivas 96/9/CE e 2001/29/CE, assim como do art. 29-A do Copyright, Designs and Patents Act 1988.

[17] Na versão original do projeto existia uma previsão específica que versava sobre a utilização automatizada de obras para fins de desenvolvimento de pesquisa, a qual foi suprimida nas emendas realizadas em razão da complexidade do seu debate e dos inúmeros interesses existentes acerca do tema, os quais ainda precisam ser debatidos mais profundamente pela sociedade.

[18] Cumpre destacar que existem outros projetos de lei que tratam de maneira esparsa a questão da inteligência artificial, abordando os seus diversos aspectos em inúmeras proposições, as quais o Congresso Nacional buscou reunir, ainda que parcialmente, apenas nesta proposta legislativa em específico.

fonograma, para determinar se a obra efetivamente pode ser explorada economicamente sem autorização.

A questão de respeito aos direitos morais poderia ser endereçada de maneira análoga ao que já acontece, com a explanação de que é semelhante "ao estilo dos The Beatles", contudo, sugere-se que esta seja mais específica informando os titulares de direitos exatos, evitando, por uma generalização, a omissão de determinado titular de direito, por exemplo, de determinado intérprete que também teve a sua obra reproduzida.

Ainda que a proposição anterior pareça demasiada, ela busca garantir a devida transparência sobre a criação e o uso da criação de terceiro, evitando questionamentos sobre utilizações não autorizadas, ou mesmo omissões, buscando um caminho em que tanto público quanto titular de direitos é contemplado, seja pelas questões de Direitos Autorais, seja pelos desafios sociais e pertinentes às demais áreas de estudos para além da ora analisada.

Seguindo nesta análise, também é necessário informar a participação de outras pessoas no projeto, especialmente profissionais que "lapidaram" o conteúdo, que executaram, programaram ou mesmo auxiliaram em sua produção de qualquer forma. Não sendo possível determinar o quinhão de participação ou o papel criativo de cada um, é recomendável a busca "do caminho mais seguro", qual seja a busca de autorização e reconhecimento do esforço de todos.

Note-se que neste caso ainda deve ser apurada se a criação pode ser atribuível a alguém específico, nos termos do informado anteriormente, em razão da possível utilização da inteligência artificial como "mera ferramenta".

Com tantos cuidados e ponderações, que não se esgotam nos expostos, mas são mais básicos e iniciais, realizados apenas para satisfazer momentaneamente o leitor, uma vez que ainda precisam ser dilapidados, ampliados e aumentados, a complexidade da criação de uma obra por meio do uso da inteligência artificial no Brasil pode ser no mínimo desafiadora. De tal sorte, que a recomendação seria a realização de tais atividades diretamente com um titular de direitos, evitando tamanhos cuidados.

Assim, seguindo no exemplo trazido, pode ser apontada a nova música dos Beatles "Now and Then" (THE BEATLES, 2023), a qual conta com o auxílio de uma inteligência artificial, para extração, limpeza, mimetização e reprodução do áudio original existente do John Lennon, ou seja, para o desenvolvimento de uma obra nova, a qual ainda é criada por humanos.

Neste caso, em razão da utilização da tecnologia apenas como ferramenta, não existem debates sobre a autoria. É possível identificar os titulares, os usos foram autorizados (até mesmo incentivados) por referidos titulares de direitos e o conteúdo foi criado em conjunto pela banda, de forma que, apesar do uso de inteligência artificial, esta não é a criadora, mas uma mera auxiliar, viabilizando a conclusão de uma obra original, humana, que, por razões alheias à vontade das partes, de outra maneira, não poderia ser concretizada.

Diante do exposto, ainda que com reflexões amplas e ponderações sobre o que temos perante a legislação pátria, é possível começarmos a definir não apenas os desafios, mas também as formas de solução ou os contornos possíveis que serão escolhidos quando da utilização da inteligência artificial para a criação de obras. Não sendo este o fim do tema, mas tão somente delineamentos possíveis diante do que temos hoje, considerando que o Direito não alcança a rapidez tecnológica.

2. CRIAÇÃO PUBLICITÁRIA

> Publicidade e propaganda, assim entendidas como atividades destinadas a estimular o consumo de bens e serviços, bem como promover instituições, conceitos ou ideias (art. 8º do Código Brasileiro de Autorregulamentação Publicitária).

Entendidas as questões relacionadas aos Direitos Autorais, ainda existem ponderações a serem realizadas sobre a criação publicitária, isto porque, além de aplicar todo o exposto anteriormente quando pensamos em uma obra que será veiculada como conteúdo destinado (com finalidade) à publicidade[19], ainda existem alguns pormenores específicos do setor que precisam ser esclarecidos.

Não é o intuito de repisar o quanto retroexposto, cabendo ao leitor aplicar e determinar os limites da legislação autoral aplicáveis ao caso, inclusive, com total chancela da sua necessidade pelos profissionais do setor, os quais até mesmo referendam tal entendimento em seu Código Brasileiro de Autorregulamentação Publicitária, o qual, na Seção 12, com especial destaque ao art. 38, ressalta: "Em toda a atividade publicitária serão respeitados os direitos autorais nela envolvidos, inclusive os dos intérpretes e os de reprodução".

Dessa forma, a criação da obra publicitária por meio do uso da inteligência artificial apresentaria os mesmos desafios suprarreferidos, sendo necessário um cuidado semelhante ao quanto já exposto para a sua realização com o, de momento, menor risco possível.

Da análise das normas aplicáveis ao setor publicitário, não foram encontradas previsões específicas que versem da utilização de inteligência artificial, seja por sua vedação, seja pelo seu incentivo, ou demanda de regulamentação,

---

[19] Isto porque a criação é protegida por si e não demanda que ela seja utilizada para determinada finalidade para angariar amparo autoral. Desta maneira, a obra publicitária também ganha proteção pelo Direito Autoral, tal qual a obra inédita ou mesmo a criação amplamente explorada como "obra de arte".

o que de primeiro momento poderia ser entendido como uma ampla possibilidade de utilização e reprodução.

Referido uso, inclusive, acontece em diversos momentos e é uma prática comum do setor, ainda que o consumidor não saiba, a utilização de geradores de textos, inclusão de palavras-chaves, geradores de anúncios, uso de imagens ou músicas geradas por tais tecnologias com o intuito de baratear a criação deste conteúdo, entre outros diversos usos possíveis (KAPUT, 2024).

Contudo, ainda existem desafios que precisam ser enfrentados e foram bem apontados pela casuística, mais especificamente diante de uma ação publicitária, a qual demanda uma análise específica e mais pormenorizada, qual seja a publicidade da empresa do setor automobilístico Volkswagen, que utilizou uma inteligência artificial para recriar a cantora, já falecida, Elis Regina e apresentá-la em um conteúdo comercial, sem qualquer identificação de referido uso.

2.1. O caso Elis Regina

> Campanha comemorativa dos 70 anos da Volkswagen do Brasil atraiu queixa de consumidores no Conar e forte repercussão na imprensa e redes sociais – contrárias e favoráveis – ao se utilizar de recursos de inteligência artificial generativa híbrida para recriar a figura da cantora Elis Regina, falecida em 1982, cantando a música "Como nossos pais" junto com a filha, Maria Rita. A campanha, intitulada "VW Brasil 70: o novo veio de novo" foi criada pela AlmapBBDO e veiculada em perfil de redes sociais (Instagram e YouTube).
>
> A representação foi aberta para verificar dois pontos principais:
>
> – se foi respeitoso e ético o uso no anúncio da de Elis e
>
> – se era necessária informação explícita sobre o uso de tal ferramenta para compor o anúncio (Processo nº 134/2023 do Conar, caso Volkswagen e AlmaPBBDO – VW Brasil70: O novo veio de novo – disponível na íntegra no Anexo deste capítulo).

A primeira ponderação do caso em comento é sobre o uso respeitoso e ético da imagem da cantora. Aqui não cabem questionamentos referentes aos Direitos Autorais, mas sim aos Direitos de Imagem, parcela dos Direitos da Personalidade, que são tutelados no país pelo Código Civil, em seus arts. 11 a 21.[20]

Neste ponto começam os desafios, o que é respeitoso e o que é ético? Se for a questão de estar de acordo apenas com o Código Brasileiro de Autorregulamentação Publicitária, já que o caso foi levado apenas ao Conar, inexistindo

---

[20] Ressalte-se que parte das reflexões ora expostas ao longo desta parte do conteúdo são originárias também do material produzido pela autora para uma reportagem sobre o tema para a CNN Brasil (TEIXEIRA, 2023). Dessa forma, ainda que não exista a referência direta às falas realizadas para o jornal, podem ser encontradas semelhanças entre os dizeres da autora nestas duas mídias, em razão da abordagem do mesmo tema.

vedação ou previsão em contrário, a publicidade não teria quaisquer problemas. Contudo, ainda existiria a questão, será que cabe ao Conar definir o que é ético e respeitoso ou trata-se de um debate mais amplo?

Grande parte das polêmicas envolvendo inteligência artificial analisa exatamente esta questão, sem conseguir definir exatamente o que é este "ético" e respeito, conceitos subjetivos que levam em consideração valores culturais, pessoais e sociais, que variam, inclusive, dentro de um mesmo país, cidade ou até família.

Sendo este um dos grandes desafios da publicidade em comento, gerando debates entre aqueles que gostaram e os que não gostaram da ação, em razão das questões éticas que surgem a partir da recriação da imagem de uma cantora tão relevante para a história nacional como Elis Regina.

Ora, se os herdeiros de Elis autorizaram, por qualquer motivo, o uso da imagem e a criação da publicidade, em tese não teríamos problemas, certo? Teríamos o respeito da legislação pátria e não existem vedações específicas a tal uso. Logo, em um estrito senso poderíamos ter algo lícito e sem problemas[21].

Entretanto, existem outros detalhes que precisam ser debatidos, como, primeiramente se os herdeiros poderiam efetivamente autorizar essa ação ou se somente poderiam proteger a imagem da artista de lesões aos seus Direitos da Personalidade.

O Código Civil prevê que os herdeiros podem atuar para evitar ameaça ou lesão ao Direito da Personalidade do falecido, todavia, referida norma deixa de detalhar quais seriam os direitos específicos de tais herdeiros, pois, como o Direito de Imagem é um Direito da Personalidade, ele é intransmissível e irrenunciável, surgindo, assim, o questionamento: somente seria permitida a atuação dos herdeiros da Elis para evitar usos não autorizados e ofensivos da imagem

---

[21] Cumpre pontuar que as ponderações específicas sobre as normas do Conar referentes ao que é ético e alinhado com as suas previsões não foram realizadas ponto a ponto, uma vez que não existe previsão específica no Código da instituição sobre a utilização de inteligência artificial, até o presente momento. Note-se que o Código Brasileiro de Autorregulamentação Publicitária permite a veiculação de conteúdos publicitários de falecidos, desde que não lhes seja ofendida a imagem, em inteligência da previsão do art. 34, "c".
"Art. 34. Este Código condena a publicidade que: (...) a. ofenda as convicções religiosas e outras suscetibilidades daqueles que descendam ou sejam de qualquer outra forma relacionados com pessoas já falecidas cuja imagem ou referência figure no anúncio".
Igualmente, considerando que tais previsões seguem as recomendações do sistema jurídico e se harmonizam especialmente no Código Civil (inclusive, com redação muito semelhante à da referida norma) e na Constituição Federal, normas apontadas pelo próprio órgão quando do julgamento do caso Elis, optou-se por uma análise mais direcionada ao cerne da questão, sem adentrar nas referências que levam a tais previsões legislativas. Cabe, ainda, a recomendação ao leitor da análise do inteiro teor da decisão deste caso, disponível no anexo deste capítulo, como forma de adentrar nos pormenores do quanto debatido pelo órgão, além das explicações mais amplas realizas de momento por esta autora.

da cantora ou eles podem realizar a exploração dos Direitos da Personalidade da artista, autorizando a participação dela em publicidades como a ora estudada?

Não existindo resposta exata no Código Civil, a solução pode vir da casuística, com uma análise prática e, por vezes, mais pragmática sobre o caso[22]. Sobre esse tema, encontramos diversos processos em que os herdeiros atuaram para proteger a imagem de um ente falecido de usos que de algum modo poderiam prejudicar o seu nome, sua honra ou mesmo a sua reputação. Os casos existentes analisam, especialmente, a divulgação da imagem de pessoas mortas em razão de crimes, com a divulgação de seus corpos após mortes violentas ou mesmo dos restos mortais de celebridades.

Sem adentrar na esfera penal, podemos citar como exemplo um litígio que ganhou repercussão geral em razão da relevância da sua tese, trata-se do debate sobre a aplicação do Direito ao Esquecimento no Brasil e a necessidade de indenização em razão do uso indevido da imagem de Aída Curi, no programa "Linha Direta: Justiça", analisado pelo Superior Tribunal de Justiça (STJ) no Recurso Extraordinário nº 1.010.606.

> Tema 786 – Aplicabilidade do direito ao esquecimento na esfera civil quando for invocado pela própria vítima ou pelos seus familiares.
>
> Relator(a): Min. Dias Toffoli
>
> *Leading Case*: RE 1010606
>
> Descrição: Recurso extraordinário em que se discute, à luz dos arts. 1º, III, 5º, *caput*, III e X, e 220, § 1º, da Constituição Federal, a possibilidade de a vítima ou seus familiares invocarem a aplicação do direito ao esquecimento na esfera civil, considerando a harmonização dos princípios constitucionais da liberdade de expressão e do direito à informação com aqueles que protegem a dignidade da pessoa humana e a inviolabilidade da honra e da intimidade.
>
> Tese: É incompatível com a Constituição a ideia de um direito ao esquecimento, assim entendido como o poder de obstar, em razão da passagem do tempo, a divulgação de fatos ou dados verídicos e licitamente obtidos e publicados em meios de comunicação social analógicos ou digitais. Eventuais excessos ou abusos no exercício da liberdade de expressão e de informação devem ser analisados caso a caso, a partir dos parâmetros constitucionais – especialmente os relativos à proteção da honra, da imagem, da privacidade e da personalidade em geral – e as expressas e específicas previsões legais nos âmbitos penal e cível.

Para além desta ponderação, como recomendação prática, é sugerido realizar o pedido de autorização aos titulares de direitos e/ou herdeiros, como

---

[22] Ainda que o tema seja deveras relevante e interessante, cabendo diversas reflexões sobre quem pode tutelar qual direito, o que acontece com a personalidade após a morte, entre outros, em razão do recorte específico realizado e do intuito do presente de delinear e introduzir o tema, optou-se por apenas pincelar a existência deste debate, sem, todavia, aprofundar-se nele.

forma de se precaver de possíveis processos e questionamentos. Ainda que exista tese em contrário da necessidade, como bem pontuado anteriormente, dependendo do uso, em especial o publicitário, pode ser relevante esta tratativa com os herdeiros para evitar um desacordo sobre o que é lítico, o que é abuso, o que é ofensa, ou mesmo o que pode ser realizado acerca da imagem do falecido.

Isto porque, existem outros fatores que ainda podem ser questionados pela sociedade, especialmente, pelos herdeiros, para além da questão legal específica, quando pensamos se o conteúdo é respeitoso e ético.

Considerando a rapidez da difusão do conteúdo, talvez algumas pessoas no futuro não saibam que a Elis era falecida e que essa publicidade foi gerada por IA. Talvez seja importante informá-las sobre isso. A confusão entre realidade e ficção é uma preocupação a ser analisada.

Igualmente, existem debates sobre a memória da artista, pois, apesar de existir a autorização dos herdeiros que, em tese, são as pessoas que zelam e conhecem as suas intenções, também existe a questão da memória coletiva. Isso porque, a Elis foi contra a ditadura e há quem aponte que a anunciante apoiou esse regime. Sendo necessário, desta maneira, se aprofundar mais no tema, analisando não apenas o nome, a imagem e os trejeitos do artista, mas os demais aspectos de sua personalidade, como reputação e memória.

Para tanto, há ainda aqueles que apontam o quanto o uso de uma inteligência artificial nos moldes da publicidade realizada pode impactar e alterar a percepção do passado e a construção da história, para aqueles que viveram nesta época e, também, para as gerações futuras.

Se pensarmos na Elis Regina como uma figura histórica e cultural, será que isso não seria afrontar o que ela representou durante a ditadura? A criação da publicidade não poderia tentar alterar a imagem de uma empresa que teria apoiado a ditadura? O debate neste ponto é a questão do simbolismo e a possível distorção da realidade, em especial do passado, que podemos ter diante do uso da IA[23].

Além de tais debates, existe a questão psicológica de tratar a finitude da vida. Seria correto recriar uma pessoa falecida por IA? Há quem diga que isso poderia auxiliar na forma que lidamos com o luto. Por sua vez, há percepções contrárias, considerando que estamos recriando o falecido para agir como se estivesse vivo, o que poderia ser perturbador para outras pessoas.

---

[23] Neste sentido, é interessante notar a ponderação de Eduardo Pimenta ao lembrar o potencial da divulgação e da realização de publicidade, ainda que focada na disseminação de práticas criminosas, também se aplica ao presente caso. Vejamos: "a publicidade do delito afeta as pessoas especialmente as sugestionáveis, entre as quais se encontra grande número de crianças, adolescentes e até mesmo adultos imaturos, levando-os a ter uma atitude de indiferença para com a lei e a ordem em razão da reiteração e exagero dos detalhes do delito" (PIMENTA, 1999, p. 62).

Ademais, ainda existe a responsabilidade pelo impacto que este tipo de conteúdo pode gerar. Quem seria o responsável caso exista um prejuízo causado a qualquer terceiro que venha a se sentir ofendido por esse tipo de conteúdo?[24] Somente os herdeiros poderiam se insurgir diante do Direito de Imagem da artista ou existe um direito coletivo referente à forma que a sociedade a reconhece?[25]

Questões éticas e reflexões sobre o que é respeitoso são inúmeras e foram expostas de maneira singela aqui, sem que seja, ainda assim, debatido o papel do sistema jurídico, uma vez que esta ponderação vai além do que as normas positivadas devem estabelecer, em razão da subjetividade e do respeito à liberdade de pensamento de cada um.[26]

Endereçada a primeira questão proveniente da publicidade, ainda existe outro questionamento sobre o dever de informar no conteúdo publicitário de que tratava de uma cantora falecida e que o conteúdo foi criado por inteligência artificial.

Seguindo na mesma linha do quanto previamente recomendado a respeito da questão autoral, a transparência é sempre bem-vinda, seja como forma de

---

[24] "A liberdade de expor um pensamento ou informação não pode permitir uma ofensa ou abuso do direito de outrem. A solução não é restringir a liberdade de pensamento, mas em harmonizar as ações com o respeito ao direito alheio e, no caso das pessoas públicas, veicular a notícia, respeitada a veracidade do fato e o aspecto preciso do que se quer propagar, observando-se que mesmo estas pessoas têm o direito de manter uma parcela de sua vida longe dos holofotes, preservando, ainda que com menos alcance, o seu direito de estarem sós" (SANT'ANNA, 2014, p. 113).

[25] Ainda que existam questionamentos sobre esta ponderação e resposta, como estamos analisando um caso específico e em andamento no Conar, em linha com o seu Código, e não necessariamente das demais normas do ordenamento jurídico, é possível, sim, o questionamento por terceiros, que não os herdeiros, sobre o uso de imagem de pessoa falecida, nos termos do recorte da decisão do caso em tela: "de acordo com esse ponto de vista, dado o fato de que o art. 34, letra 'b' do Código abre claramente a possibilidade de analisar queixas de consumidores por eventual uso desrespeitoso da imagem de pessoa falecida. Conforme o art. 34: o 'Código condena a publicidade que: b. ofenda as convicções religiosas e outras suscetibilidades daqueles que descendam ou sejam de qualquer outra forma relacionados com pessoas já falecidas cuja imagem ou referência figure no anúncio'. Soma-se ao art. 34, a letra 'd' do Anexo Q, sobre testemunhais, segundo o qual 'o Anunciante que recorrer ao testemunhal de pessoa famosa deverá, sob pena de ver-se privado da presunção de boa-fé, ter presente a sua responsabilidade para com o público'. Ou seja, como figura de máxima expressão artística, um verdadeiro patrimônio cultural brasileiro, é natural que fãs, amigos e o público, de forma geral, possam exercer com legitimidade a reclamação a respeito dos aspectos do anúncio que de alguma forma incomodaram sob o critério ético. (...) Entendemos, quanto à respeitabilidade, que o anúncio em momento algum apresentou negativamente a imagem e a memória de Elis Regina, cuja performance virtual se manteve dentro de limites aceitáveis, haja vista figurar todo o tempo cantando ao lado da filha uma canção que fez parte de seu repertório, sem verbalizar qualquer opinião, impressão ou informação e muito menos qualquer tipo de declaração sobre a marca Volkswagen ou sobre seus produtos, ao revés, o que se denota é a utilização de tecnologia atualmente disponível para reproduzir de forma respeitosa gestos, aparência e voz condizentes à pessoa/personalidade de Elis Regina, não sendo forçoso concluir que tais características permeiam a memória coletiva da saudosa artista".

[26] "O interesse público deve se apresentar não como noção subjetiva e arbitrária, nem como uma noção dogmática e a-histórica, mas como resultado de valorações normativas individuadas no âmbito do inteiro ordenamento, segundo o cânon hermenêutico da sistematicidade, não descritiva e formal, mas sim conteudística e funcional, dos institutos e princípios fundamentais" (PERLINGIERI, 2008, p. 430).

esclarecer ao usuário o que está sendo publicizado, seja como forma de evitar dúvidas ou questionamentos sobre a realidade, ou mesmo sobre parte das ponderações e questionamentos éticos e sociais possíveis. Assim, como medida acauteladora e demonstrativa da boa-fé, é sempre recomendada a identificação.

No caso em comento, ela não ocorreu, todavia, isto não prejudicou os envolvidos nesta demanda, sendo que o processo foi arquivado, pelas razões que seguem:

> O colegiado considerou, por unanimidade, acompanhando parecer do relator, improcedente o questionamento de desrespeito à figura da artista, uma vez que o uso da sua imagem foi feito mediante consentimento dos herdeiros e observando que Elis aparece fazendo algo que fazia em vida.
>
> Já no tocante à informação sobre o uso da ferramenta, indicando ser conteúdo gerado por inteligência artificial, os conselheiros consideraram as diversas recomendações de boas práticas existentes acerca da matéria, bem como a ausência de regulamentação específica em vigor, e acabaram por concluir, acompanhando a conselheira autora do voto divergente, por maioria (13 x 7), também pelo arquivamento da denúncia, determinando o registro de que a transparência é princípio ético fundamental e que, no caso específico, foi respeitada, reputando que o uso da ferramenta estava evidente na peça publicitária.
>
> Adicionalmente, acompanhando as preocupações com os impactos do uso da inteligência artificial na criação de conteúdos publicitários, foi aprovada moção à direção do Conar para acompanhamento e discussão de casos e recomendações.

A decisão no presente caso parece mais do que acertada, em que pese os debates sobre a ausência de transparência, inexistindo regulamentação específica sobre o tema, que determine a informação expressa da utilização de uma inteligência artificial e o conteúdo não trazendo qualquer enganosidade, sendo restrita a recriação da artista, que aparece realizando uma ação plausível para a profissional, qual seja cantar uma de suas músicas, não especificamente aparecer em uma publicidade.

Novamente, o entendimento deste ponto não é unânime, sendo mantida a recomendação de sempre indicar a utilização de inteligência artificial, seja para evitar potenciais questionamentos, ou mesmo a existência de um caso como este, ou ainda diante da possibilidade de diferentes entendimentos sobre o dever de transparência e da existência de outras recomendações que versam sobre esta tecnologia, que já ponderam a sua necessidade.

Neste sentido, temos a seguir um trecho relevante do voto vencido do relator que aponta exatamente como identificar a existência de uma criação por meio de uma inteligência artificial é relevante:

> Ainda no tocante à interpretação do princípio da apresentação verdadeira e transparência como preceito ético, consideramos mais complexo seu exame, em

particular acerca da necessidade de se fazer constar uma sinalização na peça informando sobre o caráter sintético do conteúdo, em função da falta de previsão específica aplicável a esse tipo de tecnologia.

Sabemos que este caso vem ensejando uma série de questionamentos sobre o uso ético destas ferramentas tecnológicas agora à disposição de todos. A criação descentralizada de conteúdo proporcionada pela conectividade e uso de redes sociais, assim como a sofisticação das ferramentas para a produção de tal conteúdo acabaram engrandecendo a presente discussão, conferindo a ela os temores da amplificação dos usos prejudiciais.

Acompanhando os desdobramentos dessa discussão, são diversos os pareceres e orientações que propõem a obrigatoriedade de sinalização preventiva quanto ao uso da Inteligência Artificial no universo das comunicações, aplicável a múltiplos contextos nos quais esse tipo de tecnologia possa figurar, inclusive à publicidade (como no caso do excelente Guia sobre Impactos da Inteligência Artificial Generativa na Publicidade publicado pela ABA e também no caso do Guia lançado pela Federação Mundial dos Anunciantes, bem como em projetos de lei em tramitação no Congresso Nacional).

Cabe aqui, portanto, a sugestão de adesão a essas diretrizes para a adoção de tal sinalização, disponibilizando informação clara sobre a presença de sistemas de Inteligência Artificial no anúncio, como forma de minimizar qualquer tipo de risco que possa haver na assimilação e compreensão da peça.

Na mesma linha do exposto *supra*, é interessante notar a recente proposta de Emenda nº 4 do Projeto de Lei nº 2.338/2023, a qual busca a transparência e evitar a perpetuação de ilícitos, especialmente fraudes, criando a necessidade de identificação de obras audiovisuais com alteração significativa da realidade[27].

Superados tais pontos, ainda que não existam previsões específicas, de momento, sobre a temática, a casuística parece apontar não apenas os desafios, mas também as boas práticas que podem ser implementadas por aqueles que possuem o desejo de realizar um conteúdo publicitário desenvolvido por meio ou com o uso de inteligência artificial.

CONCLUSÃO

Abordar um tema tão vasto como a questão de Direitos Autorais e Publicidade, ainda que com o recorte da sua aplicação na inteligência artificial, é um trabalho hercúleo que não pode ser sintetizado em apenas um artigo, mas tão somente foi apontado e direcionado ao longo desta exposição.

---

[27] "Art. 20. Os sistemas de inteligência artificial que gerem ou manipulem conteúdo audiovisual com alteração significativa da realidade inserirão marcas identificadoras detectáveis, salvo quando a natureza sintética do material seja evidente por suas próprias características ou contexto de utilização."

Desta forma, ao longo das reflexões, foram introduzidas as áreas do Direito e as suas normas, elencando de maneira rápida e direcionada os inúmeros desafios e proposições existentes, sem, contudo, se restringir ou mesmo aprofundar em uma apenas, em razão do interesse de ampliar as reflexões do leitor, aguçar o seu senso crítico e convidar para a reflexão e desenvolvimento de materiais sobre o tema.

Isto porque ainda não existem respostas sobre a questão da inteligência artificial, apenas recomendações possíveis, como a de pedir autorização previamente ao uso do conteúdo e de sempre informar o uso da tecnologia, assim como os seus participantes, evitando potenciais contenciosos e demonstrando a boa-fé, interesse na transparência e a busca por uma resposta que ainda virá.

Portanto, ainda que rápido e direcionado, este capítulo é um apelo para a construção de uma regulação sobre o tema, funcionando como inspiração aos juristas para o desenvolvimento desta temática, para além do debate raso ou de jornais, mas para o esforço de criação legislativa, ponderação de direitos, desenvolvimento de boas práticas e, principalmente, desenvolvimento de uma tecnologia alinhada com o sistema jurídico pátrio.

REFERÊNCIAS

BARBOSA, Denis Borges. *Direito de Autor*: Questões fundamentais de direito de autor. Rio de Janeiro: Editora Lumen Juris, 2013.

BAUMAN, Zygmunt. *A cultura no mundo líquido moderno*. 1. ed. Rio de Janeiro: Zahar, 2013.

BITTAR, Carlos Alberto. Autonomia científica do direito de autor. *Revista da Faculdade de Direito da Universidade de São Paulo*, vol. 84, 1994, São Paulo, p. 87-98.

BITTAR, Carlos Alberto. *O direito de autor nos meios modernos de comunicação*. São Paulo: Editora Revista dos Tribunais, 1989.

BRANCO, Sérgio. *Direitos autorais na internet e o uso de obras alheias*. Rio de Janeiro: Lumen Juris, 2007.

CARBONI, Guilherme Capinzaiki. *Função social do direito de autor*. Curitiba: Juruá, 2006.

CHAVES, Antonio. *Direitos Conexos*. São Paulo: Editora LTR, 1999.

DREDGE, Stuart. AI and music: will we be slaves to the algorithm? *The Guardian*, 6 ago. 2017. Disponível em: https://www.theguardian.com/technology/2017/aug/06/artificial-intelligence-and-will-we-be-slaves-to-the-algorithm. Acesso em: 28.04.2024.

HUGENHOLTZ, P. Bernt. O grande roubo de direitos autorais: a alocação de direitos no ambiente digital. In: POLIDO, Fabrício; RODRIGUES Jr., Edson Beas (orgs.).

Propriedade intelectual: novos paradigmas internacionais, conflitos e desafios. Rio de Janeiro: Elsevier, 2007. p. 233-246.

KAPUT, Mike. AI in Advertising: Everything You Need to Know. *Marketing Artificial Intelligence Institute*, 22 jan. 2024. Disponível em: https://www.marketingaiinstitute.com/blog/ai-in-advertising#:~:text=Artificial%20intelligence%2C%20including%20generative%20AI,on%20your%20competition's%20ad%20strategy. Acesso em: 28.04.2024.

LEONARDI, Fernanda Stinchi Pascale. *Voz e direito civil*: proteção jurídica da voz – história, evolução e fundamentação legal. 1. ed. São Paulo: Editora Manole, 2013. (Coleção Direito Autoral Contemporâneo.)

LOPES, Marcelo Frullani. *Obras geradas por inteligência artificial*: desafios ao conceito jurídico de autoria. Dissertação (Mestrado) – Universidade de São Paulo, São Paulo, 2021.

OH, Pin-Ping; QU, Harry; BOND, Toby. Copyright Protection for AI generated works – Recent Developments. *Bird & Bird*, 9 fev. 2024. Disponível em: https://www.twobirds.com/en/insights/2024/china/copyright-protection-for-ai-generated-works-recent-developments#:~:text=Liu%20Yuanchun%2C%20where%20different%20roles,mere%20tool%20for%20human%20creativity. Acesso em: 28.04.2024.

PERLINGIERI, Pietro. *O direito civil na legalidade constitucional*. 1. ed. São Paulo: Editora Renovar, 2008.

PIMENTA, Eduardo Salles. *Direito conexo da empresa de radiodifusão e assuntos correlatos*. Porto Alegre: Lejus, 1999.

RAMALHO, Ana. *Intellectual Property Protection for AI-generated Creations*: Europe, United States, Australia and Japan. Londres: Routledge, 2021.

RAMALHO, Ana. Will robots rule the (artistic) world? A proposed model for the legal status of creations by Artificial Intelligence systems. *Journal of Internet Law*, Maastrich, jun. 2017. Disponível em: https://ssrn.com/abstract=2987757. Acesso em: 28.04.2024.

ROCHA, Roberto Silva da. Natureza jurídica dos contratos celebrados com sites de intermediação no comércio eletrônico. *Revista Jurídica Empresarial*, ano 01, nº 02, Porto Alegre, maio/jun., 2008, p. 77-121.

SANT'ANNA, Guilherme Chaves. Conflito entre os direitos da personalidade e o direito à informação na internet. In: FRANCEZ, Andrea; COSTA NETO, José Carlos; D'ANTINO, Sérgio Famá. *Direito do Entretenimento na Internet*. Saraiva: São Paulo, 2014.

SANTOS, Manoel J. Pereira dos; JABUR, Wilson Pinheiro; ASCENSÃO, José de Oliveira. *Direito autoral*. 2. ed. São Paulo: Saraiva Educação, 2020.

SILVEIRA, Newton. *Direito de autor no design*. 2. ed. São Paulo: Editora Saraiva, 2012.

SOUZA, Allan Rocha de. Inteligência artificial, direitos autorais e mineração de dados: um diálogo necessário. *Congresso em Foco*, Intervozes, 31 maio 2022. Disponível em: https://congressoemfoco.uol.com.br/blogs-e-opiniao/colunistas/inteligencia-artificial-direitos-autorais-e-mineracao-de-dados-um-dialogo-necessario/. Acesso em: 28.04.2024.

TEIXEIRA, Rafael Farias. Herança digital: entenda os limites do uso da imagem de pessoas mortas pela IA. *CNN Brasil*, Pop, 18 jul. 2023. Disponível em: https://www.cnnbrasil.com.br/tecnologia/heranca-digital-entenda-os-limites-do-uso-da-imagem-de-pessoas-mortas-pela-ia/. Acesso em: 28.04.2024.

THE BEATLES. The Beatles – Now And Then – The Last Beatles Song (Short Film). YouTube, 1º nov. 2023. Disponível em: https://www.youtube.com/watch?v=APJAQoSCwuA. Acesso em: 28.04.2024.

ANEXO – DECISÃO DO CONAR SOBRE A PUBLICIDADE DA VOLKSWAGEN COM ELIS REGINA (FALECIDA E RECRIADA POR IA)

Claim: Volkswagen e AlmapBBDO – VW Brasil70: O novo veio de novo	
Mês/ano do julgamento: agosto/2023	
Representação nº: 134/23	
Autor(a): Conar, mediante queixa de consumidor	
Anunciante: Volkswagen do Brasil	
Agência: AlmapBBDO Publicidade e Comunicações	
Relator(a): Conselheiro Luiz Celso de Piratininga Jr., com voto divergente de Ana Paula Cherubini	
Câmara: Segunda Câmara	
Decisão: Arquivamento	
Fundamentos: Art. 27, nº 1, letra "a", do Rice	

Resumo Campanha comemorativa dos 70 anos da Volkswagen do Brasil atraiu queixa de consumidores no Conar e forte repercussão na imprensa e redes sociais – contrárias e favoráveis – ao se utilizar de recursos de inteligência artificial generativa híbrida para recriar a figura da cantora Elis Regina, falecida em 1982, cantando a música "Como nossos pais" junto com a filha, Maria Rita. A campanha, intitulada "VW Brasil 70: o novo veio de novo" foi criada pela AlmapBBDO e veiculada em perfil de redes sociais (Instagram e Youtube). A representação foi aberta para verificar dois pontos principais:

– se foi respeitoso e ético o uso no anúncio da de Elis e

– se era necessária informação explícita sobre o uso de tal ferramenta para compor o anúncio.

Vinte e um membros da 7ª Câmara participaram da sessão virtual de julgamento, incluindo o presidente da Câmara, que só vota se houver necessidade de desempate. O processo tramitou com o contraditório e ampla defesa, por meio de manifestação de anunciante e agência.

O colegiado considerou, por unanimidade, acompanhando parecer do relator, improcedente o questionamento de desrespeito à figura da artista, uma vez que o uso da sua imagem foi feito mediante consentimento dos herdeiros e observando que Elis aparece fazendo algo que fazia em vida.

Já no tocante à informação sobre o uso da ferramenta, indicando ser conteúdo gerado por inteligência artificial, os conselheiros consideraram as diversas recomendações de boas práticas existentes acerca da matéria, bem como a ausência de regulamentação específica em vigor, e acabaram por concluir, acompanhando a conselheira autora do voto divergente, por maioria (13 x 7), também pelo arquivamento da denúncia, determinando o registro de que a transparência é princípio ético fundamental e que, no caso específico, foi respeitada, reputando que o uso da ferramenta estava evidente na peça publicitária.

Adicionalmente, acompanhando as preocupações com os impactos do uso da inteligência artificial na criação de conteúdos publicitários, foi aprovada moção à direção do Conar para acompanhamento e discussão de casos e recomendações.

Leia a íntegra do voto do relator, Luiz Celso de Piratininga Jr.:

Trata-se de representação de ofício, oferecida pelo Conar, baseada em queixas de consumidores, para o exame da campanha "VWBrasil70 - O novo veio de novo", com fundamento nos arts. 1º, 3º, 6º, 8º, 15,19, 27, 34, 37 e Anexo "Q" do Código Brasileiro de Autorregulamentação Publicitária.

Conforme descrito na inicial, as queixas enviadas submetem ao Conselho de Ética o exame de questão relevante sobre o uso de ferramenta tecnológica e Inteligência Artificial (IA) para a criação de conteúdo publicitário, trazendo pessoa falecida de volta à vida para participar de anúncio.

Sabe-se que a Inteligência Artificial tem implicações generalizadas e de grande escala que estão transformando sociedades e setores econômicos, trazendo benefícios e riscos, sendo seu uso ético crucial para o rumo dessas inovações.

Sobre o uso da imagem de pessoa falecida, integrante do direito de personalidade, ele é regulamentado pelo quadro jurídico em vigor, que prevê serem os familiares os legitimados para a sua proteção e, consequentemente, para o consentimento do uso. Entretanto, não há regra específica sobre a criação de contexto fictício atribuindo movimento, fala, gestos, expressões e declarações à pessoa falecida, por meio de técnica também conhecida como *Deepfake*.

O que existe são, importantes recomendações éticas para o uso de Inteligência Artificial, ancoradas na preservação da autonomia do ser humano, das pessoas por ela impactadas e afetadas. Assim, além da importante recomendação de ostensiva informação acerca do caráter ficcional do conteúdo, sua criação demandaria pleno consentimento da pessoa retratada. Cabe observar que, nos termos do Código Civil, os herdeiros são tidos como os guardiões do legado da pessoa falecida, o que abrangeria tal consentimento.

As queixas, no entanto, apontam justamente para a violação da autonomia, argumentando que seria necessário o consentimento da própria artista, denunciando, ainda, a possibilidade de que o contexto fictício tenha alterado a expressão de sua personalidade, conforme os diversos apontamentos históricos feitos pelos consumidores. Foram mencionados, assim, deveres morais, éticos e sociais com os falecidos, em particular com os artistas. Adicionalmente, são apresentados impactos sociais de tal deslocamento. Nos termos do artigo sobre o tema, com depoimento do coordenador do Centro de Inteligência Artificial da Universidade de São Paulo (USP), Glauco Arbix: "[...] há muitos riscos em usar IA de forma não transparente, informada ou consciente, especialmente quando há um deslocamento espacial ou atribuição de declarações inverídicas à pessoa retratada. [...] A finitude da vida está sedimentada na história social. Mesmo para aqueles que creem em vida após a morte, é algo sempre mais inacessível e distinto do que vemos agora, para o que não estamos prontos como sociedade". Uma das queixas menciona, por fim, a possibilidade de tal uso causar confusão entre ficção e realidade para alguns, principalmente crianças e adolescentes, questionamento a ser examinado à luz do disposto nos arts. 27 e 37 do CBAP.

Dessa forma, a questão foi submetida ao Conselho de Ética do Conar para a análise atenta do presente caso, examinando ser ético ou não o uso de ferramenta tecnológica para trazer pessoa falecida de volta à vida, como realizado no anúncio em tela, à luz do disposto nos artigos acima citados do Código, em particular os princípios de respeitabilidade –, no caso o respeito à personalidade e existência da artista –, bem como do princípio da veracidade.

DEFESA

Preliminarmente, em defesa conjunta, as representadas Volkswagen do Brasil e Almap/BBDO Publicidade: Contestam a validade da presente representação quanto aos questionamentos pelo uso da imagem da falecida artista Elis Regina na campanha, porque, legalmente, dizem, a exclusividade dos direitos de personalidade da Elis Regina pertence somente aos seus sucessores (que concederam as devidas autorizações às Representadas).

Justificam que tais questionamentos devem ser analisados perante o Poder Judiciário, posto tratar-se de direito personalíssimo previsto em lei específica, direito, esse, não afeto às atividades e finalidade do Conar.

Alegam que a aplicação de efeitos visuais é um recurso tecnológico amplamente utilizado e de inquestionável conhecimento do mercado e aceitação do consumidor.

Finalmente, apontam não existir regulamentação impondo a adoção de qualquer conduta, ressalva ou *disclaimer* em anúncios que empreguem tal tecnologia.

Após os aspectos preliminares, a defesa apresentou credenciais e breve histórico das empresas, para, em seguida, enfocar o anúncio segundo seu conteúdo criativo, produzido com o emprego da tecnologia digital conhecida como Deepfake: um dueto inédito virtual entre as artistas Elis Regina e Maria Rita, sua filha, cantando a composição "Como nossos pais" (de autoria do compositor e cantor Belchior), ao mesmo tempo em que dirigem Kombis, lado a lado, em cena de lazer e prazer

A campanha, ressaltam, foi motivada pelo aniversário de setenta anos da marca Volkswagen no Brasil e para o relançamento da Kombi, um dos veículos icônicos da montadora em versão 100% elétrica – batizada ID. Buzz.

Ao longo do dueto virtual, o filme apresenta "cenas de diversos veículos em diferentes eventos de celebração e convívio, destacando a transição das gerações e o fato de que, apesar da natural evolução do ser humano e das tecnologias, os ciclos se repetem, dando ênfase à ideia de que o sucesso passa de geração em geração, no caso, da mãe para a filha e da antiga Kombi para a nova Kombi. Nada mais!".

A defesa ressalta o fato de que "as personagens em momento algum comentam os benefícios dos veículos, suas características técnicas ou performance, tampouco prestam qualquer testemunho sobre o produto ou sobre a marca".

Em relação ao uso da tecnologia digital, as representadas oferecem um histórico de campanhas que se utilizaram de tais ferramentas para fazer reviver personalidades virtualmente, argumentando que o uso da tecnologia Deepfake é lícito e deve ser visto como mais uma evolução técnica para a criação de imagens virtuais, podendo ser considerado ilícito apenas se o conteúdo criado vier a ferir direitos de terceiros e/ou promover uma mensagem ilícita (ou quando lei específica considerá-lo abusivo).

Uma vez que a legislação específica (o que seria o marco legal) sobre o emprego da IA, em âmbito federal, está em tramitação no Congresso Nacional e que até o momento não há obrigação ou até mesmo orientação formal de que se deva informar sobre o uso de recurso de inteligência artificial em publicidades, o anúncio, como alegado pela defesa, é totalmente regular, não havendo que se falar em qualquer alteração no seu conteúdo positivo, considerado respeitoso e saudável no sentido do convívio social e familiar.

Em relação ao direito ao uso desse tipo de imagem, a defesa cita o art. 5º da Constituição Federal, o qual preserva os direitos de personalidade atribuíveis aos indivíduos; como também, enfoca os arts. 12 e 20 do Código Civil, a partir dos quais depreende que os herdeiros são os legitimados para tutelar a exploração dos direitos de imagem de pessoas falecidas, em que pese não haver no Direito pátrio normas específicas que versem categoricamente sobre a transmissibilidade aos herdeiros de tais direitos. E que, no caso, há o devido consentimento contratual e público por parte dos herdeiros, sendo incontroverso que não há qualquer irregularidade ou abuso no uso da imagem da cantora na publicidade, mesmo que mediante o emprego de tecnologia digital.

No que tange ao aspecto político trazido na reclamação, a defesa afirma não haver qualquer conotação política ou ideológica no contexto da campanha, motivo pelo qual se abstém de realizar maiores considerações quanto a esse ponto.

VW e Almap, tomando por base os artigos do Código citados na representação, especialmente o art. 37, afirmam não haver razão para considerar o anúncio inapropriado para menores de idade, crianças e adolescentes.

Não há que se falar, tampouco, em afronta ao princípio da respeitabilidade. Pois não há, no anúncio, o favorecimento ou estímulo a qualquer espécie de ofensa, discriminação ou encorajamento a atividades ilegais.

Tampouco há qualquer indício de desrespeito à dignidade da pessoa humana, à intimidade, ao interesse social ou ao núcleo familiar. Muito pelo contrário, o anúncio traz uma mensagem positiva que em nada impacta o legado e o bom nome da cantora, e seu conteúdo foi aprovado e autorizado por seus herdeiros, tudo dentro dos limites da lei.

Por fim, não havendo qualquer irregularidade no anúncio; não havendo legitimidade dos consumidores queixosos para questionar o uso de imagem de Elis Regina, sendo esse direito exclusivo dos herdeiros da cantora; considerando que a discussão relacionada a direitos de personalidade foge do escopo de atuação deste d. Conselho e que não há lei ou normas que estabeleçam regras para utilização ou identificação da inteligência artificial nas publicidades; que o uso de inteligência artificial e efeitos digitais nas publicidades é prática de longa data sem qualquer ressalva ou esclarecimento, estando os consumidores habituados com esse tipo de prática; e que a grande maioria dos consumidores aprovou o anúncio, não compactuando com o posicionamento e interpretação dos consumidores reclamantes, as representadas, respeitosamente, requerem que seja recomendado o arquivamento da representação, conforme preconiza o art. 27, inciso I, alínea "a" do Regimento Interno deste d. Conselho.

Esse é o relatório.

PARECER E VOTO

Primeiramente, queremos agradecer ao corpo jurídico e operacional do Conar pela costumeira dedicação e apoio. O trabalho tem sido intenso.

De acordo com o contexto jurídico amplo que envolve o emprego da Inteligência Artificial Generativa, como tem sido denominada, e seus reflexos legais, vale frisar que a autorregulação tem como pressuposto a necessidade de que a publicidade cumpra as leis em vigor, conforme expresso no art. 1º do Código. Esta abordagem do controle misto – a autorregulamentação como camada adicional com previsões normativas e exame ético a partir do necessário cumprimento das regras em vigor - é vastamente consolidada e ocorre na extensa maioria dos países reunidos no Conselho Internacional pela Autorregulamentação Publicitária.

Isso posto, acreditamos que independentemente daquilo que viermos a deliberar, o anúncio em questão já cumpriu missão bastante relevante ao nos oferecer essa oportunidade para refletir sobre os fatos que embalaram a ressurreição virtual da nossa eterna Elis Regina no contexto da ética publicitária.

Ainda antes de entrarmos no mérito das denúncias, dada a profusão de tecnologias digitais baseadas em Inteligência Artificial Generativa que tem brotado diariamente, é importante classificarmos a produção audiovisual do comercial em questão, em sua especificidade, como fruto de uma espécie de Inteligência Artificial Híbrida, termo que vem sendo utilizado por especialistas para distinguir produtos gerados a partir da mistura equilibrada entre ferramentas de Inteligência Artificial e o toque humano, como no presente caso, cujo resultado estético foi planejado e executado por uma equipe plena, humana, com aproveitamentos tecnológicos de Inteligência Artificial para a reconstrução da imagem da face da personagem (interpretada ao vivo por uma atriz) e a sintetização da própria voz da cantora. É disso que se trata.

Assim, relativizamos o papel da tecnologia neste contexto: fosse a representação da cantora no anúncio produzida, por exemplo, por uma sósia (hipótese prevista no Código), por um make-up ou máscara hollywoodianos ou mesmo por antigas técnicas digitais hiperrealistas, o incômodo provavelmente persistiria. Ou seja, não estamos julgando aqui stricto sensu a Inteligência Artificial Generativa em si, mas o resultado de uma representação da imagem da cantora Elis Regina, com alto grau de verossimilhança. Sem prejuízo algum que o aprofundamento da ideia sobre o uso dessa tecnologia já vem merecendo.

Diante disso, delimitamos o objeto das reclamações que foram enviadas ao Conar, em alguns blocos.

O primeiro aspecto da denúncia a ser tratado mostra-se como um pré-requisito para a abordagem dos demais, pois demanda o juízo quanto ao respeito à autonomia e à dignidade da personalidade retratada, falecida. As perguntas básicas são: a imagem da pessoa falecida poderia ser representada no comercial? Considerando que sim, caberia a extensão da pergunta: tal representação foi feita de forma respeitosa?

Para tal reflexão, cuja base do Código encontra-se nos arts. 19 e 34 (que tratam sobre autonomia, dignidade e respeitabilidade), buscamos o apoio nas legislações vigentes.

O direito à imagem é reconhecido como fundamental e inviolável (art. 5º, inciso X, da Constituição Federal). Portanto, seu uso demanda consentimento.

Já o Código Civil, estabelece (no § único dos arts. 12 e 20) que, no caso de pessoa falecida, os legitimados para a defesa de tal direito são os herdeiros.

De toda forma, é essencial verificarmos o anúncio em relação à novidade do uso em questão. Embora a hipótese de sintetização de imagens de personalidades com movimentos e gestos inéditos não tenha previsão específica na legislação, dos princípios gerais da legislação em vigor, em particular do disposto nos arts. 12 e 20 do Código Civil, é possível assumir o pressuposto no caso de que esse uso está compreendido no escopo do direito à imagem, cuja defesa é atribuída aos herdeiros Entendemos que os limites da transmissibilidade da herança digital, da memória e do patrimônio existencial é matéria a ser mais bem tratada por lei, com interpretação e aplicação pelo Poder Judiciário. Ainda que considerando ser uso novo, aqui se estipula o parâmetro baseado na doutrina jurídica sobre o tema e, em particular, no exame ético da matéria.

Note-se que foram apresentados ao menos dois projetos de lei no Congresso Nacional a partir das discussões da campanha publicitária em questão, que levam à mesma solução: a previsão legal expressa de que o uso da imagem de uma pessoa falecida por meio de Inteligência Artificial Generativa requer o consentimento prévio e expresso da pessoa em vida ou, na falta desse consentimento, o dos familiares mais próximos, como ocorreu neste caso, de acordo com as informações prestadas pela defesa das representadas.

Assumimos esse pressuposto quanto à admissibilidade do uso da imagem de pessoa falecida em anúncio publicitário, a partir do consentimento de seus herdeiros (reconhecidos como guardiões do legado da pessoa falecida), do qual faz parte o *acting* virtual gerado por Inteligência Artificial. Notamos que o uso de imagem de pessoa falecida não é novidade na indústria audiovisual, que vem se ancorando no consentimento dos herdeiros, na falta de disposição testamentária de expressão da vontade do morto.

Entendida como admissível, a representação da imagem da cantora Elis Regina foi projetada de forma respeitosa? Antes de responder à pergunta, é preciso sanar uma objeção trazida pela defesa.

Preliminarmente, as representadas contestaram a legitimidade das queixas de consumidores, apontando que seriam apenas os herdeiros os legitimados para reclamar sobre a violação do uso de imagem da pessoa falecida. Entretanto, não estamos de acordo com esse ponto de vista, dado o fato de que o art. 34, letra "b" do Código abre claramente a possibilidade de analisar queixas de consumidores por eventual uso desrespeitoso da imagem de pessoa falecida. Conforme o art. 34: o "Código condena a publicidade que: b. ofenda as convicções religiosas e outras suscetibilidades daqueles que descendam ou sejam de qualquer outra forma relacionados com pessoas já falecidas cuja imagem ou referência figure no anúncio".

Soma-se ao art. 34, a letra "d" do Anexo Q, sobre testemunhais, segundo o qual "o Anunciante que recorrer ao testemunhal de pessoa famosa deverá, sob pena de ver-se privado da presunção de boa-fé, ter presente a sua responsabilidade para com o público".

Ou seja, como figura de máxima expressão artística, um verdadeiro patrimônio cultural brasileiro, é natural que fãs, amigos e o público, de forma geral, possam exercer com legitimidade a reclamação a respeito dos aspectos do anúncio que de alguma forma incomodaram sob o critério ético.

Nesse sentido, cabe analisarmos se a criação virtual da personagem Elis Regina, em situação fictícia, atribuindo a ela movimento, canto, gestos e expressões, por meio de técnica também conhecida como Deepfake, alterou de forma desrespeitosa a sua personalidade, de acordo com sua memória artística e pessoal.

Entendemos, quanto à respeitabilidade, que o anúncio em momento algum apresentou negativamente a imagem e a memória de Elis Regina, cuja performance virtual se manteve dentro de limites aceitáveis, haja vista figurar todo o tempo cantando ao lado da filha uma canção que fez parte de seu repertório, sem verbalizar qualquer opinião, impressão ou informação e muito menos qualquer tipo de declaração sobre a marca Volkswagen ou sobre seus produtos, ao revés, o que se denota é a utilização de tecnologia atualmente disponível para reproduzir de forma respeitosa gestos, aparência e voz condizentes à pessoa/personalidade de Elis Regina, não sendo forçoso concluir que tais características permeiam a memória coletiva da saudosa artista.

Que pese o absoluto respeito pelas opiniões trazidas nas reclamações, tais afirmações não contêm em seu bojo elementos concretos que possam suscitar a limitação do conteúdo artístico-musical da peça publicitária em comento. Para esse parecer, reputamos que a recontextualização da obra artística aplicada aos objetivos da marca Volkswagen é absolutamente legítima e não fere qualquer princípio ético.

Desse modo, avançamos para o exame, quanto ao mérito, do questionamento sobre a Apresentação Verdadeira e a análise da necessidade de informação (aviso, sinalização) sobre a natureza do conteúdo sintético.

Em seu art. 27, o Código determina que todo anúncio deve conter uma apresentação verdadeira do produto oferecido, com destaque para o § 9º sobre testemunhais, segundo o qual "o anúncio abrigará apenas depoimentos personalizados e genuínos, ligados à experiência passada ou presente de quem presta o depoimento, ou daquele a quem o depoente personificar".

Nessa perspectiva, é essencial o discernimento daquilo que vem a ser uma apresentação verdadeira do produto e o formato publicitário empregado para tal apresentação verdadeira do produto. Cabe aqui, portanto, tratarmos da linguagem publicitária e suas especificidades para que não haja dúvidas quanto à interpretação do art. 27.

O entrelaçamento (amálgama) entre os elementos simbólicos da cultura e os produtos de consumo não é nenhuma novidade no ambiente da publicidade. Tais elementos simbólicos, que compõem a cultura nacional em toda a sua extensão e riqueza, são, a priori, matéria-prima do discurso publicitário, sem os quais a argumentação criativa simplesmente não seria possível. Essa característica intrínseca é o que define e distingue a linguagem publicitária como uma expressão artística no contexto da economia de mercado. O anúncio em questão demonstra esse aspecto com propriedade.

A lógica da publicidade é explícita quanto ao propósito de entreter a atenção do público ao qual se dirige e, com isso, incentivar o consumo por meio de comunicação ostensiva. Não há segundas intenções. A intenção é uma só e é reconhecida por todos os que participam dessa dinâmica (anunciantes, agências, mídia e consumidores): favorecer a percepção diferenciada e positiva de marcas, produtos e serviços (e, se possível, o engajamento do público) com o intuito de impulsionar os resultados de venda. O fundamento é econômico: conforme estudo recente da Delloite, a pedido do Cenp, cada real investido em publicidade em 2020 gerou oito reais para a economia brasileira. E a criação publicitária, no contexto da liberdade de expressão comercial, tem sido a "alma do negócio", desde sempre.

O presente caso representa muito bem essa intersecção entre cultura e economia. O jornalista e professor Eugênio Bucci traz uma passagem significativa em seu livro A superindústria do imaginário, obra de notável valor para a compreensão do atual momento comunicacional, na qual cita o filósofo francês Roland Barthes: "o filósofo, que admirava os carros – e morreu atropelado por uma caminhonete de lavanderia, em 1980 –, disse [...] sobre o automóvel: Refiro-me a uma criação de época [...] consumida por sua imagem, mais que seu uso, por um povo inteiro que se apropria através dela de um objeto absolutamente mágico?".

Arrisco dizer que o consumo pela imagem do automóvel (bem como de uma infinidade de artigos) tem como razão (ou desrazão) o saudável papel exercido pela publicidade na criação de vínculos por meio de imaginários lúdicos, sua principal especificidade. Aliás, como uma das técnicas fundantes da economia criativa, a propaganda comercial assume, como pressuposto, a capacidade de inovar: apresentar seus argumentos de forma inusitada.

Portanto, não só, mas essencialmente, a publicidade se estrutura como linguagem lúdica. Um espaço no qual praticamente tudo é permitido, desde que respeite os propósitos éticos (estabelecidos pelas legislações em vigor, notoriamente o CBAP) e, evidentemente, a apresentação verdadeira dos produtos e serviços que a patrocinam, num espectro largo de benefícios e identidades racionais e emocionais.

O caso aqui retratado, cumpre, a meu ver, esse papel.

Ao que tudo indica, as representadas ousaram em suas respectivas competências ao produzir e divulgar a propaganda em foco, e como não poderia deixar de ser, é natural que manifestações favoráveis e contra surjam diante de tal ato.

Volkswagen e Almap caracterizam duas instituições de peso no mercado publicitário. Ambas mantêm compromissos concretos com o desenvolvimento da indústria automotiva nacional e com a publicidade de alta qualidade, isso desde os anos 1960, tempo em que Alex Periscinoto, sócio de Alcântara Machado(fundador da Almap), assumiu a criação das campanhas da Volkswagen (veiculadas quando o Governo JK promovia o desenvolvimento do transporte rodoviário no Brasil).

Mais que isso, a Volkswagen pode ser tida como uma marca que teve na criatividade publicitária e na qualidade de seus veículos fator determinante para seu grande prestígio internacional. Os anúncios publicitários de seus veículos sempre sinalizaram um padrão de excelência no ambiente da comunicação.

O comercial "VWBrasil 70 anos – O novo veio de novo" não fugiu à regra.

O anúncio é verdadeiro quando articula os conceitos de tradição e inovação, valendo-se do septuagésimo aniversário da empresa no Brasil para lançar o novo modelo do veículo Kombi.

Como argumento criativo, articula os conceitos de tradição e inovação por meio da imagem das cantoras Elis Regina (geração passada) e Maria Rita (geração atual), mãe e filha, cantando em dueto a composição Como nossos pais, enquanto dirigem os modelos – antigo e novo – da Kombi; esse dueto acontece em meio a cenas documentais que têm como função ativar a memória afetiva das pessoas, famílias etc., em relação à marca Volkswagen e seus produtos, lembrando que a marca verdadeiramente fez ou faz parte da vida dos brasileiros há muitas gerações e que, por força de sua capacidade em inovar, transmite esse afeto e confiança de geração em geração, fazendo acontecer o novo (que "sempre vem", expresso na letra de Belchior), de novo. Entendemos, por tudo isso, que a apresentação verdadeira do produto de fato ocorre, nesse caso, por mais lúdica que a peça publicitária possa ser considerada.

Ainda no tocante à interpretação do princípio da apresentação verdadeira e transparência como preceito ético, consideramos mais complexo seu exame, em particular acerca da necessidade de se fazer constar uma sinalização na peça informando sobre o caráter sintético do conteúdo, em função da falta de previsão específica aplicável a esse tipo de tecnologia.

Sabemos que este caso vem ensejando uma série de questionamentos sobre o uso ético destas ferramentas tecnológicas agora à disposição de todos. A criação descentralizada de conteúdo proporcionada pela conectividade e uso de redes sociais, assim como a sofisticação das ferramentas para a produção de tal conteúdo acabaram engrandecendo a presente discussão, conferindo a ela os temores da amplificação dos usos prejudiciais.

Acompanhando os desdobramentos dessa discussão, são diversos os pareceres e orientações que propõem a obrigatoriedade de sinalização preventiva quanto ao uso da Inteligência Artificial no universo das comunicações, aplicável a múltiplos contextos nos quais esse tipo de tecnologia possa figurar, inclusive à publicidade (como no caso do excelente Guia sobre Impactos da Inteligência Artificial Generativa na Publicidade publicado pela ABA e também no caso do Guia lançado pela Federação Mundial dos Anunciantes, bem como em projetos de lei em tramitação no Congresso Nacional).

Cabe aqui, portanto, a sugestão de adesão a essas diretrizes para a adoção de tal sinalização, disponibilizando informação clara sobre a presença de sistemas de Inteligência Artificial no anúncio, como forma de minimizar qualquer tipo de risco que possa haver na assimilação e compreensão da peça.

Finalmente, analisamos a questão sob o prisma da possibilidade de tal uso causar confusão entre ficção e realidade para alguns, principalmente crianças e adolescentes, conforme estabelecido pelo art. 37.

Nesse caso, assumimos que o anúncio não contém elementos que possam levar a erro o público infanto-juvenil, tanto pelas razões já apontadas pertinentes à legitimidade da linguagem publicitária, quanto pela evidência de que o comercial não é dirigido a esse segmento da audiência.

Por conseguinte, com base nos arts. 1º, 3º, 6º, 8º, 15, 19, 27, 34, 37 e anexo Q do Código, assumindo as premissas de que: o anúncio é lícito quanto ao respeito à autonomia e à dignidade da personalidade retratada; o anúncio não alterou de forma desrespeitosa a sua personalidade; o anúncio cumpre as exigências quanto a apresentação verdadeira do produto; o anúncio não contém elementos que possam levar a erro o público infanto-juvenil, sugerimos sua alteração no que concerne especificamente a disponibilização de informação precisa sobre a presença de sistemas de Inteligência Artificial no conteúdo da peça.

Esse é o voto.

Em tempo, diante da repercussão e preocupação gerada por este caso, proponho, ainda, moção à Diretoria do Conar, no sentido de analisar a conveniência de estabelecer instância de acompanhamento e discussões acerca das consequências, limitações e implicações éticas, técnicas e normativas trazidas na esteira dos avanços das tecnologias que envolvem inteligência artificial generativa ou híbrida, como tem feito em tantas outras matérias que têm merecido atenção especial, ao lado das entidades nacionais e internacionais que estão se debruçando sobre o tema.

Luiz Celso de Piratininga Jr.
Conselheiro Relator

REGISTRO DE VOTO DIVERGENTE, REPRESENTAÇÃO Nº 134/23

Adoto relatório elaborado pelo ilustre conselheiro relator do processo em epígrafe, no qual consta pormenorizada alusão às alegações de denúncia e de defesa.

Entretanto, dele divirjo no tocante à recomendação de alteração relacionada à sinalização do uso da ferramenta tecnológica.

Registrando desde logo o acerto e a excelência do voto, ao exprimir detalhado exame dos aspectos de criação da mensagem publicitária e do uso legítimo e adequado da imagem da icônica cantora Elis Regina, esclareço a seguir a divergência ora apresentada.

Dois pontos foram indicados como centrais na presente representação:

I) Se o uso de vídeo com imagem da cantora teria sido legítimo e respeitoso, o que demandou a análise da observância dos preceitos legais e da autorregulamentação relacionados à autonomia e à dignidade da personalidade retratada; e

II) Se o anúncio atendeu aos princípios de veracidade, transparência e direito à adequada informação.

Com relação ao primeiro ponto, acompanho integralmente o voto do i. relator, reputando ter sido legítimo e respeitoso o uso da imagem da cantora, tendo presente o consentimento dos guardiões de seu legado – os herdeiros – e considerando que o uso foi absolutamente coerente com sua memória e atividade realizada em vida, de inesquecível e única performance artística e apresentação musical.

Já no tocante ao segundo aspecto, após longa discussão e acurada análise, reputo que o caso em tela deve ser examinado diante do contexto legal e da autorregulação, da segurança jurídica e, sobretudo, do impacto do anúncio.

Ainda que considere fundamentais as discussões sobre princípios éticos relacionados ao uso da Inteligência Artificial na criação de conteúdos audiovisuais, reconhecendo os desafios e o relevante papel que este Conselho tem em nortear as difusas orientações atualmente existentes acerca da matéria, não reputo que a campanha merece reparo sob os aspectos de veracidade e transparência, tanto da oferta, quanto dos elementos criativos e ficcionais.

Pela própria notoriedade da cantora, e do conhecimento público de sua precoce partida deste mundo, é inequívoco o uso da tecnologia no presente caso. Em que pesem as críticas – que fazem parte do sistema democrático – o anúncio recria uma cena que, não fosse a tecnologia, o público jamais poderia vivenciar.

E não há, em momento algum, qualquer condão de enganosidade ou falta de transparência, haja vista que a tecnologia aqui é utilizada única e exclusivamente para recriar Elis Regina fazendo o que – e como – fez em vida, sem desvios.

O princípio da transparência, que deve prevalecer em todas as comunicações e relações com os consumidores, se faz presente neste caso em particular, sendo desnecessária e ineficaz, a ressalva acerca do processo criativo do anúncio. Por esse motivo, respeitosamente divirjo do ilustre conselheiro relator quanto à recomendação exarada, de sinalização do uso da ferramenta tecnológica, recomendando também neste ponto o arquivamento da representação, com fundamento no disposto no art. 27, item I, letra "a", do Rice.

Ao recomendar o arquivamento, considero a ausência de regulamentação específica apta a impor obrigatoriamente tal inserção, o que demanda uma análise ainda mais criteriosa de contexto específico do anúncio à luz dos princípios éticos publicitários, a saber, a transparência, apresentação verdadeira e o direto à informação, os quais não verifico terem sido infringidos.

Por fim, mas não menos importante, deixo consignado dois pontos bastante enfatizados na discussão do caso.

O princípio da transparência é fundamental para o uso dos recursos tecnológicos na publicidade, conclamando a atenção dos envolvidos nas cadeias de criação, para observá-lo de forma central.

E, acompanhando a proposta do Relator, diante das preocupações com os impactos do uso da inteligência artificial na criação de conteúdos publicitários, me uno à proposta de moção à direção do Conar para acompanhamento e discussão de casos e recomendações que possam orientar os atores envolvidos e conferir segurança jurídica no exercício de suas atividades e na salvaguarda de direitos.

Ana Paula Cherubini

INTEGRIDADE DA INFORMAÇÃO E *CHECK UP DE FAKE NEWS*

Marcus Di Flora[1]

Sumário: Introdução - 1. Blumenau - 2. Rio Grande do Sul - 3. A cauda longa dos antivacinas - Conclusões - Referências.

INTRODUÇÃO

Iniciar um capítulo de livro fazendo uma citação pode parecer estranho, mas, determinadas circunstâncias chamam por isto, como forma de antecipar e sintetizar o pensamento que percorrerá todo o trabalho. O cientista político, jurista e historiador Christian Lynch, editor da *Revista Inteligência* usou o seu perfil no X, antigo Twitter, para resumir de forma brilhante todo o drama que vivemos com a ascensão das redes sociais e, por que não, da internet, como meio de comunicação da humanidade. E o fez valendo-se de uma das plataformas que mais é utilizada para disseminar aquilo que ele critica de forma tão veemente. A contradição movimenta a história:

> *Por que extremistas mentem nas tragédias humanitárias?*
> Para sustentar o ódio que radicaliza o eleitorado, a extrema-direita precisa semear dia e noite a desconfiança contra as instituições democráticas ("comunistas"). A

---

[1] O presente artigo científico foi desenvolvido com a colaboração das pesquisadoras Joice Pacheco e Camila Braga.

catástrofe é obra de Deus ou do diabo, cada um que se vire, ou com a ajuda da igreja ou dos empresários. Por isso, a ação eficaz do Estado nessas ocasiões é perigosíssima para a extrema-direita. Porque a solidariedade e a ação do Estado produzem a confiança entre o eleitorado e o governante democrático e as instituições. Daí por que o extremismo precisa mentir 24 horas por dia, para lançar por teorias da conspiração a desconfiança sobre o trabalho dos agentes do Estado, para evitar a confiança nas e a dependência das instituições. Durante a pandemia da covid-19 foi a mesmíssima coisa. É preciso responsabilizar todos os criminosos, um por um, pelo mau uso de sua "liberdade de expressão".[2]

O que motivou este *post* foi a maneira brutal com que perfis das redes de extrema-direita e outros influenciados por ela investiram contra a dor, a perda, o trauma de milhões de brasileiras e brasileiros afetados direta ou indiretamente pela catástrofe ambiental no Rio Grande do Sul, em abril e maio de 2024. A tragédia ceifou vidas humanas, sacrificou animais, destruiu ambientes naturais, arrasou cidades, causou brutal prejuízo econômico às famílias, ao estado e ao país. E, de maneira inquestionável, demonstrou que o clima está cobrando a fatura da ação humana. Mas, nem assim, impediu a ação conspiratória e niilista das redes de desinformação.

A tragédia se deu em vários níveis. Mas houve outra que só ao longo do tempo vamos perceber seu impacto: o quanto ela afetou a saúde mental das pessoas, seja das vítimas diretas ou indiretas, seja de quem sofreu em seu modo de ver o mundo, pela ação deletéria de uma torrente de notícias e narrativas falsas difundidas no período e depois, que geraram pânico, medo e confusão.

Não foi a primeira vez que isto ocorreu nem mesmo é um privilégio do Brasil, muito menos é uma novidade o que aqui é apresentado e analisado. Nesse sentido, o objetivo de uma metodologia de *check up* de *fake news* é somar aos inúmeros alertas que se manifestam pelo mundo afora, de que algo muito errado está acontecendo com a humanidade, como se os sentimentos mais primitivos do ser humano fossem estimulados em paralelo com os maiores avanços tecnológicos de nossa existência. A contribuição deve estar voltada a alertar sobre como esses sentimentos, que podem estar ao nosso lado e ao mesmo tempo percorrendo a atmosfera de todo o país, são uma expressão do mal em nossos tempos e devem ser combatidos.

No que diz respeito à publicidade e à propaganda, os impactos são amplamente conhecidos, tanto do ponto de vista do ataque à reputação de pessoas e empresas, como no patrocínio de golpes, fraudes e outras ações criminais. Mas esse ambiente de difusão de mentiras, de se criar ambientes psicológicos

---

[2] LYNCH, Christian. Por que extremistas mentem nas tragédias humanitárias? *Rede X*, 2024. Disponível em: https://x.com/ceclynch/status/1788244231619850421?s=48&t=fVg8w2bEB8K8krzltwUKvQ. Acesso em: 23 out. 2024.

instáveis, muitas vezes violentos, afeta também o interesse público e a comunicação deste interesse, já que, ao se criar um ambiente onde a mentira é o centro de uma comunicação, essas redes de desinformação desestabilizam tudo o que é público, gerando insegurança e desconfiança, afetando o que se comunica a partir do que é público, governamental ou não. E aqui a distinção entre o que é de interesse público e o que não é se torna oposição, já que o público é o interesse geral, enquanto aqueles que minam suas bases estão sempre a representar interesses particulares. A definição da comunicação deste interesse geral e não apenas governamental é feita por muitos autores como Pierre Zemor e Maria José da Costa Oliveira. Esta última autora o faz de forma bem didática:

> Há grande tendência de se considerar Comunicação Pública como aquela praticada pelo governo (...) Comunicação Pública é um conceito mais amplo, envolvendo toda a Comunicação de Interesse Público, praticada não só por governos, como também por empresas, pelo Terceiro Setor e pela sociedade em geral.[3]

O Rio Grande do Sul não foi o primeiro e, infelizmente, não será o último caso em que esse ecossistema explorará a adversidade para obter benefícios políticos ou, também, financeiros, já que muitos influenciadores se aproveitam dessas tragédias para se capitalizarem ou monetizarem, para usar sua linguagem específica. Isto se deu no caso do Rio Grande do Sul, tanto pela divulgação de notícias falsas de grande impacto, como pelo puro e simples aproveitamento da tragédia ao recolher, em nome das vítimas, contribuições financeiras via pix que nunca chegaram ao estado, mas, apenas à conta bancária desses internautas.

Com vistas a trazer contribuição acadêmica ao tema da verificação e da mensuração dos impactos das *fake news* na comunicação pública, exploraremos a seguir alguns casos recentes de grande repercussão, à luz de metodologia de *check up* que combina análise de dados públicos de redes sociais com aqueles advindos da realização de pesquisas quanti e qualitativas a partir de um mesmo foco e período.

1. BLUMENAU

No primeiro semestre de 2023, uma tragédia de grande impacto abalou o país. Em Blumenau, Santa Catarina, uma escola foi invadida e seus alunos atacados a machadinha por um criminoso que matou quatro crianças: B. C. M. (5 anos), B. P. C. (4 anos), L. M. T. (7 anos) e E. M. B. (4 anos). O crime brutal, atribuído a L. H. L., de 25 anos, gerou uma comoção não só entre familiares

---

[3] OLIVEIRA, Maria José da Costa *apud* COSTA, João Roberto Vieira da. *Comunicação de Interesse Público - ideias que movem pessoas e fazem um mundo melhor*. São Paulo: Editora Jaboticada, 2006. p. 22.

e conhecidos de alunos, professores e funcionários da escola, mas em todo o Brasil. Acompanhando já há alguns meses o comportamento de desinformação, percebemos como rapidamente esse ecossistema começou a atuar. E o fez, como sempre, buscando criar clima de comoção desmedida, questionamento às instituições, divulgação de informações e narrativas falsas e facilitando a atuação daqueles que queriam disseminar o medo nas pessoas como forma de obter algum benefício pelo voto no futuro ou pelo *click* e sua monetização.

O caso de Blumenau é exemplar sobre o impacto da atuação dessas redes. O trabalho de verificação de *fake news* deve ter atenção a perfis públicos, que têm uma atuação reconhecida de difundir e participar da construção de narrativas falsas. A análise de atuação desses atores observa e busca confirmação em outros pesquisadores, jornalistas, *sites* de verificação e mesmo na atuação do Tribunal Superior Eleitoral (TSE) e do Superior Tribunal Federal (STF), que já vêm realizando esse trabalho e revelando essas comunidades e muitas vezes verdadeiros "*snipers* digitais", que fazem da sua existência a criação e difusão da mentira.

O trabalho de *check up* de *fake news* permite, em alguns casos, confirmar ou reforçar diversas teses que apontam que, para além de interesses políticos ou financeiros, muitos desses difusores de mentiras buscam, na verdade, uma sensação de pertencimento, de aceitação, de comunidade e por isto se organizam em grupos e têm nas redes um ambiente fácil e favorável a seu modo de vida. Da mesma maneira, é uma modesta contribuição ao pioneirismo de muitos pesquisadores que já há alguns anos, especialmente após os episódios do Brexit na Inglaterra e das eleições presidenciais estadunidense de 2016, denunciam a manipulação política promovida pelas plataformas por meio dos seus algoritmos de impulsionamento e engajamento de usuários, levando-os em sua maioria para a órbita ou o centro de redes de ódio, racistas, misóginas, homofóbicas.

Blumenau foi um exemplo disto e de como o descontrole absoluto das redes, travestido de liberdade de expressão ou de um ultraliberalismo, podem levar um indivíduo a agir de forma violenta, criminosa e abominável contra crianças de uma escola e seu crime e suas conexões em ambientes de submundo da internet, serem acobertados, investigações prejudicadas e um clima de pânico se instalar não apenas na comunidade atingida pela tragédia, mas com efeitos espraiados por todo o país.

Em trabalho de *check up* de *fake news* realizado em 2023, foram constatados, entre os dias 8 e 17 de abril, 217.424 *posts* de perfis públicos relacionados ao ataque à escola. O tema já estava rondando as redes porque havia sido precedido por outro ataque a uma escola em São Paulo. Dessas postagens, usando critérios de conferência sobre o que era divulgado pelas mídias mais respeitadas *on-line* ou *off-line* e por comunicados de autoridades públicas, foi possível catalogar mil postagens públicas no Twitter referentes ao assunto. O arco narrativo do atentado era bastante amplo. Usuários buscaram politizar o tema tentando responsabilizar forças políticas progressistas pelo ocorrido. Posteriormente, o ambiente de desinformação culminou na geração de um clima de pânico nacional, quando grupos e pessoas com perfis de "desinformadores" provocaram medo e terror em milhões de crianças e seus pais explorando o risco de novos e iminentes atentados país a fora.

O medo e o terror já não se concentravam nas famílias, crianças e comunidade escolar da escola atacada. Com a necessária e vasta cobertura de mídia que o caso exigiu e as ações de autoridades, o assunto ganhou grande dimensão nacional e foi aproveitado por quem, como diz o professor Lynch, gosta de "surfar na onda" da desorganização emocional de uma tragédia para tirar dividendos políticos e financeiros e, acrescento, reforçar laços de pertencimentos com outros grupos e indivíduos que têm as mesmas disfunções, primeiro de maneira espontânea, depois, muitas vezes conduzidos pelas escolha que os próprios algoritmos das plataformas lhes oferece. Nessa armadilha, milhões de famílias caíram por causa de Blumenau. Ao buscar informações nas redes sociais, muitos se depararam com postagens, mensagens, *cards*, vídeos, difundidos por *haters*, ameaçando novos atentados. Essas pessoas que buscaram informações nas redes viram-se alimentadas não de informações que as tranquilizassem, mas com mais ameaças, mais ódio e mais violência anunciada.

Não eram apenas *fake news* isoladas, mas a construção de uma narrativa falsa. O efeito psicológico foi gigantesco, a saúde mental de milhões de pais, crianças, profissionais da educação se viu atacada. O terror agiu narrando uma possível escalada de atentados, músicas com letras com mensagens subliminares e listas de cidades e escolas-alvo eram divulgadas diariamente nas redes de desinformação e grande parte desse pânico fabricado estava, conforme amplamente noticiado na imprensa, direcionado à comemoração por estes *hatters* da data de 20 de abril, em que ocorreu o Massacre de Columbine e... o aniversário de Hitler![4]

Esta foi a conexão entre o mal puro e simples daqueles que estimularam o atentado ou o comemoraram e, de alguma forma, geraram confusão e tentaram proteger o criminoso e suas conexões. Era a manifestação de uma visão de mundo que nos assombra cada vez mais, genocida, bárbara, aquela plantada pelo nazismo e até hoje admirada por pessoas e grupos políticos em todo o mundo, incrustados, senão em todos, na maioria dos movimentos de extrema-direita no planeta.

---

[4] FALCÃO FILHO, Aluizio. Pais, filhos e professores à beira de um ataque de nervos. *Exame*, 19 abr. 2023. Disponível em: https://exame.com/colunistas/money-report-aluizio-falcao-filho/pais-filhos-e-professores--a-beira-de-um-ataque-de-nervos/. Acesso em: 23.09.2024; CANIATO, Bruno. Ameaças a escolas: 302 presos, 1.000 pessoas ouvidas e 1.738 investigações. *Veja*, 20 abr. 2023. Disponível em: https://veja.abril.com.br/brasil/ameacas-a-escolas-302-presos-1-000-pessoas-ouvidas-e-1-738-investigacoes. Acesso em: 23.09.2024.

O grafo a seguir, gerado a partir das postagens públicas nas redes que acompanhamos ao longo da pesquisa que subsidia o presente capítulo, confirma claramente esse perfil dos promotores do medo nas redes: são em sua maioria figuras que se alimentam da antipolítica, do preconceito e da discriminação mais profunda. Enquanto outra nuvem de perfis, com características mais democráticas, mais tolerantes, mais plural, se somava à dor das famílias. Veremos mais à frente que se repetiu no Rio Grande do Sul:

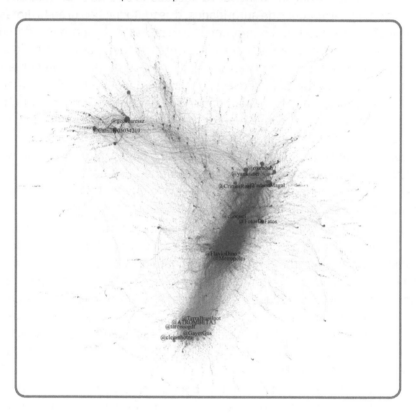

Fonte: elaborado pelo autor.

O *cluster* vermelho é protagonizado por perfis que trazem *posts* com conteúdo de viés progressista, como a crítica ao armamento nas escolas. Também chamam atenção para a inclinação política à direita dos assassinos e da "cultura de direita" que os cerca.

O *cluster* roxo é protagonizado por perfis de veículos que divulgam notícias, como *Choquei* e *Metrópoles*. Como de costume em redes de grandes proporções, perfis de imprensa centralizam o debate por atrair interações de perfis de diferentes *clusters*, seja para apoiar ou criticar a abordagem do veículo. No grafo, o *Metrópoles* aparece mais perto do *cluster* de direita (verde), enquanto o *Choquei* vem perto do *cluster* progressista (vermelho). Isso aponta que houve mais interações destes *clusters* com os veículos em questão.

O *cluster* verde é composto por perfis de direita com postagens apresentando discurso com foco na segurança e no armamentismo como solução para o problema da violência nas escolas.

O *cluster* rosa congrega um grande número de interações, com conteúdo focado em humor e prioritariamente sem conotação político-ideológica. Isso se reflete no grafo: o *cluster* é menos denso e se posiciona distante do conjunto de *clusters* políticos.

No *check up* de *fake news*, para além de acompanhar o que ocorre nesse ambiente nas redes, também se busca entender como as pessoas reagem às *fake news* e narrativas falsas, fora do ambiente das redes, longe do *click*, da curtida, do compartilhamento, do comentário. Isso é realizado por meio de pesquisas quali e quantitativas associadas à pauta que é analisada na internet.

A percepção do pânico, especialmente entre mães, que decidiram não deixar seus filhos irem às escolas em todo o país e de algumas escolas que até mesmo dispensaram seus alunos, se deu também nas redes sociais, nos comentários de pessoas comuns em perfis e portais de mídia, assim como com a interação com perfis de autoridades, políticos ou ativistas. Mas ocorreu também pela manifestação de pais em grupos de pesquisa qualitativa naquele período.

Foram realizadas pesquisas com grupos focais na capital de São Paulo, Guarujá/SP, Poços de Caldas/MG, Guaxupé/MG e Brasília, coordenados pela professora Esther Solano e o Instituto Nuvem. A combinação da análise de temas de desinformação no ambiente das redes com informações obtidas com pessoas fora do ambiente das redes (neste último caso, via os grupos focais e pesquisas quantitativas) é uma metodologia própria de *check up* de *fake news*, que busca com isto oferecer à sociedade uma informação que não seja objeto de uma única pista, mas de uma confluência de espaços de reflexão das pessoas, nas redes e fora delas, em torno de um mesmo assunto.

O sentimento de pais e mães de famílias não poderia ser outro que não o de medo e insegurança. Alguns depoimentos em grupos focais anonimizados usando a metodologia de Tríades desenvolvida pela professora Esther Solano, são bem reveladores disto.

> Eu não quis nem me informar muito sobre isso, o tema é muito pesado... tenho uma filha dessa idade e quando viu as imagens perguntou: "mãe, essa é minha escola?". Tive que sentar com ela e explicar que não era... é muito duro, essas crianças estão passando por muita coisa (Mãe, 35 anos, ensino médio completo, evangélica, vendedora, de Poços de Caldas/MG).

Estou com o coração na mão. Há crianças de 10 anos falando que precisam se defender (Mãe, 29 anos, ensino médio completo, vendedora, evangélica de Guaxupé/MG).

A gente se sente de mãos atadas porque a gente não sabe se vai voltar. Eu não mandei meus filhos dois dias, porque também tem muita *fake news*. Eu liguei para perguntar se teria ronda, GCM (Pai, 41 anos, ensino médio completo, evangélico, garçom, de São Paulo/SP).

Os depoimentos revelam também um viés por parte dos pais, por soluções que envolvam mais a repressão, enquanto as mães dão especial atenção ao apoio psicológico e da comunidade às crianças:

A gente tem que ver como é esse lar dessa criança, desse adolescente que cometeu crimes. Não adianta também colocar armas para todo o mundo. Colocar tratamento psicológico seria muito legal, por que será que o aluno não está tão bem? O que está acontecendo? Será que ele tem uma estrutura emocional boa? Não é só colocar armamento, é também cuidar (Mãe, 32 anos, ensino superior completo, gerente de contas, evangélica de São Paulo/SP).

A educação vem muito de berço e tem que acompanhar os filhos. Eu acho que as escolas deveriam ter mais segurança. Antigamente tinha o batalhão escolar, que ficavam policiais dentro da escola (Pai, 28 anos, ensino médio completo, desempregado, umbandista de Brasília).

Em sua maioria, as mães concordam também que é necessário controlar o uso de internet por crianças e adolescentes e mesmo estabelecer regulamentação para as plataformas.

Esse problema a gente tem há muito tempo, essas coisas das armas a gente que mora na periferia sabe que isso rola há muito tempo (...). Tem que começar a segurança aí pelas redes, acionar autoridades, bloquear perfil e tomar providências (Mãe, 32 anos, ensino superior completo, administradora, sem religião, de São Paulo/SP).

Teriam que tomar uma atitude com coisas concretas que disseminam o ódio, perfis que incentivam, isso, sim. Mas as outras pessoas que veem, que colocam nada, aí não pode controlar o que a gente vê e deixa de ver, aí não (Mãe, 36 anos, ensino médio completo, faxineira, católica).

No mesmo período, realizou-se uma pesquisa quantitativa *on-line* com amostra nacional de 755 entrevistados pelo Instituto OMA Pesquisas. Deste público, 77% dos entrevistados receberam mensagens pelas redes sociais ou de mensagerias relacionadas aos ataques em Blumenau. O WhatsApp foi o meio que mais difundiu essas informações, alcançando 53% dos entrevistados (cabe destacar que muitos receberam a informação por mais de uma fonte digital). É um dado significativo do impacto na saúde mental da população que essas tragédias causam e o uso de táticas de disseminação de medo e pânico infundado só faz agravar esse cenário.

Nas três metodologias de investigação do comportamento das pessoas diante do atentado usadas – o acompanhamento de redes, a pesquisa qualitativa e a pesquisa quantitativa –, foi possível captar que o tema foi amplamente acompanhado pela opinião pública e que o impacto de plataformas descontroladas como Discord, X, TikTok, WhatsApp e YouTube e aquelas com controles mínimos como os da Meta, foram palco para todo tipo de bizarrice. As informações confiáveis veiculadas nelas não foram suficientes, assim como a cobertura da mídia tradicional e a ação das autoridades públicas, para gerar tranquilidade e se contrapor à manipulação psicológica com impacto na saúde mental das pessoas que elas promovem, especialmente entre jovens e pessoas expostas digitalmente, como idosos ou de baixa instrução. Setenta e seis por cento dos entrevistados ficaram muito preocupados com as notícias recebidas.

2. RIO GRANDE DO SUL

A tragédia do Rio Grande do Sul, ocasionada diretamente pela chuva e indiretamente pela ação humana, provocou, aproximadamente, 175 mortos, 520 mil desabrigados e desalojados, R$ 12,2 bilhões de prejuízo econômico[5] e um trauma nacional, não só pelas imagens chocantes da destruição, mas também pelo duro confronto com as consequências do aquecimento global e das mudanças climáticas, muitas vezes um fenômeno distante e não raro questionado por negacionistas em todo o mundo.

Mas para não fugir do objeto do nosso trabalho, podemos especular o quanto é incalculável a energia, o tempo, os recursos humanos e materiais e de saúde mental gastos em função da ação das redes de desinformação que atuaram intensamente sobre a tragédia.

Ainda mais do que o episódio de Blumenau, a ação articulada dessas redes foi muito superior em tempo de duração, alcance, prejuízos e criação de um ambiente de polarização política que só prejudicou a atuação das autoridades públicas e mesmo dos voluntários.

Dos 11.256 *posts* públicos analisados, mil foram apurados pelo potencial de conter notícias falsas tendo como linha de corte o termo Rio Grande do Sul. As publicações foram feitas à época no X e no Instagram, no período de 1º a 13 de maio. Alguns arcos narrativos se estruturaram rapidamente nas redes de desinformação. Mas, ao contrário do atentado à escola em Santa Catarina, nesta tragédia diversos *players* das redes de desinformação assumiram postura ativa

---

[5] CONFEDERAÇÃO NACIONAL DE MUNICÍPIOS – CNM. Balanço das chuvas no Rio Grande Sul aponta para R$ 12,2 bilhões em prejuízos financeiros, Defesa Civil, 14 jun. 2024. Disponível em: https://cnm.org.br/comunicacao/noticias/balanco-das-chuvas-no-rio-grande-sul-aponta-para-r-12-2-bilhoes-em-prejuizos--financeiros. Acesso em: 23.09.2024.

e buscaram ampliar o natural clima de medo, ansiedade e pânico que a tragédia causou. Por trás disso, estava um interesse político expresso no arco de maior repercussão entre as narrativas falsas sustentadas pelas *fake news* isoladas: de que o Estado mais atrapalha do que ajuda e de que a ação individual é a grande alternativa em momentos como aquele. Esse arco narrativo, como apontado por diversos estudiosos e mesmo por jornalistas, tinha por trás uma disputa político-eleitoral, além da busca por consolidar grandes bandeiras destas redes de extrema-direita, como a da suposta liberdade de expressão, que, em sua visão, permite dizer qualquer coisa, sem medir suas consequências.

No âmbito da narrativa de que o Estado atrapalha e só o indivíduo salvo, notícias falsas, usando tecnologia de inteligência artificial (IA), como as que noticiavam falsamente a ação de um helicóptero de um empresário catarinense como mais eficiente do que o do Corpo de Bombeiros, foi largamente difundida, mesmo após o citado empresário desmentir a informação.[6] Mas, se essa falsa informação poderia parecer inofensiva, ela provavelmente alimentou ressentimentos antipolítica que levaram cidadãos e cidadãs do Estado a hostilizarem agentes públicos em ações de salvamento.

Mais grave ainda, algumas geraram pânico desmedido ao difundirem a enganosa informação de que uma represa estava prestes a ceder e inundar vasta área próxima, destruindo vidas, plantações e cidades.[7] Esta *blitzkrieg* (guerra-relâmpago), típica de redes de desinformação, rodou durante muitos dias. No clima de incerteza e medo que a população local vivia e de consternação que a do restante do país se encontrava, ela encontrou terreno para se consolidar.

Como apontado por uma pesquisa realizada pelo instituto Quaest, 31% das pessoas entrevistadas disseram ter recebido alguma notícia falsa sobre a tragédia no Rio Grande do Sul.[8] Este era o ambiente de conflagração intensa de *fake news* ali existente.

---

[6] PARREIRA, Marcelo. É #FAKE imagem que mostra helicóptero da Havan resgatando pessoas em área alagada. *g1.com*, Brasília, 14 maio 2024. Disponível em: https://g1.globo.com/fato-ou-fake/noticia/2024/05/14/e-fake-imagem-que-mostra-helicoptero-da-havan-resgatando-pessoas-em-area-alagada.ghtml. Acesso em: 23.09.2024.

[7] GOMES, Marcelo. É #FAKE que rompimento de barragem no Vale do Taquari agravou enchentes no Rio Grande do Sul, *g1.com*, 15 maio 2024. Disponível em: https://g1.globo.com/fato-ou-fake/noticia/2024/05/15/e-fake-que-rompimento-de-barragem-no-vale-do-taquari-agravou-enchentes-no-rio-grande-do-sul.ghtml. Acesso em: 23.09.2024.

[8] O levantamento da Quaest ouviu 2.045 pessoas, em 120 municípios, entre os dias 2 e 6 de maio de 2024. A margem de erro é de 2,2 pontos percentuais para mais ou para menos. A Quaest perguntou em seguida, para os que receberam as *fake news*, quem havia enviado: mais da metade veio de "conhecidos em grupos de WhatsApp" (35%) e "amigos" (24%). Em seguida, aparecem "políticos" (11%), "colegas de trabalho" (11%), "primo, tio, avô" (10%) (HELDER, Darlan. Quaest: 31% disseram ter recebido alguma notícia falsa sobre a tragédia no Rio Grande do Sul. *g1.com*, São Paulo, 13 maio 2024. Disponível em: https://g1.globo.com/rs/rio-grande-do-sul/noticia/2024/05/13/quaest-31percent-disseram-ter-recebido-alguma-noticia-falsa-sobre-a-tragedia-no-rio-grande-do-sul.ghtml. Acesso em: 23.09.2024; JARDIM, Lauro. Pesquisa

Porém, cabe registrar que pessoas, veículos de comunicação e autoridades também atuaram no espaço digital, tanto para organizar o apoio e a solidariedade ao estado, como para gerar muros de contenção às *fake news* e levar informação verídica e tranquilizadora à população. No grafo gerado pelos dados obtidos, tem-se um exemplo dessa disputa. Ele nos permitiu oferecer, mais uma vez, informações esclarecedoras sobre a atuação das redes de desinformação à sociedade, dessa vez por meio de entrevista publicada pela *revista Carta Capital*.[9]

Redes de desinformação e as enchentes no RS | 1º a 13 de maio

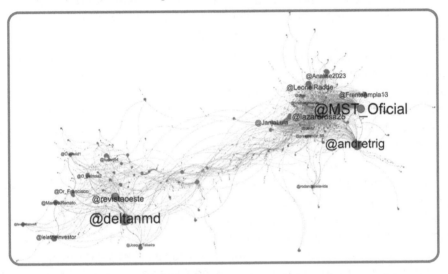

Fonte: elaborado pelo autor.

Acesse o *QR Code* e veja esta imagem colorida.

> *https://uqr.to/1wgw5*

As publicações foram selecionadas de uma base de dados de 1.028.407 *posts* sobre temáticas amplas e de interesse público, com foco em Economia, Internacional, Social e Saúde, e também realizando-se a análise manual qualitativa

---

Quaest: um terço dos brasileiros diz ter recebido fake news sobre tragédia no RS. *O Globo*, 12 maio 2024. Disponível em: https://oglobo.globo.com/blogs/lauro-jardim/post/2024/05/pesquisa-quaest-um-terco-dos-brasileiros-diz-ter-recebido-fake-news-sobre-tragedia-no-rs.ghtml. Acesso em: 23.09.2024).

[9] BASILIO, Ana Luiza. Como as redes de desinformação agem durante a calamidade no RS, segundo pesquisa. Carta Capital, 22 maio 2024. Disponível em: https://www.cartacapital.com.br/sociedade/como-as-redes-de-desinformacao-agiram-durante-a-calamidade-no-rs-segundo-pesquisa/. Acesso em: 23.09.2024.

de uma amostra diária dessa base. Para a seleção dos dados analisados neste estudo, foi feita uma busca na base de dados das redes sociais, restringindo ao período analisado e a publicações que mencionam "Rio Grande do Sul". Também foram consideradas as publicações que já haviam sido avaliadas, ao longo de maio. Assim, o relatório abrange publicações sobre a crise no estado restritas ao universo monitorado.

A imagem anterior representa a rede de interações no X que mencionam as enchentes no Rio Grande do Sul. O grafo abrange 11.837 *posts* públicos que circularam entre 1º e 8 de maio de 2024. Como é comum em redes de cunho político, o grafo revela uma forte divisão entre dois *clusters*, que têm participação semelhante em termos de número de perfis.

O *cluster* verde agrega 48% dos perfis do grafo e é composto por usuários mais conservadores. Já o *cluster* rosa soma 52% dos usuários e retrata perfis progressistas. O grafo revela que o debate no X não foi monopolizado por nenhum dos espectros políticos. Pelo contrário, ambos exerceram influência na opinião pública dentro de sua esfera de influência, embora haja pouquíssimas interações entre os dois agrupamentos.

Por sua vez, na pesquisa quantitativa realizada pelo Instituto OMA, pode-se verificar o alcance de determinadas *fakes*, ainda que muitas delas não tenham tido repercussão, já que a população desacreditou de seus conteúdos, algumas pela bizarrice do que difundiam e outras pela contenção realizada a elas. Mas, como constatado em várias publicações, o que se apresentou como a principal narrativa e provavelmente o grande intuito do que as divulgavam, de que a ação do poder público era ineficaz, quando não conivente com a tragédia, repercutiu intensamente. Diante de uma tragédia da envergadura da que atingiu o povo gaúcho, medo, pânico, insegurança e tristeza formavam o ambiente dominante e foram esses sentimentos que a rede de desinformação buscou amplificar e usar como colchão para sua mensagem.

Não se tratou apenas de uma disputa ideológica entre liberalismo e o papel do poder público. Mas de uma ação que deliberadamente gerou confusão e muitas vezes prejudicou objetivamente o trabalho de resgate e solidariedade. Exemplos: os citados episódios de que uma represa desabaria (provocando desnecessária movimentação de pessoas e veículos nas já saturadas estradas do estado) e a hostilização de equipes públicas de resgate. Contudo, atingiu também aqueles que se mobilizavam em todo o país, quando um episódio localizado envolvendo a fiscalização de veículos pela Agência Nacional de Transporte Terrestre (ANTT) foi explorada e falsamente generalizada, levando com que muitas doações atrasassem não pela suposta fiscalização, mas pelo receio dos doadores de que a fiscalização impediria que elas fossem entregues. A tabela a seguir, fruto da pesquisa realizada, ilustra como as *fake news* tiveram grande alcance (tabela 1).

Tabela 1

Viu ou não alguma dessas notícias sobre a tragédia do Rio Grande do Sul na internet e nas redes sociais?

Resposta estimulada e única

Base: total de amostra em %

	TOTAL	
	Sim, viu	**Não viu**
Caminhões com doações estão sendo barrados por falta de nota fiscal	59	41
Luciano Hang e Pablo Marçal estão fazendo mais pelas vítimas da catástrofe do que o Governo Federal	47	53
Governo Lula Patrocinou Show da Madonna e deixou de enviar recursos para as vítimas das tragédias do Rio Grande do Sul	39	61
Uruguai oferece lanchas, aeronaves e drones para ajudar e Governo Federal recusa apoio	35	65
Lula não mobilizou o exército para ajudar no socorro às vítimas das enchentes do Rio Grande do Sul	33	67
Lula e Janja foram ao show da Madonna e só depois visitaram o Rio Grande do Sul	31	69
Lula não está ajudando os gaúchos porque o Sul votou em Bolsonaro	26	74

Fonte: Instituto OMA.

Por outro lado, a credibilidade dessas notícias falsas não foi equilibrada. Como se vê na tabela 2, a seguir, poucas destas *fakes* foram reconhecidas como reais pela maioria dos entrevistados, tendo ou não contato com elas.

Tabela 2

Acredita ou não nessas notícias que estão na internet e nas redes sociais?

Resposta estimulada e única

Base total da amostra em %

	Acredita	Não acredita	Não Sabe
Caminhões com doações estão sendo barrados por falta de nota fiscal	56	39	5
Luciano Hang e Pablo Marçal estão fazendo mais pelas vítimas da catástrofe do que o Governo Federal	48	43	9
Lula e Janja foram ao show da Madonna e só depois visitaram o Rio Grande do Sul	39	51	10
Uruguai oferece lanchas, aeronaves e drones para ajudar e Governo Federal recusa apoio	36	56	8
Lula Patrocinou Show da Madonna e deixou de enviar recursos para as vítimas das tragédias do Rio Grande do Sul	34	61	5
Lula não mobilizou o exército para ajudar no socorro às vítimas das enchentes do Rio Grande do Sul Governo	33	61	6
Lula não está ajudando os gaúchos porque o Sul votou em Bolsonaro	27	68	5

Fonte: Instituto OMA.

Mas, como dito, abaixo da superfície de se gerar confusão e medo, havia um interesse político-ideológico mais amplo, retratado por uma visão radical do liberalismo, no qual o Estado e os governos em geral são o inimigo a ser derrotado, mesmo que a custo do sofrimento de milhões que dependem de uma ação urgente e articulada como a do Rio Grande do Sul. Assim, o recorte a seguir da tabela 2, demonstra de maneira inequívoca que, no caldo da confusão e da tragédia, estas redes de desinformação emplacaram uma narrativa de cunho ideológico sobre milhares de vítimas da chuva intensa.

Acredita ou não nessas notícias que estão na internet e nas redes sociais?

	Acredita	Não acredita	Não Sabe
Caminhões com doações estão sendo barrados por falta de nota fiscal	56	39	5
Luciano Hang e Pablo Marçal estão fazendo mais pelas vítimas da catástrofe do que o Governo Federal	48	43	9

Resposta estimulada e única / Base total da amostra em %

Fonte: Instituto OMA.

Ainda que seja apenas especulativo, vale notar que as notícias falsas que tiveram mais reconhecimento como verdadeiras pelos entrevistados foram aquelas que ou envolveram diretamente *influencers* de grande alcance nas redes sociais de direita e de desinformação, ou aquelas que em alguma medida tiveram origem em algum veículo tradicional de comunicação. Este foi o caso em que se generalizou um acontecimento localizado, de retenção de um caminhão com doações por um posto da ANTT, noticiada originalmente pelo SBT.

Da mesma forma, ao abrir espaço episodicamente para criticar e desmentir as notícias falsas, a mídia tradicional pode estar, involuntariamente, por legitimá-las aos olhos de muitas pessoas, como vimos entre alguns entrevistados em pesquisa qualitativa que não conseguiram distinguir a crítica da *fake* dela própria. Ao se deparar com conteúdo informativo crítico às *fakes*, muitos atribuíam veracidade a elas. Isto só reforça a necessidade de um trabalho continuado, não pontual, da mídia, das instituições e da sociedade em demonstrar as características que, em geral, compõem o perfil das notícias falsas.

Nesta pesquisa qualitativa realizada nacionalmente pelo Instituto OMA (com oito grupos focais anonimizados em oito cidades) para avaliar o impacto do submundo digital que atuou intensamente no episódio, identificamos as mesmas percepções de nossas outras duas ferramentas (acompanhamento digital e pesquisa quantitativa), incluindo a dificuldade em distinguir a crítica à *fake* dela própria. Se por um lado a solidariedade era ampla, o reconhecimento de que as *fakes news* estavam atuando intensamente e deveriam ser combatidas pela mídia e pelo setor público também; entretanto, pela ação das pessoas que deveriam olhar mais criticamente as informações falsas, havia um sentimento de desamparo semelhante ao ocorrido em consequência do atentado de Blumenau. A dificuldade era saber o que era falso ou não. O grande alcance e frequência do que era difundido e especialmente a presença de personalidades públicas (influenciadores, políticos, artistas etc.) neste ecossistema de desinformação gerava muita insegurança, e com isto mais espaço para que o objetivo destas redes se realizasse mais plenamente: aproveitar-se do ambiente de tragédia para buscar criar um ambiente de instabilidade política pelo medo e promover ganhos políticos e financeiros para si. O primeiro politizando a tragédia e o segundo pela monetização de perfis e até mesmo pela coleta de doações que nunca chegaram ao Rio Grande do Sul.

> Preocupa, claro, sim, porque muita gente nem consulta, a pessoa ouve e vai, parece que tem gente mandando pix, tudo gente querendo se aproveitar. Eu faria isso todo dia em rede nacional neste momento no horário de maior audiência e tranquilizando o povo (Mulher, 27 anos, ensino superior completo, analista jurídica, evangélica, de Porto Alegre).

> Talvez já exista de forma informal *sites* que você consegue verificar uma notícia se é verídica ou não. O governo poderia criar um *site* oficial para averiguar se a notícia é verdadeira ou falsa. (...) Tem que ter também a colaboração da sociedade, educar a sociedade: se viu uma informação, procure saber se é real. Porque não tem como apurar tudo e divulgar na televisão. Apurar antes (Homem, 33 anos, ensino médio completo, vendedor, evangélico, de Betim/MG).

> Eu ouvi na televisão, no SBT e no YouTube. Eu vi que depois as multas foram canceladas. Mas não dá para acreditar numa situação dessa (Mulher, 36 anos, ensino médio completo, vendedora de óculos, evangélica, de Salvador).

> Eu vi e acredito que foi verdade, o pessoal da PF falou que ia cancelar as multas. A própria assistente social, alguns foram notificados e outros foram multados (Mulher, 42 anos, ensino médio incompleto, motorista de app, católica, de Curitiba).

3. A CAUDA LONGA DOS ANTIVACINAS

Esses dois episódios trágicos de nossa história recente podem ser vistos como uma fotografia na paisagem de atuação de grupos, comunidades e personalidades que se alimentam da difusão de mentiras para alcançar seus objetivos.

Ao fazermos um acompanhamento sistemático da movimentação dessas redes, procuramos trabalhar não apenas com as fotografias do momento, mas fazer uma espécie de *check up* permanente delas e do seu impacto. Assim, para além de catalogar a atuação de perfis destas redes, é fundamental aprofundar a compreensão da sua agenda e do seu impacto no comportamento das pessoas, em um trabalho constante de uma equipe multidisciplinar com ferramentas digitais e pesquisas de opinião. Desvendar por qual caminho a reputação de uma empresa, um produto, uma instituição ou uma política pública é atingida pela disseminação descontrolada de mentiras nas redes sociais.

Este *check up* das *fake news* possibilita perceber e, pela colaboração com veículos de comunicação, revelar à opinião pública muitas destas armadilhas engendradas nas tragédias de Blumenau e do Rio Grande do Sul. Além disso, identificar movimentos de cauda longa, aqueles que não se referenciam num episódio, mas, sim, numa visão de mundo e que recorrem aos mesmos recursos de difundir o negacionismo em relação à ciência, questionar a importância da atuação do poder público e deslegitimar instituições e a normalidade democrática dos países.

Esse é o caso da investigação da ação antivacina no Brasil. Diferentemente dos dois episódios tratados anteriormente, esta é uma narrativa permanente. Com momentos de maior e de menor intensidade, mas sempre presente. Sempre que é possível questionar a eficácia dos programas de vacinação, a credibilidade de laboratórios e de autoridades públicas, usar ocorrências de saúde pública para difundir o medo associado à vacinação, isto é feito. E não há coerência nisto. A recusa da vacina da covid-19 serve para difundir que até mesmo um *chip* chinês estaria sendo inoculado nos vacinados. Mas a vacina para a dengue, que não está amplamente difundida, serve como argumento para atacar governos que não estariam oferecendo o recurso para a população. Em comum, apenas o uso comunicativo do medo e do pânico para obter audiência, engajamento, ganhos políticos e monetização, como instrumentos para a desestabilização política das democracias e poderes legítimos, em última instância.

Dois movimentos importantes podem ser observados entre aqueles que veiculam desinformação relacionada às vacinas. O primeiro deles é o repetido uso de notícias sobre óbitos de jovens, que são exploradas para alimentar a narrativa de que os imunizantes causam efeitos colaterais graves e estariam levando à morte. Nas redes, perfis sugeriam, por exemplo, que a causa da morte do médico Atamal Moraes e da narradora de esportes Cecília Moraes era a vacina contra covid-19.

Também é comum observar a "internacionalização" de narrativas manipuladas. Elas costumam ser "testadas" em cada país/região e adaptadas, modificadas e utilizadas com mais ou menos intensidade de acordo com as suas realidades locais. As narrativas manipuladas em relação à vacinação estão entre as mais "internacionalizadas" e as que menos "sofrem" adaptações regionais, pois seguem rotineiramente usando supostas fontes estrangeiras. É comum a prática adotada por influenciadores negacionistas de importar *fake news* divulgadas em canais estrangeiros ou reportar acontecimentos que ocorreram em outros países para reforçar narrativas de ataque à vacina. O fato de serem fontes distantes do público brasileiro dificulta a checagem e a contestação das informações. Este foi o caso, por exemplo, da falsa notícia que afirmava que o sindicato da polícia italiana teria reportado que 50 mil policiais foram prejudicados pela vacina contra covid-19. A disseminação de *fake news* como estas não apenas distorce a percepção da realidade, mas também mina a confiança na ciência e nas instituições, com consequências tangíveis para a saúde pública, como a resistência a vacinas e o aumento de casos de doenças evitáveis.

CONCLUSÕES

Muito se fala no termo "indústria" para definir o processo de produção das *fakes* e das narrativas falsas. É um nome pertinente, porque é um processo contínuo, uma linha de produção, com modelos diversificados e inovando o mal permanentemente. Há método nesse processo. Geralmente, essa indústria atua sobre aspectos de fragilidade da psicologia de massas e também na psiquê individual. Medo, pânico, insegurança, desconhecimento, preconceitos são sua matéria-prima. Testam diversas mentiras, várias formas de tratá-las, têm designe, linguagens, usam canais variados de distribuição, auferem lucro financeiro ou político (exceto alguns *outsiders* que o fazem exclusivamente na busca em encontrar um grupo de identidade que o aceite e ele se sinta pertencente).

Enfrentar essa indústria é um trabalho diário, que usa dados públicos, *softwares*, informações, análises, conhecimento e outros recursos técnicos, e precisa ter parceiros em diversas frentes, como a mídia, as instituições, organizações não governamentais (ONGs) e a indignação das pessoas com a desinformação. Mas também é preciso método, porque a desinformação em geral parte de um fato real e o distorce, desconstrói e cria um monstro comunicacional. Em grande parte, o receptor se torna difusor por não ter elementos suficientes para contestar uma informação que venha pelas redes ou até mesmo por um parente ou conhecido. Por isto, por mais importante que sejam as ferramentas de acompanhamento de redes, de checagem de *fake news* e outras, elas não têm dado conta de, ao rebater a informação falsa, influir no comportamento das pessoas diante dela. Para isto, o uso de outros mecanismos que entendam melhor esse comportamento é fundamental.

No *check up* de *fake news*, o complemento dos dados das redes é feito com metodologia de pesquisas de opinião, que afastam os entrevistados do ambiente das redes e aplicativos de mensagens e permite que outras dimensões da sua vida atuem sobre sua reflexão. Dessa combinação de fontes de informação, dados de redes, pesquisa qualitativa e quantitativa e uma equipe multidisciplinar analisando os achados, é possível entender melhor os efeitos das redes de desinformação e ao mesmo tempo ajudar a sociedade e as pessoas a se protegerem delas.

O avanço da tecnologia, infelizmente, tem gerado muitas vezes, no âmbito da produção de conteúdo na internet, um retrocesso civilizatório. A indústria já não é progressiva, mas regressiva, porque foi apossada no ambiente digital pela produção de notícias e narrativas falsas altamente danosas às pessoas, à comunidade e à política, como é possível confirmar pela profunda pesquisa feita por Max Fisher em seu livro *A Máquina do Caos*,[10] ampliando entendimentos precursores apontados por Giuliano da Empoli na sua obra *Os Engenheiros do Caos*. Ambos atualizando os estudos seminais sobre a Economia da Atenção de Herbert Simon, Davemport; Beck, entre outros. A trajetória dessa indústria descritas por eles (claro que a mentira no ambiente humano não surge com a internet) é chocante e deve servir de alerta a todos que têm compromisso com a democracia; pois, a ganância, o despertencimento, o ódio, o preconceito e outras marcas registradas das redes de desinformação têm aliados poderosos em algoritmos totalmente opacos e em novas IAa ainda mais sofisticadas e enganosas, enquanto tentamos reparar o estrago já causado.

Regulá-las e a quem detém seu domínio é urgente!

Outros momentos importantes no embate sobre a regulamentação ou não das redes sociais foram vivenciados durante a elaboração deste capítulo, como as decisões do Ministro do STF Alexandre Moraes, ratificadas por seus pares, que levaram, nesta ocasião, à suspensão no Brasil da plataforma X, pertencente ao empresário Elon Musk, por desrespeito à legislação brasileira e por dar guarida a perfis que colaboraram com práticas antidemocráticas, segundo o STF. Esses novos episódios devem ser acompanhados para que a sociedade tenha cada vez mais capacidade de se proteger dessa indústria de mentiras, não se deixando seduzir por falsos profetas da liberdade de expressão.

---

[10] Fisher descreve diversos casos de distúrbios violentos estimulados pelo Facebook e YouTube. Numa próxima edição, certamente terá os acontecimentos ocorridos na Inglaterra no mês de julho de 2024 como outro exemplo. Ali, estimulados por uma onda de boatos e *fakes* originadas de uma postagem no X, que atribuía um crime contra uma criança, esfaqueada, a imigrantes muçulmanos, militantes de extrema-direita e conspiracionistas, saíram às ruas agredindo esses imigrantes, destruindo seus estabelecimentos comerciais, em uma onda de ódio, racismo, xenofobia e violência que abalou o país por vários dias e em várias cidades.

REFERÊNCIAS

BASILIO, Ana Luiza. Como as redes de desinformação agem durante a calamidade no RS, segundo pesquisa. Carta Capital, 22 maio 2024. Disponível em: https://www.cartacapital.com.br/sociedade/como-as-redes-de-desinformacao-agiram-durante-a-calamidade-no-rs-segundo-pesquisa/. Acesso em: 23.09.2024.

CANIATO, Bruno. Ameaças a escolas: 302 presos, 1.000 pessoas ouvidas e 1.738 investigações. *Veja*, 20 abr. 2023. Disponível em: https://veja.abril.com.br/brasil/ameacas-a-escolas-302-presos-1-000-pessoas-ouvidas-e-1-738-investigacoes. Acesso em: 23.09.2024.

CONFEDERAÇÃO NACIONAL DE MUNICÍPIOS – CNM. Balanço das chuvas no Rio Grande Sul aponta para R$ 12,2 bilhões em prejuízos financeiros, Defesa Civil, 14 jun. 2024. Disponível em: https://cnm.org.br/comunicacao/noticias/balanco-das-chuvas-no-rio-grande-sul-aponta-para-r-12-2-bilhoes-em-prejuizos-financeiros. Acesso em: 23.09.2024.

COSTA, João Roberto Vieira da. *Comunicação de Interesse Público* – ideias que movem pessoas e fazem um mundo melhor. São Paulo: Editora Jaboticada, 2006.

DAVENPORT, Thomas H.; BECK, John C. *Economia da Atenção*. São Paulo: Elsevier, 2001.

EMPOLI, Giuliano da. *Os Engenheiros do Caos*. São Paulo: Editora Vestígio, 2019.

FALCÃO FILHO, Aluizio. Pais, filhos e professores à beira de um ataque de nervos. *Exame*, 19 abr. 2023. Disponível em: https://exame.com/colunistas/money-report-aluizio-falcao-filho/pais-filhos-e-professores-a-beira-de-um-ataque-de-nervos/. Acesso em: 23.09.2024.

FISHER, Max. *A Máquina do Caos*. São Paulo: Editora Todavia, 2023.

GOMES, Marcelo. É #FAKE que rompimento de barragem no Vale do Taquari agravou enchentes no Rio Grande do Sul. *g1.com*, 15 maio 2024. Disponível em: https://g1.globo.com/fato-ou-fake/noticia/2024/05/15/e-fake-que-rompimento-de-barragem-no-vale-do-taquari-agravou-enchentes-no-rio-grande-do-sul.ghtml. Acesso em: 23.09.2024.

HELDER, Darlan. Quaest: 31% disseram ter recebido alguma notícia falsa sobre a tragédia no Rio Grande do Sul. *g1.com*, São Paulo, 13 maio 2024. Disponível em: https://g1.globo.com/rs/rio-grande-do-sul/noticia/2024/05/13/quaest-31percent-disseram-ter-recebido-alguma-noticia-falsa-sobre-a-tragedia-no-rio-grande-do-sul.ghtml. Acesso em: 23.09.2024.

JARDIM, Lauro. Pesquisa Quaest: um terço dos brasileiros diz ter recebido fake news sobre tragédia no RS. *O Globo*, 12 maio 2024. Disponível em: https://oglobo.globo.com/blogs/lauro-jardim/post/2024/05/pesquisa-quaest-um-terco-dos-brasileiros-diz-ter-recebido-fake-news-sobre-tragedia-no-rs.ghtml. Acesso em: 23.09.2024.

LYNCH, Christian. Por que extremistas mentem nas tragédias humanitárias? X. Disponível em: https://x.com/ceclynch/status/1788244231619850421?s=48&t=fVg8w2bEB8K8krzltwUKvQ.

PARREIRA, Marcelo. É #FAKE imagem que mostra helicóptero da Havan resgatando pessoas em área alagada. *g1.com*, Brasília, 14 maio 2024. Disponível em: https://g1.globo.com/fato-ou-fake/noticia/2024/05/14/e-fake-imagem-que-mostra-helicoptero-da-havan-resgatando-pessoas-em-area-alagada.ghtml. Acesso em: 23.09.2024.

parte III

Publicidade na
Administração Pública

FUNDAMENTOS E REGRAS DA PUBLICIDADE NA ADMINISTRAÇÃO PÚBLICA

Otavio Venturini

Sumário: 1. Comunicar: um dever constitucional – 2. Comunicação pública: elemento essencial das políticas públicas – 3. Lei de Acesso à Informação: transparência ativa e passiva – 4. Comunicação pública e o princípio da impessoalidade na publicidade – 5. Forma e finalidade da comunicação: a publicidade na Administração Pública – 6. Comunicação, publicidade e conceitos afins: a relevância da comunicação de interesse público – 7. Delimitações da comunicação pública em período eleitoral – 7.1. Compreensão do termo "liquidação" para aferição dos limites de "despesas" e "gastos" em período eleitoral – Referências.

1. COMUNICAR: UM DEVER CONSTITUCIONAL

Desde 1988, a publicidade na Administração Pública foi alçada à condição de princípio constitucional.[1] Como tal, mais do que uma regra para casos específicos, deve ser observada em toda a atuação do Poder Público.[2]

---

[1] Dentro do jargão jurídico, existem debates acerca da diferença entre "publicidade" e "transparência". Para Wallace Paiva Martins Júnior, por exemplo, a transparência seria um princípio, dentro do qual estariam subprincípios como a publicidade, a participação e a motivação (MARTINS JÚNIOR, Wallace Paiva. *Transparência administrativa*: publicidade, motivação e participação popular. São Paulo: Saraiva, 2004. p. 5). Para os fins deste livro, como a distinção não está expressamente prevista na legislação, trataremos publicidade e transparência como conceitos correlatos.

[2] A Constituição Federal prevê que: "Art. 37. A administração pública direta e indireta de qualquer dos Poderes da União, dos Estados, do Distrito Federal e dos Municípios obedecerá aos princípios de legalidade,

Com efeito, desde o fim do período do Regime da Ditadura Militar e com a aprovação da Constituição de 1988, foi enfatizada como regra geral a publicidade dos atos do governo. Em suma, o princípio constitucional da publicidade impõe a obrigação a governantes, agentes públicos e aparato estatal, de forma geral, de conferir total transparência aos seus atos.

A transparência, como valor concretizado do princípio da publicidade, possui duas dimensões: *i)* a publicação dos atos em si e *ii)* a prestação de suas contas (*accountability*), o implica o detalhamento em linguagem acessível de informações que possibilitem o pleno controle social, entre as quais: motivações, custos e resultados dos atos administrativos e políticos adotados.

Em 2002, a Comissão de Direitos Humanos da Organização das Nações Unidas (ONU) declarou a transparência e a prestação de contas (*accountability*) como elementos essenciais do regime democrático.[3] É justamente na ausência de transparência que se ancoram regimes ditatoriais e totalitários, que, agindo nas "sombras", omitem informações e manipulam verdades por meio de técnicas de desinformação. Em suma, o pleno acesso à informação relativa aos atos do Governo e da Administração Pública constitui pilar da democracia e condição para realização da cidadania em sua plenitude.

Vale ressaltar, por fim, que a afirmação dos elementos da transparência e da prestação de contas torna-se cada vez mais relevante e desafiadora nos dias atuais, considerando-se a deterioração de regimes democráticos ao redor do mundo, que simulam atos de sufrágio sem qualquer aderência a parâmetros mínimos de transparência, bem como a complexidade das novas formas de comunicação e tecnologias, que podem ser utilizadas para manipulação da verdade com grande potencial danoso à coletividade e à integridade dos sistemas informacionais.

2. COMUNICAÇÃO PÚBLICA: ELEMENTO ESSENCIAL DAS POLÍTICAS PÚBLICAS

Para além do dever constitucional de publicidade dos atos do governo como forma de transparência e prestação de contas à população em um contexto de

---

impessoalidade, moralidade, publicidade e eficiência e, também, ao seguinte: (...) § 1º A publicidade dos atos, programas, obras, serviços e campanhas dos órgãos públicos deverá ter caráter educativo, informativo ou de orientação social, dela não podendo constar nomes, símbolos ou imagens que caracterizem promoção pessoal de autoridades ou servidores públicos".

[3] ORGANIZAÇÃO DAS NAÇÕES UNIDAS (ONU). Democracia, [s.l.], [s/d]. Disponível em: https://www.un.org/en/global-issues/democracy.

afirmação do Estado Democrático de Direito, a comunicação também se perfaz como elemento essencial da ação estatal na execução de políticas públicas.[4]

Isto é, o ciclo de formulação e execução de políticas públicas, enquanto forma de realização de direitos por meio de arranjos institucionais que se expressam em programas de ação governamental[5], não pode prescindir de uma correta e eficiente estratégia de comunicação. Essa estratégia abrange desde a definição do nome oficial da política pública, passando pela criação de peças informativas e veiculação da campanha nos veículos de mídia que possam atender aos critérios de: *i)* cobertura, *ii)* relevância e *iii)* perfil do público-alvo.

Em suma, para que o cidadão público-alvo da política pública possa fruir plenamente dos direitos e benefícios da ação governamental, ele deve ser informado de como fazer para exercê-los, aonde se dirigir, quais são as instituições existentes e para que elas servem. Por exemplo, em uma campanha para combate ao vírus da dengue, é preciso informar a população acerca dos riscos, quais medidas preventivas adotar, educá-la sobre os sintomas, em que casos procurar o serviço de saúde, entre outras.

Essas ações governamentais programadas desempenham, em regra, um papel fundamental na orientação da prestação de serviços públicos (saúde, educação, previdência, assistência social etc.), bem como nas atividades de poder de polícia ou regulatórias do Estado, em face do que destacamos a relevância da comunicação como pressuposto da efetivação dos serviços públicos e de toda atuação voltada à coletividade. Exemplificando, não há como garantir o alcance e a efetividade de um Programa Nacional de Imunizações – que busque por meio do serviço público de saúde a erradicação de doenças que causavam milhares de vítimas no passado, como varíola e poliomielite – sem a adequada comunicação à população. Da mesma forma, a redução de acidentes de trânsito provocados por ingestão de bebidas alcoólicas ou desatenção do condutor em razão de uso de aparelho celular não pode prescindir de campanha eficaz de conscientização voltada a toda a população.

---

[4] De acordo com Maria Paula Dallari Bucci: "Política pública é o programa de ação governamental que resulta de um conjunto de processos juridicamente regulados – processo eleitoral, processo de planejamento, processo de governo, processo orçamentário, processo legislativo, processo administrativo, processo judicial – visando coordenar os meios à disposição do Estado e as atividades privadas, para a realização de objetivos socialmente relevantes e politicamente determinados" (BUCCI, Maria Paula Dallari. O conceito de política pública em Direito. *Políticas Públicas*: reflexões sobre o conceito jurídico. São Paulo: Saraiva, 2006. p. 39).

[5] DUARTE, Clarice Seixas. O ciclo das políticas públicas. In: SMANIO, Gianpaolo Poggio; BERTOLINI, Patrícia Tuma Martins (orgs.). *O direito e as políticas públicas no Brasil*. São Paulo: Atlas, 2013.

3. LEI DE ACESSO À INFORMAÇÃO: TRANSPARÊNCIA ATIVA E PASSIVA

O princípio constitucional da publicidade foi reforçado em 2011, com a promulgação da Lei Federal nº 12.527/2011, conhecida como Lei de Acesso à Informação (LAI).

A LAI é responsável por trazer densidade normativa ao princípio da publicidade ao estabelecer procedimentos para o acesso e algumas diretrizes fundantes: a publicidade como regra geral e o sigilo como exceção; a divulgação de informações de interesse público, independentemente de solicitação; a utilização dos meios de comunicação disponíveis e o desenvolvimento do controle da Administração Pública pela sociedade (art. 3º).

A LAI foi ainda regulamentada por meio de decretos: federal (Decreto nº 7.724/12), estaduais e municipais, conforme o caso, os quais trouxeram ainda uma distinção interessante, entre transparência ativa e passiva. Na primeira, **transparência ativa,** é o próprio ente público que tem a obrigação de divulgar os dados, sem a necessidade de um pedido formal. Ao passo que na segunda, **transparência passiva,** a informação é disponibilizada para o cidadão, a partir de pedido realizado segundo o procedimento previsto.

Para cumprir com suas obrigações de **transparência ativa,** a LAI previu que União, estados e municípios deveriam concentrar tais informações em portais de transparência, em que licitações, contratos, remunerações de servidores, entre outras informações de interesse coletivo ou geral são divulgados (art. 8º).

Já no caso do dever de **transparência passiva,** a lei definiu canal por meio de serviço de informações ao cidadão e procedimento de como as informações poderiam ser solicitadas por ele, definindo prazos, formas de resposta e graus de recurso (arts. 9º e ss.). O pedido, em regra, é gratuito (art. 12), e o cidadão não precisa explicar por que quer ter acesso à informação (art. 10).

Nesses poucos mais de 10 anos em vigor, a lei tem sido fundamental para permitir o controle da Administração Pública, sendo comum que jornalistas a usem para fiscalizar gastos, políticas e obter informações, inclusive de gestões passadas, que nem sempre são divulgadas ativamente.

4. COMUNICAÇÃO PÚBLICA E O PRINCÍPIO DA IMPESSOALIDADE NA PUBLICIDADE

Comunicar é preciso! Mais do que isso, como já pontuado, é um dever expresso na Constituição e na legislação infraconstitucional, pressuposto para execução eficiente de políticas públicas que, além de reforçar a obrigação legal por parte da Administração Pública, estabelece procedimentos para concretização dos deveres de transparência e acesso à informação pela população.

Vale lembrar, também, que negar publicidade a atos oficiais, salvo em razão de sua imprescindibilidade para a segurança da sociedade e do Estado, pode caracterizar improbidade administrativa, nos termos do art. 11, IV, da Lei nº 8.429/1992.[6]

Mas atenção! A comunicação pública não deve servir de instrumento para promoção pessoal do gestor, de sua gestão ou mesmo de seu partido político, ainda que de forma subliminar. A Constituição Federal de 1988, em seu art. 37, § 1º, preconiza a **impessoalidade na publicidade** dos atos, programas, obras, serviços e campanhas da Administração Pública. Vejamos:

> Art. 37 (...) § 1º A publicidade dos atos, programas, obras, serviços e campanhas dos órgãos públicos deverá ter caráter educativo, informativo ou de orientação social, **dela não podendo constar nomes, símbolos ou imagens que caracterizem promoção pessoal de autoridades ou servidores públicos** (grifos nossos).

Da leitura do dispositivo constitucional, podem-se extrair duas diretrizes fundamentais para a comunicação pública, quais sejam: *i)* a vedação à inserção de nomes, símbolos ou imagens que tenham por finalidade o enaltecimento do agente público ou ainda a personalização de atos, programas, obras, serviços ou campanhas dos órgãos públicos; e *ii)* o caráter educativo, informativo ou de orientação social.[7]

A esse propósito, o STF, no RE nº 191.668-1/RS, sob a relatoria do Min. Menezes Direito, já se manifestou acerca da ilegalidade de inclusão de *slogan* que caracterize promoção pessoal:

> A regra constitucional do artigo 37, *caput* e § 1º, objetiva assegurar a impessoalidade da divulgação dos atos governamentais que devem voltar-se exclusivamente para o interesse social. Não quis o constituinte que os atos de divulgação servissem de instrumento para a propaganda de quem está exercendo o cargo público, espraiando com recursos orçamentários a sua presença política no eleitorado. O que o constituinte quis foi marcar que os atos governamentais objeto de divulgação devem revestir-se de impessoalidade, portanto, caracterizados como atos do

---

[6] "Art. 11. Constitui ato de improbidade administrativa que atenta contra os princípios da administração pública a ação ou omissão dolosa que viole os deveres de honestidade, de imparcialidade e de legalidade, caracterizada por uma das seguintes condutas: (...) IV – negar publicidade aos atos oficiais, exceto em razão de sua imprescindibilidade para a segurança da sociedade e do Estado ou de outras hipóteses instituídas em lei;"

[7] No âmbito da Administração Pública, essas diretrizes aplicam-se de forma integral às comunicações de interesse público, devem ser parametrizadas quando se tratar de publicidade mercadológica, notadamente, destinadas a alavancar vendas ou promover produtos e serviços no mercado, como no caso das empresas estatais.

governo e não deste ou daquele governo em particular. Não foi por outra razão que a redação do § 1º do art. 37 da Constituição de 1988, prestes a completar 20 anos, restringiu a publicidade ao caráter educativo, informativo ou de orientação social, "dela não podendo constar nomes, símbolos ou imagens que caracterizem promoção pessoal de autoridades ou servidores públicos". No momento em que existe a possibilidade de reconhecimento ou identificação da origem pessoal ou partidária da publicidade há, sem dúvida, o rompimento do princípio da impessoalidade determinada no caput, bem como configuração de promoção pessoal daquele que exerce o cargo público no padrão de sua vinculação com determinado partido político que ensejou a sua eleição. Assim, direta ou indiretamente, a vedação é alcançada toda vez que exista a menor possibilidade que seja de desvirtuar-se a lisura desejada pelo constituinte, sequer sendo necessário construir interpretação tortuosa que autorize essa vedação, nascida que é da simples leitura do texto da espécie normativa de índole constitucional. Com isso, o que se deve explicitar é que a regra constitucional veda qualquer tipo de identificação pouco relevando que seja por nome, de slogan ou de imagem capaz de vincular o governo à pessoa do governante ou ao seu partido. Qualquer margem de abertura nesse princípio é capaz de ensejar no tempo exceções que levam à inutilidade do dispositivo.

De outro giro, é importante consignar que **a menção, por si só, de nomes, símbolos ou imagens que eventualmente identifiquem um agente público não é suficiente para caracterizar violação ao princípio da publicidade!** Mais do que isso, é necessário verificar se, por qualquer meio, o que se busca é o enaltecimento do agente ou a personalização de seus atos.

À guisa de ilustração, no âmbito da publicidade institucional, conforme ressalta Emerson Garcia, "a divulgação do teor de um decreto, assinado pelo Chefe do Poder Executivo, não pode ser considerada uma forma de promoção pessoal, o mesmo podendo ser dito em relação a uma placa de inauguração de um prédio público, que caracteriza informação de importância histórica".[8]

Ademais, por vezes, dentro da própria técnica publicitária, no intuito de conferir maior realidade à campanha e ampliar seu efeito educativo, informacional ou de orientação social, pode ser importante a participação de servidores públicos reais – em vez de atores – para expressar a mensagem, justamente em razão do real conhecimento técnico-contextual que eles possuem sobre o assunto.

Nesses casos, o que se busca, portanto, é maior efetividade da comunicação de interesse público. Nesse sentido, o caráter técnico-informativo da mensagem deve se sobressair, afastando-se qualquer forma de enaltecimento pessoal do agente.

---

[8] GARCIA, Emerson. Publicidade institucional: a linha divisória entre o dever de informação e a promoção pessoal. *Revista do Ministério Público do Estado do Rio de Janeiro*, nº 81, p. 155-166, Rio de Janeiro, jul./set. 2021. p. 155. Disponível em: https://www.mprj.mp.br/documents/20184/2360635/Emerson+Garcia.pdf.

Na hipótese de participação de agente político, notadamente aquele investido em seu cargo por meio de eleição, o crivo deverá ser ainda mais rigoroso, considerando os potenciais benefícios nas eleições que a exposição midiática poderá lhe render ou mesmo à sua sigla partidária. Esse aspecto torna-se bem nítido quando a publicidade é incrementada no ano em que é realizada uma eleição na qual o agente político concorrerá.[9] O recorte temático também deve ser levado em consideração. Alguns temas de maior apelo, como "obras públicas", merecem atenção para que não se desvirtue o propósito informativo da campanha, visando apenas promover uma gestão atual (isto é, os seus gestores).

Baliza semelhante pode ser encontrada, ainda que com contornos próprios, no tema da convocação de cadeia de rádio e televisão para pronunciamentos oficiais. Em decisão sobre o tema, o Tribunal Superior Eleitoral (TSE) se manifestou no seguinte sentido:

> Propaganda eleitoral antecipada. Pronunciamento da presidente da república em cadeia de rádio e TV. Dia do trabalhador [...] 1. O princípio da publicidade, que exige o direito e o acesso à informação correta dos atos estatais, entrelaça-se com o princípio da impessoalidade, corolário do princípio republicano. Em razão do princípio da impessoalidade, não há relevância jurídica na posição pessoal do administrador ou do servidor público, porque deve ser realizada a vontade do Estado, independentemente das preferências subjetivas ou dos interesses particulares do gestor. 2. A convocação de cadeia de rádio e televisão pela Presidência da República constitui legítima manifestação do princípio da publicidade dos atos da administração pública federal, desde que observada a necessária vinculação do pronunciamento a temas de interesse público – como decorrência lógica do princípio da impessoalidade – e desde que observadas as balizas definidas no art. 87 do Decreto nº 52.795/1963, com a redação dada pelo Decreto nº 84.181/1979, segundo o qual, "na preservação da ordem pública e da segurança nacional ou no interesse da Administração, as emissoras de radiodifusão poderão ser convocadas para, gratuitamente, formarem ou integrarem redes, visando à divulgação de assuntos de relevante importância". 3. Não se pode admitir que a mandatária maior da nação faça distinção entre brasileiros para os tratar em termos de nós – os que apoiam o seu governo – e eles – aqueles que não apoiam o governo –, neste caso fazendo referência explícita a críticas e escândalos veiculados pela oposição e divulgados amplamente na imprensa; tampouco, faça da convocação ferramenta de

---

[9] Não é sem razão que o art. 73, VI, b, da Lei nº 9.504/1997 (Lei das Eleições) veda aos agentes públicos a prática de condutas tendentes a afetar a igualdade de oportunidades entre candidatos nos pleitos eleitorais, assim considerada, nos três meses anteriores ao pleito, "com exceção da propaganda de produtos e serviços que tenham concorrência no mercado, autorizar publicidade institucional dos atos, programas, obras, serviços e campanhas dos órgãos públicos federais, estaduais ou municipais, ou das respectivas entidades da administração indireta, salvo em caso de grave e urgente necessidade pública, assim reconhecida pela Justiça Eleitoral".

propaganda eleitoral antecipada. 4. Enquanto a propaganda partidária é canal de aproximação entre partidos e eleitores, disponível a todas as agremiações registradas no Tribunal Superior Eleitoral, a convocação de cadeia de rádio e televisão é ferramenta de acesso restrito, cuja utilização com contornos eleitorais pela Presidente da República acarreta inequívoca violação ao princípio da igualdade de chances entre os contendores – partidos políticos –, entendido assim como a necessária concorrência livre e equilibrada entre os partícipes da vida política, sem o qual acaba por comprometer a própria essência do processo democrático. 5. A Justiça Eleitoral deve atuar com bastante rigor quando a antecipação de campanha é realizada por meio de ferramentas de grande alcance e disponíveis apenas aos detentores de mandato eletivo, como ocorre na publicidade institucional e na convocação de cadeia de rádio e televisão [...](Acórdão R-Rp nº 32.663, Rel. Min. Tarcisio Vieira de Carvalho Neto, red. designado Min. Gilmar Mendes, 30.09.2014).

Em suma, destacamos três critérios que merecerem atenção no que se refere à fronteira entre observância e violação do princípio da impessoalidade, são eles: *i)* **perfil do agente público,** com destaque aos agentes políticos que disputam eleições; *ii)* **período da campanha,** notadamente, período próximo às eleições; e *iii)* **recorte temático,** temas de exaltação do gestor e apelo popular.

Emerson Garcia propõe outros dois critérios possíveis para caracterização da "promoção pessoal", quais sejam: "critério estrutural" e "preponderância do interesse". De acordo com o autor:

> A caracterização da promoção pessoal será delineada conforme dois critérios básicos: o estrutural e o da preponderância do interesse.
>
> O critério estrutural indica que a publicidade institucional é organizada e veiculada de modo a se tornar permeável aos aspectos que individualizam determinada pessoa. Esses aspectos, que seriam meramente acidentais, considerando o objeto da publicidade, terminam por ter sua relevância potencializada, o que decorre não só de sua associação à informação propriamente institucional, prática suficiente para agregar valor a uma pessoa concebida em sua individualidade, como também do relevo que recebe. Em alguns casos, a valorização do gestor pode ser o objeto o único e exclusivo da dita publicidade institucional, a exemplo da veiculação de um *outdoor* com a sua imagem, associando-o à estrutura de poder com a qual mantém vínculo funcional, embora essa hipótese, grotesca que é, não seja vista com frequência em razão de sua manifesta injuridicidade.
>
> O critério da preponderância do interesse pode ser, ou não, uma decorrência lógica do critério estrutural. Teremos uma implicação recíproca entre ambos quando o emprego de nomes, símbolos ou imagens assumir tamanha proporção que denotar ter sido este o verdadeiro objetivo da publicidade, ainda que não o único. Além do exemplo já mencionado, é o que tende a ocorrer em informes

publicitários, veiculados em impressos ou em qualquer meio de comunicação social, nos quais há grande exploração da figura do gestor, buscando vinculá-lo pessoalmente a aspectos positivos da Administração Pública.[10]

Se, por um lado, negar publicidade a atos oficiais pode caracterizar improbidade (art. 11, IV, da LIA); por outro lado, também a caracteriza "praticar, no âmbito da administração pública e com recursos do erário, ato de publicidade que contrarie o disposto no § 1º do art. 37 da Constituição Federal, de forma a promover inequívoco enaltecimento do agente público e personalização de atos, de programas, de obras, de serviços ou de campanhas dos órgãos públicos" (art. 11, XII, da LIA).[11]

Evidencia-se, portanto, que a comunicação pública deve guiar-se pelo caráter **educativo, informativo** ou de **orientação social** dos cidadãos, visando à boa execução de políticas públicas, à prestação de serviços públicos ou informação sobre demais atividades da Administração Pública, jamais à promoção pessoal de agentes políticos ou gestores públicos.

5. FORMA E FINALIDADE DA COMUNICAÇÃO: A PUBLICIDADE NA ADMINISTRAÇÃO PÚBLICA

Mas, afinal, por que contratar agências de publicidade e usar a técnica publicitária nas ações de comunicação do Poder Público? Em primeiro lugar, porque a legislação prevê e permite. A Lei Federal nº 12.232/2010 estabelece uma forma de licitação, procedimentos a serem seguidos, o que pode ser contratado e, em menor medida, como deve ser a execução do contrato.

Mas isso ainda é muito pouco.

Tudo só acontece porque a técnica publicitária, via agências e profissionais especializados, permite transmitir mensagens de uma forma diferente (e muito melhor!) do que as outras.

Apesar dos portais de transparência, de toda informação publicada em um *Diário Oficial* e de tudo o que pode ser acessado via pedidos de informação, nada se compara à veiculação de uma campanha.

---

[10] GARCIA, Emerson. Publicidade institucional: a linha divisória entre o dever de informação e a promoção pessoal. *Revista do Ministério Público do Estado do Rio de Janeiro*, nº 81, p. 155-166, Rio de Janeiro, jul./set. 2021. p. 163. Disponível em: https://www.mprj.mp.br/documents/20184/2360635/Emerson+Garcia.pdf.

[11] Esses atos de improbidade são passíveis de sanções, notadamente: "pagamento de multa civil de até 24 (vinte e quatro) vezes o valor da remuneração percebida pelo agente e proibição de contratar com o poder público ou de receber benefícios ou incentivos fiscais ou creditícios, direta ou indiretamente, ainda que por intermédio de pessoa jurídica da qual seja sócio majoritário, pelo prazo não superior a 4 (quatro) anos" (art. 12, III, da LIA).

Por um lado, a televisão aberta no Brasil ainda possui um alcance que os demais meios não têm e talvez nunca tenham. O intervalo de um programa de grande audiência sintoniza milhões de pessoas simultaneamente do "Oiapoque ao Chuí".

E mesmo no meio digital, a publicidade feita por profissionais, com técnicas específicas, alcança outra dimensão.

Assim, por outro lado, as técnicas de enquadramento, produção, filtros, locução e tomadas são capazes de chamar a atenção e convencer a população de uma forma muito mais efetiva que simplesmente emitir uma mensagem-padrão.

Também é possível extrair da legislação, em especial do art. 3º da IN Secom 2/2018, vários objetivos da publicidade, a depender do caso:

- divulgar atos, ações, programas, obras, serviços, campanhas, metas e resultados de órgãos e entidades;
- valorizar e fortalecer as instituições públicas;
- estimular a participação da sociedade no debate, no controle e na formulação de políticas públicas;
- promover o Brasil no exterior;
- divulgar temas de interesse social, com comando de ação objetivo, claro e de fácil entendimento;
- informar, educar, orientar, mobilizar, prevenir ou alertar a população para a adoção de comportamentos que gerem benefícios individuais e/ou coletivos;
- alavancar vendas ou promover produtos e serviços no mercado; e
- divulgar balanços, atas, editais, decisões, avisos e outras informações dos órgãos e entidades do Poder Executivo Federal, para atender a prescrições legais.

Alguns exemplos de campanhas podem ilustrar tudo isso: campanhas para alistamento militar, prevenção de doenças e regularização de título de eleitor. Uma campanha sempre lembrada é a que envolveu a conscientização sobre o uso de preservativos durante a epidemia de aids[12], repetidas sob outros enfoques até hoje, durante o carnaval, por exemplo. Também podem ser citadas campanhas envolvendo o consumo de álcool e acidentes de trânsito, campanhas a respeito da vacinação infantil, ou outras populações, como pessoas idosas, para a gripe.

---

[12] COSTA, João Roberto Vieira da. *Comunicação de interesse público*: ideias que movem pessoas e fazem um mundo melhor. São Paulo: Jaboticaba, 2006. p. 35 e ss.

Além disso, embora seja muito comum se criticar os gastos com publicidade, há ampla concordância acerca dos efeitos nefastos vividos durante a pandemia do coronavírus, justamente pela falta de uma estratégia de comunicação efetiva do governo federal para que as pessoas adotassem medidas como uso de máscaras, distanciamento social, vacinação etc. Nesse sentido, **comunicação é também política pública** e deve ser orientada pelos meios mais eficazes de se fazer a mensagem alcançar o público-alvo, isto é, a população.

6. COMUNICAÇÃO, PUBLICIDADE E CONCEITOS AFINS: A RELEVÂNCIA DA COMUNICAÇÃO DE INTERESSE PÚBLICO

No âmbito da Comunicação, um termo bastante utilizado é o de comunicação pública. Essa teria dimensões, como acesso à informação, à comunicação política ou governamental etc.[13], tendo em comum a preocupação com a discussão de temas de interesse geral de forma democrática, como afirma Eugênio Bucci[14]:

> A comunicação pública se compõe de ações informativas, consultas de opinião e práticas de interlocução, em qualquer âmbito, postas em marcha por meio do emprego de recursos públicos, mediante processos decisórios transparentes, inclusivos e abertos ao acompanhamento, críticas e apelações da sociedade civil e à fiscalização regular dos órgãos de controle do Estado. Quanto às suas finalidades, a comunicação pública para promover o bem comum e o interesse público, sem incorrer, ainda que indiretamente, na promoção pessoal, partidária (do partido do governo), religiosa ou econômica de qualquer pessoa, grupo, família, empresa, igreja ou outra associação privada.

Apesar das várias definições de estudiosos, vale nos concentrarmos especificamente na distinção feita pela legislação. No âmbito específico do governo federal, existe a Portaria Ministério das Comunicações nº 3.948/2021, que busca conceituar e distinguir as diversas ações de comunicação em seu art. 4º, são elas:

> I - **comunicação digital**: ação de comunicação que consiste na criação e na convergência de conteúdos e mídias, para a disseminação, interação, acesso e troca de informações na internet;
>
> II - **comunicação pública**: realizada exclusivamente em prol do interesse público, a fim de garantir a cidadania, o direito à informação e à livre expressão de pensa-

---

[13] BRANDÃO, Elizabeth. Conceito de comunicação pública. In: DUARTE, Jorge (org.). *Comunicação pública*: Estado, mercado, sociedade e interesse público. 3. ed. São Paulo: Atlas, 2012. p. 1-7.

[14] BUCCI, Eugênio. *O Estado de Narciso*: A comunicação pública a serviço da vaidade particular. São Paulo: Companhia das Letras, 2015. p. 69.

mento e a participação do cidadão no debate de assuntos de relevância política, econômica e social e de temáticas relacionadas à condição humana e à vida em sociedade;

III - **promoção**: ação de comunicação que emprega, predominantemente, técnicas de incentivo e de envolvimento de públicos de interesse dos órgãos e entidades do Poder Executivo federal, com o objetivo de estabelecer e estreitar relacionamentos, fidelizar segmentos de clientes, estimular conhecimento, experimentação, interação, engajamento, incremento de vendas ou propiciar a vivência de situações positivas com marcas, conceitos ou políticas públicas;

IV - **patrocínio**: ação de comunicação que busca agregar valor à marca, consolidar posicionamento, gerar identificação e reconhecimento, estreitar relacionamento com públicos de interesse, ampliar venda de produtos e serviços, divulgar programas e políticas de atuação, por meio da aquisição do direito de associação da imagem do órgão ou entidade do Poder Executivo federal, enquanto patrocinador de projetos de iniciativa de terceiros;

V - **publicidade**: forma não pessoal e indireta de divulgação de informações e de difusão de ideias, por meio de ações de comunicação de mídia e não mídia, desenvolvidas e custeadas por anunciante do Poder Executivo federal, podendo ser classificada em:

a) **publicidade de utilidade pública**: destina-se a divulgar temas de interesse social e apresenta comando de ação objetivo, claro e de fácil entendimento, com o intuito de informar, educar, orientar, mobilizar, prevenir ou alertar a população para a adoção de comportamentos que gerem benefícios individuais e/ou coletivos;

b) **publicidade institucional**: destina-se a divulgar atos, ações, programas, obras, serviços, campanhas, metas e resultados dos órgãos e entidades do Poder Executivo federal, com o objetivo de atender ao princípio da publicidade, de valorizar e de fortalecer as instituições públicas, de estimular a participação da sociedade no debate, no controle e na formulação de políticas públicas e de promover o Brasil no exterior;

c) **publicidade mercadológica**: destina-se a alavancar vendas ou promover produtos e serviços no mercado; e

d) **publicidade legal**: destina-se à publicação de avisos, balanços, relatórios e de outras informações que os órgãos da administração pública federal estejam obrigados a divulgar por força de lei ou de regulamento.

VI - **relações com a imprensa**: ação que reúne estratégias organizacionais para promover e reforçar a comunicação dos órgãos e das entidades do Poder Executivo federal com seus públicos de interesse, por meio da interação com profissionais da imprensa, de forma democrática, diversificada e transparente; e

VII - **relações públicas**: esforço de comunicação planejado, coeso e contínuo que tem por objetivo estabelecer adequada percepção da atuação e dos objetivos institucionais, a partir do estímulo à compreensão mútua e da manutenção de padrões de relacionamento e fluxos de informação entre os órgãos e as entidades do Poder Executivo federal e seus públicos de interesse, no Brasil e no exterior.

Nos últimos anos, também foram publicados alguns editais de "comunicação corporativa". Entende-se que ela está relacionada a estes dois últimos itens (relações com a imprensa e relações públicas), cujas definições constam da Instrução Normativa Secom nº 4/2018.

No mais, essas distinções da Portaria permitem fazer alguns comentários.

Em primeiro lugar, é evidente a separação entre diversas formas, com uma especialização profissional que foi se construindo ao longo do tempo.

Em segundo lugar, ainda há uma diferença importante entre comunicação digital e publicidade, nos termos da legislação, não sendo ambas sinônimas. Um característica fundamental é que dos serviços de publicidade é a distribuição[15] de uma ação de comunicação aos veículos e demais meios de divulgação para que cheguem aos públicos-alvo. Há, portanto, aquisição de espaço e/ou tempo em mídia, inclusive em plataformas digitais de comunicação.[16]

Por sua vez, a comunicação digital, conforme a legislação define, se destina a promover a interação, gerenciar contas de redes sociais, comentários, com outro tipo de conteúdo, inclusive em termos de produção. Em suma, uma espécie de comunicação institucional realizada no ambiente digital, sem a previsão de aquisição de mídia para veiculação nos meios e veículos de divulgação.[17]

Em terceiro lugar, cabe notar que mesmo a publicidade mais tradicional possui várias subespécies. A começar pela publicidade legal, ou seja, aquela feita por meio de *Diários Oficiais* dos entes, com a publicação de avisos de editais de contratações, extratos de contratos, balanços de empresas estatais, entre outros. Não seria a publicidade de campanhas, produções de vídeos e, por isso, feitas geralmente por agências especializadas no ramo.

---

[15] De acordo com a própria definição da IN Secom/PR nº 1/23, distribuição é: "referência genérica ao procedimento adotado para que peças e materiais cheguem aos públicos-alvo de uma ação de comunicação, seja pela sua exposição em locais não comercializados ou seu encaminhamento direto a públicos de interesse ou, ainda, sua veiculação nos meios e veículos de divulgação/plataformas digitais de comunicação integrantes de um plano de mídia".

[16] Vale destacar que a Lei nº 12.232/2010, no art. 2º, § 1º, III, admite como atividade complementar à publicidade, passível de ser contratada de forma integrada, **criação e desenvolvimento de formas inovadoras de comunicação publicitária, em consonância com novas tecnologias, visando à expansão dos efeitos das mensagens e das ações publicitárias**.

[17] Os serviços de comunicação digital, conforme define a IN Secom/PR nº 1/2023 em ser art. 14, §1º, III, estão adstritos a: *i)* prospecção, planejamento, desenvolvimento, implementação de soluções de comunicação digital; *ii)* a moderação de conteúdo e de perfis em redes sociais, monitoramento e o desenvolvimento de proposta de estratégia de comunicação nos canais digitais com base na inteligência dos dados colhidos; *iii)* a criação e execução técnica de projetos, ações ou produtos de comunicação digital; e *iv)* o desenvolvimento e implementação de formas inovadoras de comunicação, destinadas a expandir os efeitos da ação de comunicação digital, em consonância com novas tecnologias.

Além disso, a definição legal de **publicidade de utilidade pública** assemelha-se bastante à definição de Bob Vieira da Costa, de **comunicação de interesse público**[18]:

> é toda ação de comunicação que tem como objetivo primordial levar uma informação à população que traga resultados concretos para se viver e entender melhor o mundo. Na Comunicação de Interesse Público, os beneficiários diretos e primordiais da ação sempre serão a sociedade e o cidadão.
>
> Sua missão, portanto, se traduz num esforço para difundir, influenciar, criar ou mudar comportamentos individuais ou coletivos em prol do interesse geral. Nada impede, entretanto, que, em uma ação de Comunicação de Interesse Público, uma marca, uma corporação ou até mesmo um ente público sejam beneficiários indiretos ou secundários da ação, com ganhos para a sua imagem institucional.

O autor segue situando sua definição, ao apontar que ela estaria além da comunicação pública realizada unicamente pelo Poder Público, podendo ser feita também pelo terceiro setor e mesmo por empresas privadas. Por isso, "de interesse público" e não apenas "pública". Ao mesmo tempo, estaria relacionada, mas não limitada, à comunicação institucional, realizada pelas instituições – a qual, ao mesmo tempo, é preciso cuidado para se separar da comunicação realizada unicamente para promover os chefes que ocupam tais instituições.

Vale destacar que a **Classificação da Publicidade Governamental** é um passo fundamental para melhor organização e gestão eficiente dos gastos públicos com comunicação. Essa é uma iniciativa que se consolida a partir do "Acordo entre o Governo Federal e o Mercado Publicitário sobre Publicidade de Utilidade Pública", firmado em 29 de maio de 2002.[19] No acordo, assinado pela Secretaria de Comunicação do Paraná (Secom-PR), representada pelo então Secretário de Estado de Comunicação de Governo da Presidência da República, João Roberto Vieira da Costa, e o mercado publicitário, representado pelo então Presidente do Conselho Executivo das Normas-Padrão (Cenp), Petrônio Corrêa, foram definidos quatro tipos de ações publicitárias da Administração Pública Federal: *i)* publicidade legal, *ii)* publicidade mercadológica, *iii)* publicidade institucional e *iv)* publicidade de utilidade pública.[20] A classificação da tipologia

---

[18] VIEIRA DA COSTA, João Roberto. *Comunicação de interesse público*: ideias que movem pessoas e fazem um mundo melhor. São Paulo: Jabuticaba, 2006. p. 20-21.

[19] BRASIL. Presidência da República. Secretaria de Comunicação Social. Acordo entre o Governo Federal e o Mercado Publicitário sobre Publicidade de Utilidade Pública, Brasília, 29 maio 2002. Disponível em: https://www.gov.br/secom/pt-br/acesso-a-informacao/legislacao/acordosecomcenp.pdf. Acesso em: 5 jan. 2024.

[20] Nos termos do acordo: "Art. 1º A Administração Pública Federal, direta e indireta, passa a classificar suas ações publicitárias da seguinte forma: I) Publicidade Legal – a que se realiza em obediência à prescrição de leis, decretos, portarias, instruções, estatutos, regimentos ou regulamentos internos dos anunciantes governamentais; II) Publicidade Mercadológica – a que se destina a lançar, modificar, reposicionar ou promover produtos e serviços de entidades e sociedades controladas pela União, que atuem numa relação

possibilitou uma organização melhor do processo de orçamentação e gastos públicos com publicidade. Na oportunidade, foi ainda definido tratamento especial à "publicidade de utilidade pública", com preço de veiculação menor do que os então praticados no mercado publicitário.

Para além dessas várias espécies, a agência de publicidade contratada pela Administração Pública deverá prestar serviços de publicidade. Mas, afinal, o que é publicidade?

Parte da legislação, como a própria Constituição Federal, emprega o termo "publicidade" em uma semântica que enfatiza o dever legal de a Administração "publicizar" ou "tornar públicas" informações de interesse coletivo ou geral enquanto o termo "propaganda" é empregado expressando a ideia de uma divulgação de cunho comercial. Curiosamente, constata-se o oposto em livros da área de publicidade, que por vezes atribuem ao termo "publicidade" um sentido de comunicação persuasiva com fins comerciais, e ao termo "propaganda" uma noção de propagação ou divulgação de ideias, nem sempre de caráter comercial.

Além da distinção entre publicidade e propaganda, existem outros termos correlatos. Para Sant'Anna, Rocha Junior e Garcia, aí estaria o **marketing**, que envolve toda a circulação de um bem ou serviço, desde a concepção até a distribuição[21], enquanto **merchandising**: "é o planejamento promocional do produto antes de ser lançado no mercado. É a planificação necessária para que se possa efetuar – com rendimento ideal – o marketing"[22].

Todavia, a delimitação do conceito de "serviços de publicidade" para fins de contratação pela Administração Pública deve ser buscada, especificamente, na Lei nº 12.232/2010:

> Art. 2º Para fins desta Lei, considera-se **serviços de publicidade** o conjunto de atividades realizadas integradamente que tenham por objetivo o estudo, o planejamento, a conceituação, a concepção, a criação, a execução interna, a intermediação e a supervisão da execução externa e a distribuição de publicidade aos veículos e demais meios de divulgação, com o objetivo de promover a venda de bens ou serviços de qualquer natureza, difundir ideias ou informar o público em geral.
>
> § 1º Nas contratações de serviços de publicidade, poderão ser incluídos como atividades complementares os serviços especializados pertinentes:

---

de concorrência no mercado; III) Publicidade Institucional – a que tem como objetivo divulgar informações sobre atos, obras e programas dos órgãos e entidades governamentais, suas metas e resultados; IV) Publicidade de Utilidade Pública – a que tem como objetivo informar, orientar, avisar, prevenir ou alertar a população ou segmento da população para adotar comportamentos que lhe tragam benefícios sociais reais, visando melhorar a sua qualidade de vida".

[21] SANT'ANNA, Armando; ROCHA JUNIOR, Ismael; GARCIA, Luiz Fernando Dabul. *Propaganda*: teoria, técnica e prática. 9. ed. São Paulo: Cengage Learning, 2015. p. 30.

[22] SANT'ANNA, Armando; ROCHA JUNIOR, Ismael; GARCIA, Luiz Fernando Dabul. *Propaganda*: teoria, técnica e prática. 9. ed. São Paulo: Cengage Learning, 2015. p. 36.

I - ao planejamento e à execução de pesquisas e de outros instrumentos de avaliação e de geração de conhecimento sobre o mercado, o público-alvo, os meios de divulgação nos quais serão difundidas as peças e ações publicitárias ou sobre os resultados das campanhas realizadas, respeitado o disposto no art. 3º desta Lei;

II - à produção e à execução técnica das peças e projetos publicitários criados;

III - à criação e ao desenvolvimento de formas inovadoras de comunicação publicitária, em consonância com novas tecnologias, visando à expansão dos efeitos das mensagens e das ações publicitárias.

§ 2º Os contratos de **serviços de publicidade** terão por objeto somente as atividades previstas no *caput* e no § 1º deste artigo, vedada a inclusão de quaisquer outras atividades, em especial as de assessoria de imprensa, comunicação e relações públicas ou as que tenham por finalidade a realização de eventos festivos de qualquer natureza, as quais serão contratadas por meio de procedimentos licitatórios próprios, respeitado o disposto na legislação em vigor. (grifos nossos)

Essa definição foi sendo construída ao longo do tempo para delimitar a atuação das agências contratadas pela Administração Pública, em especial como resposta ao escândalo do Mensalão[23]. Assim, a ideia era evitar que uma agência fosse contratada como intermediária de todos esses serviços possíveis, recebendo uma comissão apenas para subcontratar as empresas que de fato prestariam todos os serviços.

Enfim, como fica claro, o mundo da comunicação e da publicidade é gigantesco, envolvendo diversas técnicas, saberes e profissionais especializados em diversos aspectos.

7. DELIMITAÇÕES DA COMUNICAÇÃO PÚBLICA EM PERÍODO ELEITORAL

As definições de publicidade também possuem implicações práticas, com destaque às limitações de publicidade em período eleitoral. A Lei nº 9.504/1997, que regula as eleições, estabelece, em seu art. 73, restrições quanto à realização de publicidade dos atos, propagandas e campanhas de órgãos públicos federais, estaduais e municipais ou das respectivas entidades da administração indireta durante o período eleitoral. Vejamos:

Art. 73. São proibidas aos agentes públicos, servidores ou não, as seguintes condutas tendentes a afetar a igualdade de oportunidades entre candidatos nos pleitos eleitorais: (...)

VI - nos **três meses que antecedem o pleito:** (...)

---

[23] PEDROSO, Lucas Aluísio Scatimburgo. *Contratos administrativos de serviços de publicidade*: a remuneração das agências. Belo Horizonte: Fórum, 2022. p. 48, 150 e ss.

b) com exceção da propaganda de produtos e serviços que tenham concorrência no mercado, **autorizar publicidade institucional dos atos,** programas, obras, serviços e campanhas dos órgãos públicos federais, estaduais ou municipais, ou das respectivas entidades da administração indireta, **salvo em caso de grave e urgente necessidade pública, assim reconhecida pela Justiça Eleitoral;** (grifos nossos)

De início, importante ressaltar que essas regras relativas aos gastos com publicidade institucional dos órgãos públicos **são somente aplicadas aos agentes públicos das esferas administrativas cujos cargos estejam em disputa na eleição.** Assim, agentes públicos do governo federal e estaduais não estão sujeitos a essa limitação em ano de eleições municipais, e vice-versa. Nesse sentido, tem-se consolidado entendimento da Corte Superior Eleitoral:

> Ministro da Saúde. Campanha Nacional de Vacinação contra a Poliomielite e Rubéola. Autorização. 1. **A vedação da divulgação de publicidade institucional, nos três meses que antecedem o pleito, aplica-se apenas aos agentes públicos das esferas administrativas cujos cargos estejam em disputa na eleição (art. 73, VI, *b*, § 3º, da Lei nº 9.504/1997).** 2. Divulgação autorizada, com a ressalva de que não deve constar referência aos entes municipais e de que deve ser observado o disposto no § 1º do art. 37 da Constituição (Resolução nº 22.891 na Pet nº 2.857, rel. Min. Marcelo Ribeiro, 07.08.2008)(grifos nossos)

Não restando maiores dúvidas quanto à delimitação da vedação da divulgação de publicidade institucional aos agentes públicos das esferas administrativas cujos cargos estejam em disputa na eleição (art. 73, VI, *b*, § 3º, da Lei nº 9.504/1997), a jurisprudência da Corte Eleitoral se mostra atenta a práticas de fraude à lei, quando no contexto de eleições, agentes públicos de uma esfera administrativa buscam impactar em outra por meio de formas anômalas de divulgação institucional, mormente aquelas que produzam, como efeito subjacente, vantagens eleitorais significativas, alterando o equilíbrio de pleitos em curso. Seria o caso, por exemplo, de um município, no contexto de eleições estaduais, divulgar em sua publicidade institucional atos, ações, programas, obras, serviços, campanhas, metas e resultados positivos relativos ao governo do estado, buscando alterar o equilíbrio de pleito em curso. Vejamos precedente paradigma do TSE sobre o tema:

> Eleições 2014 [...] Condutas vedadas a agentes públicos. Participação em inauguração de obras públicas. Inocorrência. Transferência voluntária de recursos. Publicidade institucional mista em período proibido. [...] 4. **Conquanto a Lei das Eleições, em seu art. 73, § 3º, disponha, de forma expressa, que a vedação relativa à realização de publicidade institucional alcança tão somente os agentes públicos das esferas administrativas cujos cargos estejam em disputa na eleição, não se encontram acobertadas pela exceção permissiva formas anômalas de divulgação institucional, mormente aquelas que produzam, como efeito subjacente,**

vantagens eleitorais significativas, alterando o equilíbrio de pleitos em curso. 5. Na trilha desse raciocínio, assume-se que, por ocasião das eleições gerais, **a máquina de propaganda dos municípios permanece, como regra, amplamente autorizada a difundir informações de sua alçada, desde que, obviamente, tais informações não tenham o condão de impactar a igualdade de oportunidades de certames relativos a outras esferas governativas.** 6. A proibição de publicidade institucional, nesse contexto, **impede que a propagação de fatos positivos relativos ao Governo do Estado seja levada a efeito não apenas pelo próprio governo do Estado, mas ainda por intermédio de entes federativos interpostos. Do contrário, abrir-se-ia um inaceitável flanco para burlas, permitindo-se que a imagem pública de gestores lançados à reeleição fosse impunemente polida e impulsionada, mediante a intervenção de correligionários ocupantes de cargos em outras esferas da Federação.** 7. No caso, a questão pertinente à realização de publicidade institucional fora do marco traçado pela lei eleitoral ressai suficientemente comprovada, mediante registros fotográficos e reproduções de notícias que evidenciam o uso de maquinário adesivo com *slogan* promotor da imagem do governo do Estado, a divulgação de ação conjunta em sítio oficial da Prefeitura e a instalação de placas informativas que acusam a realização de obras pelos governos estadual e municipal. 8. As condutas apuradas, não obstante, não reúnem gravidade suficiente a autorizar a condenação em sede de AIJE, uma vez não possuem o condão de comprometer, *in totum*, o equilíbrio relativo entre os competidores e, assim, prejudicar, por completo, a validade do pleito. [...] (Ac. no RO-El nº 176.880, Rel. Min. Edson Fachin, 25.03.2021) (grifos nossos).

Para além da delimitação por esfera, constata-se que a Lei nº 9.504/1997 limita-se a utilizar a terminologia **publicidade institucional,** sem, todavia, conceituá-la. Na parte final da alínea *b*, inc. VI, do art. 73, autoriza-se a realização de **publicidade institucional, em caso de grave e urgente necessidade pública,** assim reconhecida pela Justiça Eleitoral.

Nesse contexto, vale enfatizar a diferençada espécie de **publicidade institucional,** referida no art. 73, VI, da Lei nº 9.504/1997, em relação às outras espécies existentes no âmbito da comunicação dos órgãos e entidades do Poder Público. Essa distinção encontra previsão expressa na legislação, notadamente, nas alíneas *a*, *b*, *c* e *d* do inciso V do art. 3º do Decreto nº 6.555/2008:

> Art. 3º As ações de comunicação do Poder Executivo Federal compreendem as áreas de: (...)
>
> V - publicidade:
>
> a) **de utilidade pública;**
>
> b) **institucional;**
>
> c) mercadológica; e
>
> d) legal; (grifos nossos).

Na mesma linha da supramencionada Portaria MCOM nº 3.948/2021, a IN Secom/PR nº 2/2023, que disciplina a publicidade dos órgãos e entidades do Poder Executivo federal e dá orientações complementares, define, em seu art. 3º, cada uma dessas espécies de publicidade. *In verbis*:

> Art. 3º As espécies de publicidade classificadas na forma do inciso V, do art. 3º, do Decreto nº 6.555, de 8 de setembro de 2008, são assim conceituadas:
>
> I - **publicidade de utilidade pública:** destina-se a divulgar temas de interesse social e apresenta comando de ação objetivo, claro e de fácil entendimento, com o intuito de informar, educar, orientar, mobilizar, prevenir ou alertar a população para a adoção de comportamentos que gerem benefícios individuais e/ou coletivos;
>
> II - **publicidade institucional:** destina-se a divulgar atos, ações, programas, obras, serviços, campanhas, metas e resultados dos órgãos e entidades do Poder Executivo Federal, com o objetivo de atender ao princípio da publicidade, de valorizar e de fortalecer as instituições públicas, de estimular a participação da sociedade no debate, no controle e na formulação de políticas públicas e de promover o Brasil no exterior;
>
> III - publicidade mercadológica: destina-se a alavancar vendas ou promover produtos e serviços no mercado; e
>
> IV - publicidade legal: destina-se à publicação de avisos, balanços, relatórios e de outras informações que os órgãos da administração pública federal estejam obrigados a divulgar por força de lei ou de regulamento (grifos nossos).

Portanto, nos três meses que antecedem o pleito, é vedada a publicidade institucional, salvo em caso de grave e urgente necessidade pública, reconhecida pela Justiça Eleitoral.

Por outro lado, ficam autorizadas: *i)* publicidade mercadológica, voltada à propaganda de produtos e serviços que tenham concorrência no mercado, especialmente para as estatais integrantes da Administração Pública indireta; *ii)* publicidade legal, destinada à divulgação, sobretudo nos *Diários Oficiais*, de balanços, atas, editais, decisões, avisos e de outras informações dos órgãos e entidades da Administração Pública; *iii)* publicidade de utilidade pública, com fins de divulgar temas de interesse social e comunicar comandos de ação, com o objetivo de informar, educar, orientar, mobilizar, prevenir ou alertar a população para a adoção de comportamentos que gerem benefícios individuais e/ou coletivos.

Parece-nos haver uma possível convergência entre as noções de "publicidade institucional em caso de grave e urgente necessidade pública" e "publicidade de utilidade pública". No entanto, em face do laconismo do art. 73, VI, da Lei nº 9.504/1997 ao mencionar "publicidade institucional", cabe a interpretação de que ambas são possíveis, cumprindo à Justiça Eleitoral delimitar a sua amplitude à luz da interpretação de hipóteses de "caso de grave e urgente necessidade pública".

Evento que ilustra bem uma situação em que a publicidade se fez urgente e necessária foi a pandemia de covid-19, agravada pelo surgimento de novas variantes do vírus. Alguns entes federativos vieram a decretar estado de calamidade.

Nesse contexto pandêmico, houve, inclusive, decisões judiciais e de órgãos de controle (por exemplo, Acórdão nº 1873/2021 - TCU e Ação Civil Pública - processo nº 5126278-54.2021.4.02.5101) preconizando a obrigatoriedade de execução de plano de comunicação pelos órgãos públicos sobre o enfrentamento da pandemia provocada pela covid-19.

Não é demasiado repetir que a comunicação foi elemento central no combate à pandemia, especialmente, para transmissão de informações sobre: *i)* programação da vacinação contra a covid-19; *ii)* oferta dos serviços de saúde e suas localidades; e *iii)* recomendações feitas pelas autoridades sanitárias sobre como se prevenir e o que fazer em casos de suspeita de acometimento pela covid-19.

Em um cenário de pandemia, autoridades federais, estaduais e municipais devem, ainda que em período de eleições, manter a divulgação destas e de outras informações até a erradicação do vírus, eis que a comunicação e a informação, transmitida à população, por meio de publicidade de utilidade pública, são elementos centrais ao combate à pandemia.

7.1. Compreensão do termo "liquidação" para aferição dos limites de "despesas" e "gastos" em período eleitoral

Além da limitação em razão do tipo de publicidade durantes os três meses que antecedem as eleições, a legislação eleitoral também prevê limites de gastos com publicidade durante o primeiro semestre do ano de eleição.

A Lei nº 9.504/1997 (Lei das Eleições) estabelece, em seu art. 73, VII, os parâmetros para limitação de realização, por órgãos públicos federais, estaduais ou municipais, ou respectivas entidades da administração indireta, de publicidade no primeiro semestre do ano de eleição. *In verbis*:

> Art. 73. São proibidas aos agentes públicos, servidores ou não, as seguintes condutas tendentes a afetar a igualdade de oportunidades entre candidatos nos pleitos eleitorais:
>
> VII - **empenhar,** no primeiro semestre do ano de eleição, despesas com publicidade dos órgãos públicos federais, estaduais ou municipais, ou das respectivas entidades da administração indireta, que excedam a 6 (seis) vezes a média mensal dos valores **empenhados** e não cancelados nos 3 (três) últimos anos que antecedem o pleito; (Redação dada pela Lei nº 14.356, de 2022) (grifos nossos).

Como registro, vale destacar o debate jurisprudencial e doutrinário acerca da compreensão dos termos **"despesas"** e **"gastos"**, presentes na antiga redação do art. 73, VII, para fins de limite de gatos. O entendimento majoritário até então sustentava que os termos **"despesas"** e **"gastos"** deveriam ser compreendidos como **"liquidação"**.[24] Todavia, a nova redação conferida pela Lei nº 14.356, de 2022, afastou a divergência, ao definir de forma clara e objetiva o momento do **"empenho"** para aferição do limite.

As definições de **"empenho"**, **"liquidação"** e **"pagamento"** encontram previsão expressa na Lei nº 4.320/1964 (Lei Geral de Orçamentos), que estatui normas gerais de direito financeiro para elaboração e controle dos orçamentos e balanços da União, dos estados, dos municípios e do Distrito Federal. Por meio do **empenho,** é autorizada a contratação de uma obrigação e a realização de uma despesa, indicando-se no orçamento montante pecuniário bastante para o seu adimplemento. Nos termos do art. 58 da Lei nº 4.320/1964:

> O empenho de despesa é o ato emanado de autoridade competente que cria para o Estado obrigação de pagamento **pendente ou não de implemento de condição** (grifos nossos).

Já pela **liquidação** se afere a certeza da obrigação, apurando-se sua existência e determinando-se o seu conteúdo ou o *quantum* de seu objeto. Nesse sentido, dispõe o art. 63 da Lei nº 4.320/1964 que:

> A liquidação da despesa **consiste na verificação do direito adquirido pelo credor** tendo por base os títulos e documentos comprobatórios do respectivo crédito. (grifos nossos)

Dessa forma, é no procedimento de liquidação que se apura se o serviço foi prestado, se a obra foi realizada, se os produtos foram entregues. De modo mais específico, essa verificação tem por objetivo apurar: *i)* a origem e o objeto do que se deve pagar, *ii)* a importância exata a pagar, e *iii)* a quem se deve pagar a importância, para extinguir a obrigação.

---

[24] O Tribunal Superior Eleitoral se deparou com essa questão diversas vezes e pacificou seu entendimento, conforme precedente de Relatoria do Min. Henrique Neves. Vejamos: "3. A melhor interpretação da regra do art. 73, VII, da Lei das Eleições, no que tange à definição – para fins eleitorais do que sejam despesas com publicidade –, é no sentido de considerar o momento da liquidação, ou seja, do reconhecimento oficial de que o serviço foi prestado – independentemente de se verificar a data do respectivo empenho ou do pagamento, para fins de aferição dos limites indicados na referida disposição legal" (Recurso Especial Eleitoral nº 67.994, Acórdão de 24.10.2013, Rel. Min. Henrique Neves da Silva, *DJe* 19.12.2013). Observe, portanto, que o TSE adotou naquele momento o entendimento de que, para fins de observância dos gastos com publicidade institucional, deve-se considerar o momento em que o serviço foi prestado, reconhecido no momento da liquidação. A *mens legis* se evidencia, uma vez que é justamente a prestação do serviço publicitário que traz a exposição do agente público, e não o momento do empenho ou do pagamento.

O § 2º do art. 63 da Lei nº 4.320/1964 estabelece as bases por meio das quais a aferição da liquidação é realizada:

> § 2º A liquidação da despesa por fornecimentos feitos ou serviços prestados terá por base:
> I – o contrato, ajuste ou acôrdo respectivo;
> II – a nota de empenho;
> III – os comprovantes da entrega de material ou da prestação efetiva do serviço.

Somente após a liquidação, deverá ser expedida ordem para **pagamento** do credor. Na definição do art. 64 da Lei nº 4.320/1964:

> A ordem de pagamento é o despacho exarado por autoridade competente, determinando que a despesa seja paga.

Todavia, o pagamento – ou o adimplemento do credor – dependerá ainda da existência de recursos financeiros na entidade ou órgão público contratante.

Desta feita, com a redação conferida pela Lei nº 14.356, de 2022, ao inc. VII do art. 73 da Lei nº 9.504/1997, resta inequívoco que é o momento do empenho das despesas com publicidade que deve ser levado em consideração para aferição de seis vezes a média mensal dos valores – já empenhados e não cancelados – nos três últimos anos que antecedem o pleito, bem como para o cálculo do limite dos valores – a serem empenhados – no primeiro ano da eleição.

Figura ilustrativa

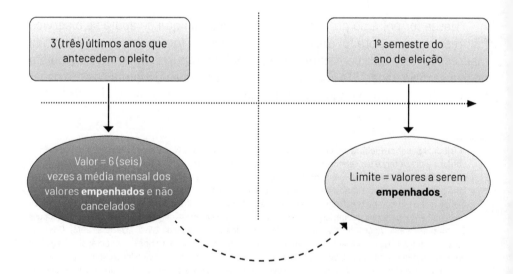

Uma ponderação merece ser feita em relação ao mecanismo de fraude à lei, caracterizada pela prática de ato que, a despeito de legítimo sob o aspecto formal, em verdade visa impedir a obtenção do resultado prático a que se propõe a norma. Nele, não se pode admitir, todavia, a ocorrência de manifesta fraude à lei, quando atos procedimentais da despesa (empenho, liquidação e pagamento) para contratação e fornecimento da propaganda são defraudados, com celeridade incomum e com expressivo acréscimo percentual, no intuito deliberado de ser computado para aferição da média de gastos comparativamente com os primeiros semestres.[25]

REFERÊNCIAS

BRANDÃO, Elizabeth. Conceito de comunicação pública. In: DUARTE, Jorge (org.). *Comunicação pública*: Estado, mercado, sociedade e interesse público. 3. ed. São Paulo: Atlas, 2012. p. 1-7.

BRASIL. Presidência da República. Secretaria de Comunicação Social. Acordo entre o Governo Federal e o Mercado Publicitário sobre Publicidade de Utilidade Pública, Brasília, 29 maio 2002. Disponível em: https://www.gov.br/secom/pt-br/acesso-a-informacao/legislacao/acordosecomcenp.pdf. Acesso em: 5 jan. 2024.

---

[25] Nesse sentido, já se manifestou o TSE: "Agravo regimental. Recurso especial. Eleições 2016. Prefeito. Ação de investigação judicial eleitoral. Conduta vedada. Art. 73, VII, da Lei 9.504/1997. Abuso de poder político. Publicidade institucional. Gastos vultosos em comparação com exercícios anteriores. Fraude à lei. Aresto devidamente fundamentado quanto à gravidade dos fatos. Reexame do conjunto probatório. Súmula 24/TSE. Desprovimento. (...) 3. O vocábulo 'despesas' deve ser entendido como liquidação, isto é, o atesto oficial de que o serviço foi prestado, independentemente da data do respectivo empenho ou pagamento (arts. 62 e 63, § 2º, III, da Lei 4.320/1964). Precedente. 4. No caso, ainda que a liquidação tenha ocorrido em 2015, evidencia-se verdadeira fraude à lei pelos recorrentes com o intuito de burlar o comando legal e, por conseguinte, afastar as consequências jurídicas advindas da afronta a esse dispositivo. 5. Todas as etapas para contratar e fornecer a propaganda aconteceram com celeridade incomum, realizando-se o pregão em 14.12.2015, assinando-se os inúmeros contratos em 15.12 e entregando-se o farto material – caso, por exemplo, de oitenta mil 'panfletos informativos' – em 23.12, tudo de forma a evitar que a liquidação ocorresse em 2016, quando então o montante deveria ser computado para aferir a média de gastos comparativamente com os primeiros semestres de 2013, 2014 e 2015. 6. Reconhecida a fraude, frise-se que no primeiro semestre de 2013 não se realizaram despesas com publicidade, em 2014 o valor foi de R$ 7.980,00 e em 2015 o montante totalizou R$ 473,00, com média de R$ 2.817,66. Porém, em 2016 os gastos corresponderam a estratosféricos R$ 462.906,00, com expressivo acréscimo percentual de 16.428,73%, em inequívoca afronta ao art. 73, VII, da Lei nº 9.504/1997. 7. Concluir de modo diverso demandaria reexame de fatos e provas, providência inviável em sede extraordinária, a teor da Súmula 24/TSE. 8. Quanto ao abuso de poder, questiona-se apenas a suposta falta de fundamentação acerca da gravidade (art. 22, XVI, da LC nº 64/1990), que, porém, foi assentada de forma robusta a partir das seguintes circunstâncias: a) claro objetivo de burlar a legislação; b) vultoso acréscimo (em termos absolutos e percentuais) das despesas; c) alcance da propaganda (12.000 revistas, 16.000 jornais informativos, 80.000 panfletos, quatro *outdoors*, 928 horas de serviços de carros de som, espaço diário de 60 minutos em emissora de televisão de grande audiência e inserções em rádio) no contexto de município de quarenta mil habitantes; d) inequívoca promoção pessoal; e) entrega da publicidade no ano do pleito. 9. Agravo regimental desprovido" (Recurso Especial Eleitoral nº 37.820, Acórdão, Rel. Min. Jorge Mussi, *DJe* 13.12.2019, Tomo 240, p. 37-38).

BUCCI, Eugênio. *O Estado de Narciso*: A comunicação pública a serviço da vaidade particular. São Paulo: Companhia das Letras, 2015.

BUCCI, Maria Paula Dallari. O conceito de política pública em Direito. *Políticas Públicas*: reflexões sobre o conceito jurídico. São Paulo: Saraiva, 2006.

COSTA, João Roberto Vieira da. *Comunicação de interesse público*: ideias que movem pessoas e fazem um mundo melhor. São Paulo: Jaboticaba, 2006.

DUARTE, Clarice Seixas. O ciclo das políticas públicas. In: SMANIO, Gianpaolo Poggio; BERTOLINI, Patrícia Tuma Martins (orgs.). *O direito e as políticas públicas no Brasil*. São Paulo: Atlas, 2013.

GARCIA, Emerson. Publicidade institucional: a linha divisória entre o dever de informação e a promoção pessoal. *Revista do Ministério Público do Estado do Rio de Janeiro*, nº 81, p. 155-166, Rio de Janeiro, jul./set. 2021. Disponível em: https://www.mprj.mp.br/documents/20184/2360635/Emerson+Garcia.pdf.

MARTINS JÚNIOR, Wallace Paiva. *Transparência administrativa*: publicidade, motivação e participação popular. São Paulo: Saraiva, 2004.

ORGANIZAÇÃO DAS NAÇÕES UNIDAS (ONU). Democracia, [s.l.], [s/d]. Disponível em: https://www.un.org/en/global-issues/democracy.

PEDROSO, Lucas Aluísio Scatimburgo. *Contratos administrativos de serviços de publicidade*: a remuneração das agências. Belo Horizonte: Fórum, 2022.

SANT'ANNA, Armando; ROCHA JUNIOR, Ismael; GARCIA, Luiz Fernando Dabul. *Propaganda*: teoria, técnica e prática. 9. ed. São Paulo: Cengage Learning, 2015. p. 30.

MELHORES PRÁTICAS EM LICITAÇÕES PARA CONTRATAÇÃO DE SERVIÇOS DE PUBLICIDADE

Oscar Kita
Otavio Venturini

Sumário: Introdução – 1. Os regimes jurídicos e fluxograma para contratação de serviços de publicidade pela Administração Pública – 2. Definição dos serviços contratados com agências publicitárias – 2.1. Editais que consideraram as atividades de promoção – 2.2. Formas inovadoras de comunicação publicitária e comunicação digital – 3. Adoção da forma eletrônica – 4. Definição do valor da contratação e do número de agências e sustentabilidade do contrato – 5. Definição da modalidade de licitação e critério de julgamento – 5.1. Licitação por melhor técnica ou técnica e preço (art. 5º da Lei nº 12.232/2010) – 5.2. Disputa em torno de preços – 5.3. Contratações por melhor técnica ou técnica e preço e o combate ao pregão – 6. Definição de parâmetros mínimos para habilitação técnica e financeira – 6.1. Regra geral, como em toda licitação – 6.2. A exigência do certificado Cenp – 7. Especificidade das licitações de publicidade: a proposta técnica – 7.1. Procedimentos e princípios que norteiam o julgamento da proposta técnica: a objetividade na subjetividade – 7.2. O método do exame comparativo – 7.3. A reavaliação de notas destoantes – 7.4. Plano de análise e de julgamento – 7.5. Da necessidade de se estabelecerem critérios de desempate – 7.6. Dos critérios utilizados no julgamento – Referências.

INTRODUÇÃO

A disciplina legal da contratação pública de serviços de publicidade no Brasil ganha cada vez mais complexidade com a aprovação de nova Lei Geral de Licitações e proliferação de regimes jurídicos específicos setoriais, além de normativas infralegais de cada Administração Pública, a cargo das secretarias de comunicação.

Neste capítulo, enveredamos por esse complexo mosaico jurídico e, à luz da interpretação sistemática dos diferentes diplomas normativos que regulam o tema, análise da jurisprudência e estudos de casos relativos a editais, buscamos apresentar de forma organizada, e dentro dos limites do texto, algumas das melhores práticas que resultaram em processos licitatórios e execução de contratos bem-sucedidos, sob os vetores da legalidade, da eficiência, da economicidade e da sustentabilidade econômico-financeiro.

1. OS REGIMES JURÍDICOS E FLUXOGRAMA PARA CONTRATAÇÃO DE SERVIÇOS DE PUBLICIDADE PELA ADMINISTRAÇÃO PÚBLICA

A disciplina jurídica da contratação de serviços de publicidade no Brasil constitui-se de um mosaico de diplomas e regimes jurídicos, gerais e setoriais. Os órgãos e entidades da Administração Pública, excetuando-se as empresas públicas, sociedades de economia mista e suas subsidiárias, contratam serviços de publicidade aplicando, integralmente, a Lei nº 12.232/2010 e, de forma complementar, a Lei nº 14.133/2021.

A Lei nº 12.232/2010 dispõe sobre as normas gerais para licitação e contratação pela administração pública de serviços de publicidade prestados por intermédio de agências de propaganda, ao passo que a Lei nº 14.133/2021 estabelece o regime jurídico geral de licitações e contratos administrativos no Brasil.

Por sua vez, empresas públicas, sociedades de economia mista e suas subsidiárias aplicam a Lei nº 13.303/2016 e, apenas subsidiariamente, a Lei nº 12.232/2010. A Lei nº 13.303/2016, apelidada de Lei das Estatais, disciplina de forma específica os procedimentos licitatórios para essas entidades. Por esse diapasão, não são obrigados a seguir as Leis nº 14.133 e nº 12.232, embora os últimos editais da Petrobras e do Banco do Brasil estabeleçam procedimentos preconizados nessas leis, sobretudo esta última citada.

Quanto ao nível infralegal, os órgãos ou entidades do Sistema de Comunicação de Governo do Poder Executivo Federal (Sicom) são orientados na contratação pelos dispositivos da Instrução Normativa da Secom/PR nº 1/2023. Ao passo que órgãos e entidades das Administrações Públicas estaduais e municipais se orientam por normativas das respectivas secretarias de comunicação.

Por sua vez, as entidades do Sistema S ou mesmo do terceiro setor para cuja criação ou custeio o erário concorra, embora não sejam obrigadas a licitar nos termos da Lei nº 14.133/2021, devem orientar seus procedimentos licitatórios por princípios que regem a Administração Pública. Além dos regulamentos internos de compras dessas entidades, os editais costumam observar os parâmetros da Lei nº 12.232/2010 e, de forma complementar, a Lei nº 14.133/2021.[1-2]

Vale ressaltar, nesse contexto, que a Lei nº 12.232/2010 define etapas bem limitadas para licitação e contratação de serviços de publicidade, que acabam sendo adotados com poucas variações, inclusive, como dito, pelas estatais e entidades do Sistema S. Na ilustração a seguir, buscamos representar as etapas do processo licitatório de serviços publicitários:

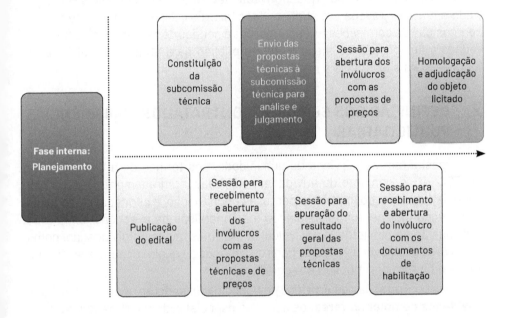

---

[1] Nesse sentido, já decidiu o Tribunal de Contas da União (TCU): "Não há restrição a que licitantes ofereçam representações ao TCU, com fundamento no art. 113, § 1º, da Lei nº 8.666/1993, em face de licitações conduzidas no âmbito do Sistema S. Apesar de as entidades integrantes do Sistema se submeterem apenas subsidiariamente aos ditames da Lei nº 10.520/2002, da Lei nº 8.666/1993 e demais legislação correlata, devem respeitar os princípios gerais que regem a contratação pública" (TCU, Acórdão nº 1.635/2018, Plenário).

[2] O TCU, inclusive, já teve oportunidade de se manifestar quanto à obrigatoriedade do Sesc e do Senac realizarem processo de licitação com observância dos princípios gerais para contratação de agência de publicidade, declarando a irregularidade de contratação direta por inexigibilidade quando viável a competição: "Auditoria no Serviço Social do Comércio - Sesc e no Serviço Nacional de Aprendizagem Comercial - Senac. Análise de processos licitatórios e respectivos contratos de aquisição de bens ou prestação de serviços. Contratação de agência de publicidade por inexigibilidade de licitação. Irregularidade. Ausência de inviabilidade de competição. Audiência do diretor geral e do parecerista jurídico. Determinação. Ciência ao departamento nacional do Senac e ao Senado Federal. 1. Nos termos do art. 10 da Resolução Senac 845/2006, a inexigibilidade de licitação somente é factível quando presente a inviabilidade de competição. 2. A contratação de firma por inexigibilidade de licitação quando ausente a inviabilidade de competição contraria o princípio da isonomia, e afronta o disposto no art. 37, inciso XXI, da Constituição Federal. 3. O só fato de a estrutura de preços para a prestação de serviços de veiculação de anúncios em jornais ser fixa, ou seja, constituir-se em percentual fixo destinado aos veículos de comunicação e outro à agência selecionada não é justificativa para que a contratação seja efetuada mediante inexigibilidade de licitação, eis que a licitação além de se destinar à busca de melhor vantagem financeira para a Administração, também deve propiciar aos possíveis interessados em acorrer ao certame a possibilidade de fazê-lo sob igualdade de condições" (TCU, Acórdão nº 2.585/2014, Plenário).

A nova Lei Geral de Licitações (NLGL - Lei nº 14.133/2021), que veio substituir a Lei nº 8.666/1993, também traz algumas mudanças que impactarão o procedimento licitatório dos serviços de publicidade. Destacamos, entre os temas: *i)* a ênfase na fase interna ou preparatória, que exigirá um planejamento muito robusto e detalhado por parte do gestor, conforme disciplina do art. 18 da NLGL (a título de exemplo, a formulação da Matriz de Riscos); *ii)* a realização de atos e sessões, preferencialmente, na forma eletrônica, admitida a utilização da forma presencial, desde que motivada, devendo a sessão pública ser registrada em ata e gravada em áudio e vídeo (art. 17, § 2º); e *iii)* maior atenção na composição de comissões e subcomissões a noções de segregação de funções, vedada a designação do mesmo agente público para atuação simultânea em funções mais suscetíveis a riscos (art. 7º, § 1º).

2. DEFINIÇÃO DOS SERVIÇOS CONTRATADOS COM AGÊNCIAS PUBLICITÁRIAS

Consideram-se serviços de publicidade, nos termos do art. 2º da Lei nº 12.232/2010, o "conjunto de atividades realizadas integradamente que tenham por objetivo o estudo, o planejamento, a conceituação, a concepção, a criação, a execução interna, a intermediação e a supervisão da execução externa e a distribuição de publicidade aos veículos e demais meios de divulgação, com o objetivo de promover a venda de bens ou serviços de qualquer natureza, difundir ideias ou informar o público em geral".

Nas contratações de serviços de publicidade, poderão ser incluídos, como **atividades complementares**, os serviços especializados pertinentes a:

1. planejamento e execução de pesquisas e de outros instrumentos de avaliação e de geração de conhecimento sobre o mercado, o público-alvo, os meios de divulgação nos quais serão difundidas as peças e ações publicitárias ou sobre os resultados das campanhas realizadas, relacionados à execução do contrato;
2. produção e execução técnica de peças, materiais e projetos publicitários, de mídia e não mídia, criados no âmbito dos contratos;
3. produção de conteúdo, criação e execução técnica de ações e peças de comunicação para canais digitais; e
4. criação e desenvolvimento de formas inovadoras de comunicação publicitária, em consonância com novas tecnologias, visando à expansão das mensagens e das ações publicitárias.

Enquanto os itens 1, 2 e 3 têm a ver com serviços ditos de produção de conteúdo com fito a promover a veiculação, o item 4 é entendido, pelos entes federados, como a veiculação em plataformas digitais, ditas redes sociais, embora não se possa encarar, já transcorrido um tempo demasiado longo de seu surgimento, como forma inovadora de comunicação.

Vale destacar que a evolução da área de comunicação em organizações empresariais e governamentais tem, cada vez mais, buscado a integração das disciplinas de marketing para levar a mensagem ao público-alvo (agências intituladas pelo Cenp de *full service* ou conhecidas no mercado como agências 360º). Paralelamente, a cultura licitatória tem como princípio fundamental a busca das aquisições e contratações mais vantajosas, em que a melhor medida é a economicidade, e isto exige a delimitação correta do objeto do contrato.

Neste contexto contraditório, abrimos a discussão deste capítulo: até que ponto a mensagem publicitária incorpora novas ferramentas de comunicação sem que isso venha a transgredir o que a Lei nº 12.232/2010 procura estabelecer como limites permitidos?

O § 2º do art. 2º da Lei nº 12.232/2010 veda a inclusão de quaisquer outros serviços que não aqueles compreendidos como serviços de publicidade ou atividades completares. De forma explícita, a legislação afasta a possibilidade de inclusão dos serviços de **assessoria de imprensa**, **comunicação** e **relações públicas ou as que tenham por finalidade a realização de eventos festivos de qualquer natureza**, que devem ser contratadas por meio de procedimentos licitatórios próprios.

A Instrução Normativa Secom/PR nº 1/2023, aplicável apenas no âmbito das contratações de órgãos e entidades integrantes do Sicom, foi além da delimitação do § 2º do art. 2º da Lei nº 12.232/2010 ao segregar do objeto das contratações de serviços de publicidade as licitações voltadas à contratação de serviços de **promoção**, **comunicação digital** e **comunicação institucional**, assim definidos no § 1º do art. 14 da referida Instrução Normativa:

1. **Serviços de promoção**: *a)* prospecção, planejamento, desenvolvimento, implementação e coordenação de ações promocionais; ações de marketing esportivo, cultural, social ou ambiental, para o fortalecimento de marca; experiência da marca, campanhas ou programas de incentivo; *b)* estabelecer e estreitar relacionamentos, fidelizar segmentos de clientes, estimular conhecimento, experimentação, interação, engajamento, incremento de vendas ou propiciar a vivência de situações positivas com marcas, conceitos ou políticas públicas; e *c)* a criação e a execução técnica de projetos, ações ou produtos de comunicação promocional.

2. **Serviços de comunicação digital**: *a)* prospecção, planejamento, desenvolvimento, implementação de soluções de comunicação digital; *b)* a moderação de conteúdo e de perfis em redes sociais, o monitoramento e o desenvolvimento de proposta de estratégia de comunicação nos canais digitais com base na inteligência dos dados colhidos; *c)* a

criação e a execução técnica de projetos, ações ou produtos de comunicação digital; e *d)* o desenvolvimento e a implementação de formas inovadoras de comunicação, destinadas a expandir os efeitos da ação de comunicação digital, em consonância com novas tecnologias.

3. **Serviços de comunicação institucional**: *a)* a prospecção, o planejamento, o desenvolvimento, a implementação, a manutenção e o monitoramento de soluções de comunicação institucional, no seu relacionamento com a imprensa e na sua atuação em relações públicas, em território nacional e internacional, no que couber; *b)* manutenção e monitoramento das ações e soluções de comunicação institucional; e *c)* criação e execução técnica de projetos, ações ou produtos de comunicação institucional.

Porém, a despeito das definições presentes na legislação pertinente e opções adotadas por alguns entes federativos, como se verifica na IN Secom/PR nº 1/2023, no passado, agora cada vez menos, usavam-se os contratos de serviços de publicidade como extensão a outros serviços de marketing.

2.1. Editais que consideraram as atividades de promoção

Ainda que a Secretaria de Comunicação (Secom) do Paraná, a partir de fins de 2006, venha estabelecendo normativas aos integrantes do Sicom indicando a não inclusão de serviços de promoção no objeto da contratação (com as devidas repercussões no âmbito de outras esferas públicas), houve casos em que uma interpretação menos rígida foi aplicada à licitação.

É o que se observou, por exemplo, na licitação de serviços de publicidade conduzida pela **Petrobras (Petróleo Brasileiro S.A.)**, entre o segundo semestre de 2009 e o primeiro de 2010. Foram dois processos licitatórios: a primeira licitação transcorreu nos últimos meses de 2009, mas foi cancelada no início de fevereiro de 2010. A segunda iniciou-se em meados de março de 2010 e teve todas as fases concluídas – com o contrato sendo adjudicado ainda no primeiro semestre daquele ano. Ao responder a perguntas das licitantes, a Comissão Especial de Licitação pronunciou-se favoravelmente à execução de ações de promoção, sob certas condições:

> **a)** Pergunta e reposta de nº 18 da concorrência nº 0715354.09.0, editadas na circular de nº 4, enviada pela comissão de licitação em 19.11.2009:
>
> **Pergunta:** São permitidas ações em veículos de comunicação que englobem ações customizadas tais como *blitz*, promotoras, intervenções urbanas e/ou em locais públicos?
>
> **Resposta:** Sim, desde que realizadas através de veículos de comunicação e que respeitem o processo de compra de mídia, ou seja, viabilizada através de Auto-

rização de Veiculação (AV) – enviada do cliente para a agência – e um Pedido de Inserção (PI) – enviado da agência ao veículo.

b) Pergunta e reposta de nº 19 da concorrência nº 0715354.09.0 editadas na circular de nº 4, enviada pela comissão de licitação às licitantes cadastradas por *e-mail* em 19.11.2009:

Pergunta: São permitidas ações de internet que necessitem da presença física de monitores ou promotores em lugares públicos, desde que não se caracterizem como promoção de vendas ou cuponagem?

Resposta: Sim, desde que seja viabilizada como compra de mídia e siga o processo descrito em resposta prévia constante desta mesma Circular.

c) Pergunta e resposta de nº 21 da concorrência nº 0766229.10.0 editadas na circular de nº 4, enviada pela comissão de licitação às licitantes cadastradas por *e-mail* em 26.03.2010:

Pergunta: Ações de *seeding*, mídia e aplicativos em redes sociais (Orkut, Facebook, Twitter, YouTube, *blogs*) e *flash mob* são considerados *Buzz Marketing* e, portanto não devem ser apresentados?

Resposta: A lógica que a licitante deve seguir é: se a ação de publicidade gera uma compra de mídia viabilizada através de Autorização de Veiculação (AV) – enviada do cliente para a agência – e um Pedido de Inserção (PI) – enviado da agência ao veículo –, ela pode ser incluída na estratégia. Ou seja, uma ação em redes sociais pode ser parte constante do plano, desde que seja viabilizada como compra de mídia.

No âmbito de outros entes da federação, há entendimentos e experiências ainda mais condescendentes com a inclusão dos serviços de promoção. À guisa de ilustração, vale mencionar a concorrência para contratação de serviços de publicidade realizada pela **Cemig (Companhia Energética de Minas Gerais S.A.)**. Note-se que se trata de certame promovido pelo governo de Minas Gerais e que a entrega das propostas ocorreu no dia 7 de outubro de 2010, já sob vigência da Lei nº 12.232/2010. Eis a resposta a uma indagação feita por licitante, no seu esclarecimento de nº 6, publicado em seu *site*, no dia 29 de setembro de 2010:

a) Pergunta: A presente concorrência tem como objeto a contratação de serviços de publicidade, tais como o estudo, o planejamento, a conceituação, a concepção, a criação, a execução interna, a intermediação e a supervisão da execução externa e a distribuição de publicidade aos veículos e demais meios de divulgação, com o objetivo de promover a venda de bens ou serviços de qualquer natureza, difundir ideias ou informar o público em geral. A licitante poderá sugerir ações promocionais entre as propostas de não mídia?

Resposta: Sim, desde que não sejam aquelas que estejam fora do escopo do contrato e que contrariem a Lei nº 12.232, de 29 de abril de 2010, que no § 2º, do art. 2º, veda atividades "como assessoria de imprensa, relações públicas ou as que tenham como finalidade a realização de eventos festivos de qualquer natureza, que deverão ser contratos por meio de processos licitatórios próprios".

No âmbito das entidades do "Sistema S", portanto fora do âmbito da Administração Pública, também há casos de inclusão dos serviços de promoção. *Vide* a licitação do **SenacRio** (Serviço Nacional de Aprendizagem Comercial do Rio de Janeiro), com entrega das propostas realizada no dia 8 de agosto de 2010, também sob a vigência da Lei nº 12.232/2010. O objeto de contratação do edital descrevia assim um dos serviços conjugados à atividade principal – serviços de publicidade a serem desempenhados pelas agências: "O assessoramento e apoio na execução de ações de promoções e patrocínio institucionais serão prestados [...] por parte da agência". A seguir, a pergunta elaborada por licitante e sua respectiva resposta:

> **Pergunta:** A agência deverá comprovar competência e experiência em Planejamento de Comunicação Integrada (propaganda, promoções, PDV, Web / Mídia digital)?
>
> **Resposta:** O objetivo desta questão é avaliar se a agência, mesmo não tendo em sua estrutura fixa as áreas de Promoções, PDV e Mídia digital / Web, está capacitada a desenvolver e coordenar um plano de comunicação integrada, com todas as ferramentas, mesmo que com agências / empresas parceiras ou indicadas pelo Cliente.

A partir das informações colhidas nos editais mencionados, é possível observar que os entes da administração direta e os entes da administração indireta dão um tratamento diferente à questão dos serviços de promoção. Se, por um lado, os órgãos da administração direta federal não permitem qualquer atividade de promoção em seus certames, por outro, alguns órgãos da administração indireta, mesmo as do âmbito federal, interpretam a previsão de ações de promoção de maneira mais flexível em seus editais. Nota-se a previsão tanto de ações promocionais que estejam associadas a veículos de mídia, quanto de serviços de promoção por intermédio de empresas especializadas em tal atividade. A impressão é a de que os contratos de entes governamentais, cujo público-alvo inclui consumidores, preservam em seu objeto, parcial ou totalmente, as atividades relativas à promoção.

Como a legislação da Secom/PR tem poder de disseminar a aplicação aos demais entes federativos, e a inclusão, pelo Congresso Nacional, do rito da Lei nº 12.232/2010 para as ações de comunicação de promoção, digital e institucional, a evolução tende a caminhar para licitações separadas para cada ferramenta de marketing, em sentido contrário ao da iniciativa privada. Por esse caminho, entende-se que a escolha das contratadas seja efetuada mais pelo lado técnico da proposta, em detrimento de preços, como era antes no setor público e ainda tão comum no setor privado.

2.2. Formas inovadoras de comunicação publicitária e comunicação digital

Outro tema que merece atenção é a distinção entre a noção de "formas inovadoras de comunicação publicitária" – que são atividades complementares aos serviços de publicidade – e os serviços de comunicação digital, que no âmbito da Sicom devem ser contratados por licitação específica.

O item "criação e desenvolvimento de formas inovadoras de comunicação publicitária, em consonância com novas tecnologias, visando à expansão dos efeitos das mensagens e das ações publicitárias" está previsto na Lei nº 12.232/2010 (art. 2º, § 1º, III), sob a caracterização de atividade complementar aos serviços de publicidade, passível de ser contratado conjuntamente no mesmo certame.

O mesmo item também encontra definição em normativas regulamentadoras, como na própria IN Secom/PR nº 1/2023:

> Formas inovadoras de comunicação:
> Os serviços especializados, contratados em consonância com novas tecnologias, que integram o objeto do contrato como atividades complementares e visam expandir os efeitos das mensagens e das ações, dispostos no inciso III, do § 1º, do art. 2º da Lei nº 12.232, de 2010.[3]

O Cenp também já definiu o item, como:

> São, nos termos do art. 2º, § 1º, III, da Lei nº 12.232/2010, mecanismos de expansão dos efeitos da mensagem publicitária, em consonância com novas tecnologias, operados por empresas que detenham personalidade jurídica própria e que não se confundem com veículos de divulgação ou agências de publicidade, nos termos dos arts. 3º e 4º da Lei nº 4.680/1965 e 6º e 10º do Decreto Federal nº 57.690/1966.[4]

Vale pontuar que a referida IN da Secom explicita o item "formas inovadoras de comunicação" tanto para "os serviços de publicidade", visando à expansão das mensagens e das ações publicitárias (art. 14, § 1º, I, "d")[5], quanto para "os serviços de comunicação digital", buscando expandir os efeitos da ação de

---

[3] Disponível em: https://www.in.gov.br/en/web/dou/-/instrucao-normativa-secom/pr-n-1-de-19-de-junho-de-2023-490748757.

[4] MACEDO, Paulo. Cenp estrutura proposta para mídia digital. *Propmark*, 2 ago. 2017. Disponível em: https://propmark.com.br/cenp-estrutura-proposta-para-midia-digital/.

[5] "§ 1º No âmbito dos serviços indicados no caput, integram o objeto da contratação as seguintes atividades: I – para os serviços de publicidade: as atividades abrangidas pelo art. 2º e §1º da Lei nº 12.232, de 2010, assim descritas: (...) **d) a criação e o desenvolvimento de formas inovadoras de comunicação publicitária, em consonância com novas tecnologias, visando a expansão das mensagens e das ações publicitárias**".

comunicação digital, em consonância com novas tecnologias (art. 14, § 1º, III, "d")[6]. O que, portanto, demonstra que a contratação de formas inovadoras não está limitada às ações de comunicação digital, inclusive no âmbito da Sicom.

Uma característica fundamental é que os serviços de publicidade têm, por definição, o mister da distribuição[7] de uma ação de comunicação aos veículos e demais meios de divulgação para que cheguem aos públicos-alvo. Há, efetivamente, aquisição de espaço e/ou tempo em veículos de divulgação, inclusive em plataformas digitais de comunicação, para a transmissão de mensagens a determinado público-alvo.

Ao passo que, por sua vez, os serviços de comunicação digital, conforme define a própria IN Secom/PR nº 1/2023 em seu art. 14, § 1º, III, estão adstritos a: *i)* prospecção, planejamento, desenvolvimento, implementação de soluções de comunicação digital; *ii)* a moderação de conteúdo e de perfis em redes sociais, o monitoramento e o desenvolvimento de proposta de estratégia de comunicação nos canais digitais com base na inteligência dos dados colhidos; *iii)* a criação e a execução técnica de projetos, ações ou produtos de comunicação digital; e *iv)* o desenvolvimento e a implementação de formas inovadoras de comunicação, destinadas a expandir os efeitos da ação de comunicação digital, em consonância com novas tecnologias.

Portanto, trata-se de uma espécie de comunicação institucional realizada no ambiente digital, que, no entanto, se dá sem a previsão de aquisição de mídia nos canais, meios e veículos de divulgação, inclusive em plataformas digitais de comunicação, uma vez que as tarefas de aquisição de mídia integram propriamente os serviços de publicidade.

3. ADOÇÃO DA FORMA ELETRÔNICA

É notório que a nova legislação de contratação pública valoriza medidas que prestigiem o princípio da eficiência e a busca da maior vantagem competitiva nas compras e contratações da Administração Pública, entre as quais merece destaque o incentivo à adoção da forma eletrônica para recepcionar

---

[6] "§ 1º No âmbito dos serviços indicados no *caput*, integram o objeto da contratação as seguintes atividades: III – para os serviços de comunicação digital: (...) o desenvolvimento e implementação de formas inovadoras de comunicação, destinadas a expandir os efeitos da ação de comunicação digital, em consonância com novas tecnologias."

[7] De acordo com a própria definição da IN Secom/PR nº 1/2023, distribuição é: "referência genérica ao procedimento adotado para que peças e materiais cheguem aos públicos-alvo de uma ação de comunicação, seja pela sua exposição em locais não comercializados ou seu encaminhamento direto a públicos de interesse ou, ainda, sua veiculação nos meios e veículos de divulgação/plataformas digitais de comunicação integrantes de um plano de mídia".

as propostas técnicas, de preços e documentos de habilitação das licitantes, enfim, possibilitar a condução eletrônica do certame.

Nesse sentido, a nova Lei Geral de Licitações (Lei nº 14.133/2021), em seu art. 17, § 2º, determina que as licitações devem ser realizadas "preferencialmente" sob a forma eletrônica, admitida a utilização da forma presencial, desde que motivada, devendo a sessão pública ser registrada em ata e gravada em áudio e vídeo.

A Lei das Estatais (Lei nº 13.303/2016) também adota semelhante diretriz em seu art. 51, § 2º, ao prever que os atos e procedimentos decorrentes das fases enumeradas em seu *caput*, entre as quais, a apresentação de lances ou propostas, conforme o modo de disputa adotado, serão efetivados "preferencialmente" por meio eletrônico, nos termos definidos pelo instrumento convocatório.

Por fim, a Secom/PR em recente regulamentação, na forma da Instrução Normativa nº 1, de 19 de junho de 2023, que dispõe sobre as licitações e os contratos de serviços de publicidade, promoção, comunicação institucional e comunicação digital, previu, no art. 50, que "os atos serão preferencialmente digitais, de forma a permitir que sejam produzidos, comunicados, armazenados e validados por meio eletrônico".

Este é um desafio imposto quando a licitação dos serviços de comunicação tem que guardar a transparência e ao mesmo tempo o segredo da autoria da proposta, o que é mais difícil de preservar numa licitação de entrega em arquivos em vez de papel.

4. DEFINIÇÃO DO VALOR DA CONTRATAÇÃO E DO NÚMERO DE AGÊNCIAS E SUSTENTABILIDADE DO CONTRATO

As contratações de publicidade têm como peculiaridade permitir que mais de uma agência seja vencedora, nos termos do edital. No termos do art. 2º, § 3º, da Lei nº 12.232/2010:

> § 3º Na contratação dos serviços de publicidade, faculta-se a adjudicação do objeto da licitação a **mais de uma agência de propaganda**, sem a segregação em itens ou contas publicitárias, mediante justificativa no processo de licitação.

Na década de 1990, antes da Lei nº 12.232/2010, isso parecia mais relacionado às diversas atividades que poderiam ser contratadas, dentro de uma noção de serviços de publicidade (os chamados contratos guarda-chuva). No entanto, com a definição da lei e do seu objeto, é preciso cuidado: todas as agências contratadas disputarão a execução do mesmo objeto, sendo a disputa por campanha.

É comum se ouvir que essa decisão tem a ver com a necessidade de ter várias agências disponíveis, para elaborar campanhas concomitantemente, bem como por uma questão criativa. De fato, entende-se que esses são os aspectos que devem guiar a decisão de contratar mais de uma agência: um sutil equilíbrio entre competitividade entre as agências e atratividade/sustentabilidade remuneratória para elas.

Para as contratações realizadas no âmbito da Sicom, a IN Secom/PR nº 1/2023 estabeleceu, em seu art. 5º, § 1º, critérios objetivos para definição do número de agências a serem contratadas por certame. Vejamos:

> Para fins de definição do quantitativo de agências de propaganda a contratar para a prestação de serviços de publicidade, deverá ser adotado os seguintes parâmetros, tendo como referência o valor de grande vulto estabelecido pela Lei nº 14.133, de 2021:
>
> I - **até 9,99% do valor de grande vulto**: facultado 1 (uma) ou 2 (duas) agência(s) de propaganda;
>
> II - **de 10% até 49,99% do valor de grande vulto**: 2 (duas) agências de propaganda;
>
> III - **de 50% até 79,99% do valor de grande vulto**: 3 (três) agências de propaganda; e
>
> IV - **acima de 80% do valor de grande vulto**: 4 (quatro) agências de propaganda.

Contratos de grande vulto são aqueles cujo valor estimado superam R$ 200 milhões. Esse é um critério que busca preservar a sustentabilidade econômico-financeira das contratações no contexto da Administração Pública Federal.

Todavia, no âmbito das Administrações Públicas Estaduais e Municipais, os parâmetros podem, e até mesmo devem, ser outros, respeitando sempre as necessidades e peculiaridades locais. Importante que se diga que a definição dos valores da contratação e do número de agências ocorre na fase preparatória do processo licitatório, caracterizada pelo planejamento da contratação, devendo compatibilizar-se com o Plano de Contratações Anual do órgão ou da entidade responsável pela licitação, conforme os requisitos elencados no art. 18 da Lei nº 14.133/2021.

Deve-se pensar no volume de trabalho, conforme o planejamento de comunicação do órgão para o ano. As entidades federais contam com um Plano Anual de Comunicação, bem como um Planejamento Anual de Mídia, os quais balizam esse tipo de decisão[8]. Esse planejamento deve estar fundamentado em algumas questões essenciais, como: Quais são as campanhas previstas? Em que meses elas ocorrerão? Em fevereiro, serão necessárias campanhas

---

[8] PEDROSO, Lucas Aluísio Scatimburgo. *Contratos administrativos de serviços de publicidade*: a remuneração das agências. Belo Horizonte: Fórum, 2022. p. 152.

para a população tomar cuidado com chuvas, mas também campanhas para se proteger de doenças transmissíveis durante o carnaval?

Tudo deve estar devidamente justificado, como ocorre na Administração Pública. E, por justificativa, entenda-se a indicação das campanhas, a demanda com cronograma, a justificativa do número de agências, o que cada uma pode vir a fazer. E jamais uma indicação de forma genérica, como: "devido às demandas do órgão no período e às campanhas esperadas, para garantir pronto atendimento".

Ademais, a Administração Pública deve ter por norte a qualidade dos serviços e a manutenção do equilíbrio econômico-financeiro, conforme preconizado na Constituição Federal e na Lei Geral de Licitações, o que torna a sua tutela exigível nas diversas modalidades de licitação e contratos públicos, inclusive nos contratos administrativos para serviços de publicidade. O problema é ainda maior ao se considerar que as diversas agências contratadas não têm uma garantia de execução ou de percentuais mínimos, estando todas campanhas sob disputa. Isso pressiona ainda mais a remuneração das agências e as decisões recomendadas por elas.

5. DEFINIÇÃO DA MODALIDADE DE LICITAÇÃO E CRITÉRIO DE JULGAMENTO

Quanto à modalidade de licitação e aos critérios de julgamento, existe pouco espaço para decisão ao órgão contratante.

5.1. Licitação por melhor técnica ou técnica e preço (art. 5º da Lei nº 12.232/2010)

Tratando-se de serviços intelectuais, as contratações não podem ocorrer por meio do famoso e prático pregão eletrônico em torno da disputa do menor preço, mas devem seguir o procedimento delineado na Lei nº 12.232/2010, com formação de subcomissão técnica, entrega de documentos, realização de várias sessões etc. Pelo mesmo motivo, a Lei nº 12.232/2010 também estabelece que a disputa ocorra por melhor técnica ou por melhor técnica e preço:

> Art. 5º As licitações previstas nesta Lei serão processadas pelos órgãos e entidades responsáveis pela contratação, respeitadas as modalidades definidas no art. 22 da Lei nº 8.666, de 21 de junho de 1993, adotando-se como obrigatórios os tipos "melhor técnica" ou "técnica e preço".

A Instrução Normativa Secom/PR nº 1/2023, que dispõe sobre as licitações e os contratos de serviços de publicidade, previu que a escolha por uma disputa de melhor técnica ou técnica e preço depende de cada órgão, ao mesmo tempo que, em sendo escolhida a segunda opção, a proporção de valoração será no máximo de 70% para a proposta técnica. Vejamos:

> Art. 10. O julgamento das propostas nas licitações para os serviços descritos no § 1º do art. 1º, será realizado de acordo com os critérios de melhor técnica ou técnica e preço.
>
> Parágrafo único. A escolha por um dos critérios descritos no *caput* constitui discricionariedade do órgão ou entidade contratante, devendo ser fundamentada em conformidade com as características de cada um deles, considerando os termos da presente Instrução Normativa. (...)
>
> Art. 62. Nas licitações em que o julgamento for de técnica e preço, será admitido, na forma do art. 56 da Lei nº 14.133, de 2021, apenas o modo de disputa fechado.
>
> § 1º No julgamento por técnica e preço, serão avaliadas e ponderadas as propostas técnicas e, em seguida, as propostas de preço apresentadas pelos licitantes, na proporção máxima de 70% (setenta por cento) de valoração para a proposta técnica.

Para além dos pesos atribuídos, nota-se que também importa a justificativa. O Tribunal de Contas da União (TCU) já considerou irregular a atribuição da proporção 70% e 30% não justificada, em contratação de publicidade realizada pelo Conselho de Arquitetura e Urbanismo (CAU). Segundo trecho do voto do Ministro:

> 19. Quanto à Tomada de Preços 2/2016, também realizada para contratação de serviços de publicidade, não foram apresentados documentos ou informações pelo CAU/RJ. Assim, resta não justificada a atribuição de peso de 70% para a nota da proposta técnica e 30% para a nota da proposta de preço (TCU, Acórdão nº 2.251/2017, Plenário, Rel. Min. Augusto Sherman, 04.10.2017).

Além disso, tratando-se de um serviço intelectual, evidente que a nota técnica tenha um peso maior no julgamento das propostas.

5.2. Disputa em torno de preços

Em considerando uma licitação por melhor técnica e preço, a disputa de preços tende a ser menor, devido ao tradicional desconto-padrão, definido em 20%, segundo as normas de autorregulação do setor.

A possibilidade de diminuição desse percentual decorre do volume de mídia envolvido. De acordo com as Normas-Padrão, que prevê um sistema progressivo:

Investimento bruto anual em mídia	Percentual negociável do desconto-padrão de agência a ser aplicado sobre o investimento bruto do anunciante
Até R$ 2.500.000,00	Nihil
De R$ 2.500.000,01 a R$ 7.500.000,00	Até 2% (dois por cento) do investimento bruto
De R$ 7.500.000,01 a R$ 25.000.000,00	Até 3% (três por centro) do investimento bruto
De R$ 25.000.000,01 em diante	Até 5% (cinco por centro) do investimento bruto

Fonte: Anexo B das Normas-Padrão.

É necessário esclarecer que, do montante de investimento bruto em mídia, a agência de publicidade fará jus a um percentual de até 20% desse valor, a título de sua principal fonte de remuneração: o denominado desconto-padrão. Ademais, conforme tabela do Anexo B das Normas-Padrão em destaque, do total de 20%, de acordo com o volume de investimento bruto em mídia, pode haver ainda reversão de até 5% do desconto-padrão em benefício do próprio anunciante (princípio de valorização do anunciante).[9]

Em suma, esses parâmetros objetivos de remuneração das agências, fixados na legislação e nas Normas-Padrão do CENP, deixam pouca margem para disputa de preços entre as agências. Assim, a disputa, quando muito, ficaria restrita a outros componentes da remuneração das agências, como o percentual de ressarcimento sobre a tabela de custos internos e os valores de honorários. Nesses casos, o TCU já decidiu que a regra deve ser o não ressarcimento, com um desconto de 100%:

> 9.3. com fundamento no art. 250, inciso III, do Regimento Interno do TCU, c/c arts. 6º e 8º da Resolução TCU nº 265/2014, recomendar à Secretaria Especial de Comunicação Social que:
>
> 9.3.1. faça constar, nos modelos de editais que disponibilizar e nas orientações dirigidas aos órgãos e entidades por ocasião da elaboração de seus editais, que:

---

[9] Sobre o tema da remuneração nos editais, vale mencionar ainda que em 2022 uma concorrência da Petrobras gerou grande polêmica ao estabelecer que as agências negociassem percentuais menores do que os previstos nas Normas-Padrão. Em grande medida, a previsão editalícia foi estimulada pela aprovação do Adendo do Anexo B das Normas-Padrão pelo CENP, que previa percentuais menores, muito embora o CENP tivesse declarado já em 2021 que tal Adendo não se aplicava aos entes públicos, devendo-se seguir os valores anteriores do Anexo B. Posteriormente, o Adendo foi revogado como um todo. EHRLICH, Marcio. Abap insiste e manda a quarta impugnação à licitação da Petrobras. *Janela Publicitária*, 13 abr. 2022. Disponível em: https://janela.com.br/2022/04/13/abap-insiste-e-manda-a-quarta-impugnacao--a--licitacao-da-petrobras/.

9.3.1.1. nem todos os percentuais de valoração das propostas precisam ser previstos e que se deve adotar valores compatíveis com o tipo de serviço a ser contratado, comparativamente com outros contratos da própria Administração Pública, tanto em materialidade, como em perfil dos anúncios e anunciantes;

9.3.1.2. os custos internos podem ser dispensados conforme as Normas-Padrão da Atividade Publicitária, sendo sua adoção a exceção, necessariamente precedida de demonstração de que sua supressão inviabiliza a execução dos serviços, considerando os princípios da eficiência e da economicidade na Administração Pública; (TCU, Acórdão nº 2.158/2017, Plenário, Rel. Min. Bruno Dantas, 27.09.2017)

Curiosamente, a decisão inverte a lógica das Normas-Padrão, segundo a qual o desconto sobre a tabela só é possível quando se demonstrar que não há prejuízo à sustentabilidade das agências:

> 3.12. A possibilidade de eliminação/exclusão/supressão de custo e honorários de que tratam as letras "b" e "c" do subitem 3.11.2 é vedada nos casos em que, comprovadamente, seja comprometida a execução do contrato de prestação de serviços, ferindo o que dispõe o parágrafo 3º do art. 44 da Lei nº 8.666/1993.

O tema da remuneração será analisado no capítulo seguinte, mas desde já ressalta-se que a definição dos parâmetros de remuneração das agências de publicidade devem refletir a qualidade dos serviços publicitários e a sustentabilidade do setor.

5.3. Contratações por melhor técnica ou técnica e preço e o combate ao pregão

Recentes alterações na Lei nº 12.232/2010 configuram uma tentativa de expandir essa lógica da disputa técnica ou técnica e preço para outros serviços, que não os de publicidade em sentido estrito, tal como definidos na lei:

> Art. 20-A. A contratação de serviços de comunicação institucional, que compreendem os serviços de relação com a imprensa e de relações públicas, deverá observar o disposto no art. 5º desta Lei.
>
> § 1º Aplica-se o disposto no caput deste artigo à contratação dos serviços direcionados ao planejamento, criação, programação e manutenção de páginas eletrônicas da administração pública, ao monitoramento e gestão de suas redes sociais e à otimização de páginas e canais digitais para mecanismos de buscas e produção de mensagens, infográficos, painéis interativos e conteúdo institucional. (...)

Essa era uma demanda antiga do setor, uma vez que as populares contratações por pregão eletrônico avaliam apenas o menor preço, não valorizando a técnica envolvida nem a dimensão intelectual do serviço prestado.

A sistemática da Lei nº 12.232/2010 foi tão bem aceita que o próprio controle, por meio do Tribunal de Contas da União, já havia sinalizado que suas boas práticas deveriam ser estendidas para as contratações dos demais objetos de comunicação, correlatos:

> 9.2. recomendar, nos termos do art. 250, III, do Regimento Interno do TCU (RITCU), à Secretaria de Comunicação da Presidência da República que avalie a possibilidade de adoção de boas práticas, a exemplo daquelas previstas na Lei nº 12.232, de 29 de abril de 2010 (não identificação das propostas técnicas e o emprego de subcomissão técnica composta por membros sorteados e instituída exclusivamente para avaliar as propostas técnicas), para os processos de contratação de serviços de comunicação digital, (...)(TCU, Acórdão nº 6.227/2016, 2ª Câmara, Rel. Min. André de Carvalho, 24.05.2016).

No entanto, a regra geral permanece a mesma: se os serviços forem comuns, e puderem ser definidos, realiza-se o pregão. Senão, deve haver uma concorrência. A grande questão, porém, é saber o quanto os serviços podem ser definidos, o quanto eles são intelectuais e assim devem ser compreendidos. É preciso cuidado, ainda, para que serviços distintos não sigam o mesmo procedimento, as mesmas regras, quando incompatíveis[10].

6. DEFINIÇÃO DE PARÂMETROS MÍNIMOS PARA HABILITAÇÃO TÉCNICA E FINANCEIRA

Quanto aos parâmetros mínimos para habilitação técnica e financeira, as licitações de publicidade possuem tanto um componente geral, comum aos procedimentos de seleção da Administração Pública no geral, quanto algumas especificidades por se tratar de publicidade, como veremos a seguir.

6.1. Regra geral, como em toda licitação

Em termos de habilitação, as contratações de publicidade seguem as normas e a jurisprudência usual aplicável às demais licitações, de aquisição de bens, serviços. Isso inclui habilitação jurídica, regularidade fiscal e trabalhista, qualificação técnica, qualificação econômico-financeira. Em termos financeiros, contratações de valores altos, geralmente, trazem índices que examinam a liquidez da empresa, conforme balanço ou outros demonstrativos contábeis. Por exemplo, segundo a já citada minuta da Secom:

---

[10] PEDROSO, Lucas Aluísio Scatimburgo. PL 4059/2021: agência de publicidade não é tudo igual. *Portal Jota*, 31 mar. 2022. Disponível em: https://www.jota.info/opiniao-e-analise/artigos/pl-4059-2021-agencia-de-publicidade-nao-e-tudo-igual-31032022.

18.2.4.2 A comprovação da boa situação financeira da licitante será feita por meio da avaliação, conforme o caso:

a) do balanço referido na alínea "b" do subitem 18.2.4, cujos índices de Liquidez Geral (LG), de Solvência Geral (SG) e de Liquidez Corrente (LC), resultantes da aplicação das fórmulas a seguir, terão de ser maiores que um (>01):

$$LG = \frac{\text{Ativo Circulante} + \text{Realizável a Longo Prazo}}{\text{Passivo Circulante} + \text{Exigível a Longo Prazo}}$$

$$SG = \frac{\text{Ativo Total}}{\text{Passivo Circulante} + \text{Exigível a Longo Prazo}}$$

$$LC = \frac{\text{Ativo Circulante}}{\text{Passivo Circulante}}$$

b) do balanço referido no subitem 18.2.4.1, cujo Índice de Solvência, obtido conforme fórmula a seguir, terá de ser maior ou igual a um (> ou = a 01):

$$S = \frac{\text{Ativo Total}}{\text{Passivo Exigível Total}}$$

Quanto à habilitação técnica, podem ser exigidos atestados de que a empresa já prestou o serviço outras vezes. Seguindo a jurisprudência, é preciso cuidado na exigência de atestados para atividades específicas. No caso de publicidade, não se pode exigir experiência em campanhas de vacinação, enchentes etc., mas atuação no setor, de forma geral. Segundo o entendimento do Tribunal de Contas da União:

> Súmula nº 263 – TCU
>
> Para a comprovação da capacidade técnico-operacional das licitantes, e desde que limitada, simultaneamente, às parcelas de maior relevância e valor significativo do objeto a ser contratado, é legal a exigência de comprovação da execução de quantitativos mínimos em obras ou serviços com características semelhantes, devendo essa exigência guardar proporção com a dimensão e a complexidade do objeto a ser executado.

No caso do estado de São Paulo, o Tribunal de Contas local é ainda mais específico:

> Súmula nº 30 - TCESP
>
> Em procedimento licitatório, para aferição da capacitação técnica poderão ser exigidos atestados de execução de obras e/ou serviços de forma genérica, vedado o estabelecimento de apresentação de prova de experiência anterior em atividade específica, como realização de rodovias, edificação de presídios, de escolas, de hospitais, e outros itens.

Portanto, ainda que seja importante avaliar a experiência da empresa licitante durante a contratação, é preciso cuidado para não transformar as exigências em um fator de limitação à participação.

6.2. A exigência do certificado Cenp

Uma especificidade na habilitação fica por conta da exigência do certificado de qualificação técnica de funcionamento, emitido pelo Cenp. Segundo o art. 4º da Lei nº 12.232/2010:

> Art. 4º Os serviços de publicidade previstos nesta Lei serão contratados em agências de propaganda cujas atividades sejam disciplinadas pela Lei no 4.680, de 18 de junho de 1965, e que tenham obtido certificado de qualificação técnica de funcionamento.
>
> § 1º O certificado de qualificação técnica de funcionamento previsto no caput deste artigo poderá ser obtido perante o Conselho Executivo das Normas-Padrão – Cenp, entidade sem fins lucrativos, integrado e gerido por entidades nacionais que representam veículos, anunciantes e agências, ou por entidade equivalente, legalmente reconhecida como fiscalizadora e certificadora das condições técnicas de agências de propaganda. (...)

De um lado, a certificação técnica serve para indicar que a agência possui a estrutura e o conhecimento técnico necessários para prestar um bom trabalho. Trata-se de uma sinalização de que aquela agência passou por alguma espécie de avaliação e observa alguns parâmetros mínimos de relacionamento comercial. Certamente, algo que diminui os custos de transação, facilitando a escolha.

De outro lado, a certificação também pode ser interpretada como a definição de um modelo específico. Formas diferentes de remuneração e de organização do trabalho podem acabar preteridas, ao se adotar um modelo sobre os outros, quando não necessariamente essa seja a única possibilidade ou a mais adequada para as demandas do anunciante[11].

7. ESPECIFICIDADE DAS LICITAÇÕES DE PUBLICIDADE: A PROPOSTA TÉCNICA

As contratações de publicidade possuem como característica peculiar e fundamental o julgamento da **proposta técnica** a cargo da subcomissão técnica. A proposta técnica é composta de: *i)* um plano de comunicação publicitária, pertinente às informações expressas no *briefing*; e *ii)* um conjunto de informações referentes ao proponente.

Nos termos da Lei nº 12.232/2010:

> Art. 6º A elaboração do instrumento convocatório das licitações previstas nesta Lei obedecerá às exigências do art. 40 da Lei nº 8.666, de 21 de junho de 1993, com exceção das previstas nos incisos I e II do seu § 2º, e às seguintes: (...)
>
> III – a proposta técnica será composta de um plano de comunicação publicitária, pertinente às informações expressas no *briefing*, e de um conjunto de informações referentes ao proponente; (...)
>
> Art. 7º O plano de comunicação publicitária de que trata o inciso III do art. 6º desta Lei será composto dos seguintes quesitos:
>
> I – raciocínio básico, sob a forma de texto, que apresentará um diagnóstico das necessidades de comunicação publicitária do órgão ou entidade responsável pela licitação, a compreensão do proponente sobre o objeto da licitação e os desafios de comunicação a serem enfrentados;
>
> II – estratégia de comunicação publicitária, sob a forma de texto, que indicará e defenderá as linhas gerais da proposta para suprir o desafio e alcançar os resultados e metas de comunicação desejadas pelo órgão ou entidade responsável pela licitação;
>
> III – ideia criativa, sob a forma de exemplos de peças publicitárias, que corresponderão à resposta criativa do proponente aos desafios e metas por ele explicitados na estratégia de comunicação publicitária;
>
> IV – estratégia de mídia e não mídia, em que o proponente explicitará e justificará a estratégia e as táticas recomendadas, em consonância com a estratégia de comunicação publicitária por ela sugerida e em função da verba disponível indicada no instrumento convocatório, apresentada sob a forma de textos, tabelas, gráficos, planilhas e por quadro resumo que identificará as peças a serem veiculadas ou distribuídas e suas respectivas quantidades, inserções e custos nominais de produção e de veiculação.

---

[11] PEDROSO, Lucas Aluísio Scatimburgo. *Contratos administrativos de serviços de publicidade*: a remuneração das agências. Belo Horizonte: Fórum, 2022. p. 133 e ss.

Esta inclui demonstração da capacidade de atendimento, repertório e relatos de soluções de problemas de comunicação. Essa proposta também revela a experiência da agência, a qualificação dos seus profissionais e se ela está apta a prestar os serviços desejados.

7.1. Procedimentos e princípios que norteiam o julgamento da proposta técnica: a objetividade na subjetividade

A proposta técnica, no âmbito do processo de licitação, será objeto de análise e julgamento por banca de caráter temporário constituída exclusivamente para esse fim, denominada subcomissão técnica.

Os membros da subcomissão técnica receberão da comissão permanente de licitação ou comissão especial de licitação os invólucros não identificados das propostas técnicas dos licitantes para análise, julgamento e atribuição de notas aos quesitos. Os atos da subcomissão técnica na análise e no julgamento das propostas técnicas não poderão ser supridos pela comissão de contratação, não havendo relação de subordinação entre a comissão de contratação e a subcomissão técnica.

Note-se a intenção do legislador de garantir a imparcialidade e evitar o benefício e o direcionamento no julgamento das propostas técnicas. O sentido geral é que os membros da subcomissão não saibam quem são os autores das respectivas propostas e façam a análise com imparcialidade. A avaliação técnica deve ser realizada às escuras, circunscrita ao conteúdo das propostas e soluções, não pela identidade da agência de publicidade que os produziu.

Assim, como proceder ao julgamento objetivo[12] na avaliação das propostas das licitações de serviços de publicidade? No momento de análise e julgamento das propostas, a comissão julgadora deve decidir a licitação de forma objetiva, isto é, dentro dos exatos parâmetros legais, sem quaisquer impressões ou influências de terceiros. Mas também deve reconhecer que a objetividade perfeita só pode ser garantida previamente nos certames decididos unicamente pelo preço. Quando são introduzidas características tais como qualidade, técnica e rendimento – que muitas vezes são necessários para a aferição das propostas – não será possível se atingir a aspiração da objetividade absoluta. Isto porque, na medida em que esses bens ou serviços são fortemente vinculados com base nesses atributos e a escolha de um ou de outro aspecto, o resultado da análise dependerá da atribuição de valor, que é exclusivamente pessoal.

No entanto, há métodos e procedimentos previstos na Lei nº 12.232/2010 ou em editais que auxiliam na redução de discrepâncias ou favorecimentos

---

[12] O princípio do julgamento objetivo é contemplado expressamente no art. 5º da Lei nº 14.133/2021.

subjetivos que merecerem ser destacados, como o método do exame comparativo e a reavaliação de notas destoantes.

7.2. O método do exame comparativo

Anote-se que o exame comparativo com destaque ao estudo técnico-doutrinário denominado "Método de julgamento de melhor técnica em concorrências de serviços de publicidade", de Fernão Justen. O referido estudo traz considerações relevantes para a qualidade do julgamento das propostas nas contratações de agências de propaganda do setor público ao apontar a existência de um fundamento metodológico subjacente às licitações que preveem o critério de melhor técnica e, mais especificamente, aos certames de serviços de publicidade. Assevera o estudo que:

> Neste caso, a **Subcomissão técnica precisa realizar um exame comparativo entre as propostas apresentadas**, que afinal sintetizará a melhor técnica dentre os concorrentes, apta a receber a maior pontuação. A gradação dentre as várias pontuações refletirá a maior ou menor adequação de cada proposta, **uma em referência a outra**.
>
> Tal método comparativo é justamente o que **impede o primado do subjetivismo**, ao mesmo tempo que **confere utilidade aos critérios objetivos** do certame (grifamos).

Ou seja, a adoção desse método de julgamento está plenamente alinhada ao disposto no art. 54, § 2º, da Lei nº 13.303/2016, supracomentada.[13]

O exame comparativo também se harmoniza com o princípio da motivação dos atos administrativos e com as normas positivadas na Lei nº 12.232/2010, que preveem a apresentação de justificativa escrita das razões que devem fundamentar as pontuações atribuídas no julgamento das propostas. É necessário que a subcomissão técnica expresse com clareza, não apenas justificativas que conduziram a atribuição de pontuação, mas especialmente demonstre a sintonia entre cada fundamentação e a respectiva nota. Cada nota precisa ser compatível com a identificação técnica das qualidades e defeitos de cada proposta.

7.3. A reavaliação de notas destoantes

Absorvidas as disposições que colocamos sobre o julgamento de proposta técnica de serviços de publicidade, em que, por mais que se cerceie, a pontuação ocorrerá sob avaliação subjetiva, o inciso VII do art. 6º da Lei nº 12.232/2010 prevê um antagônico procedimento ao afirmar que: cabe à subcomissão técnica

---

[13] OLIVEIRA, Fernão Justen de. Método de julgamento de melhor técnica em concorrências de serviços de publicidade. *Informativo* n. 85, março de 2014.

reavaliar "a pontuação atribuída a um quesito sempre que a diferença entre a maior e a menor pontuação for superior a 20% (vinte por cento) da pontuação máxima do quesito, com o fim de restabelecer o equilíbrio das pontuações atribuídas, de conformidade com os critérios objetivos postos no instrumento convocatório".

O procedimento que exige a nova análise dos quesitos, de certo modo, pode tender a evitar grandes disparidades entre as pontuações conferidas às propostas. A fim de escapar à reavaliação, os membros da subcomissão podem passar a aproximar as pontuações ou até empatá-las – condutas que se mostrariam contrárias à intenção do legislador, de possibilitar um exame criterioso e refletido por parte da subcomissão técnica.

Como já debatido, o julgamento de uma campanha publicitária tem um amplo espectro de subjetividade. A fim de ilustrar a dificuldade que se apresenta na pontuação dos quesitos – e demonstrar que o procedimento disposto no inciso VII do art. 6º pode ser mais frequente do que se imagina –, vejamos o exemplo de uma licitação, em que uma das propostas se mostra mais cautelosa, fazendo sobressair aspectos técnicos em sua apresentação. Outra agência traz proposta com publicidade inovadora, com cenas de efeito e uso de uma mídia interativa. Qual das duas deve ser avaliada como a melhor? A proposta com menor pontuação receberá, automaticamente, pelo fato de ter natureza antagônica à da vencedora, pontuação muito inferior? Comprova-se ser difícil a redução da criatividade a um padrão preconcebido e classificatório entre tantos julgadores.

Apesar de, à primeira vista, parecer que o legislador procurou evitar o antagonismo, sempre haverá opiniões contrárias na avaliação individualizada – dada a subjetividade da matéria em análise. Somente após a valoração individual é que todos se juntam para a avaliação geral das notas e, neste momento, deverá ocorrer o debate se constatada a diferença superior a 20%. É como um dever imposto a todos os membros da subcomissão técnica, para constatar se todos atribuíram as notas adequadamente com os critérios objetivos estabelecidos no edital e, eventualmente, corrigi-los.

Não obstante o inciso VII do art. 6º da Lei nº 12.232/2010 determinar a necessidade de reavaliação, indicando uma contrariedade ao antagonismo, o § 1º do mesmo artigo define um escape. Enfatiza esse termo a necessidade de os autores das notas destoantes declararem, em ata, os motivos para a manutenção das respectivas pontuações. Essa ata deve ser assinada por todos os integrantes da subcomissão e integrará o processo do certame em questão.

Não se deve interpretar o registro em ata como um demérito. O procedimento diz respeito, apenas, às divergências nas visões dos avaliadores e à necessidade de que constem em ata quaisquer atos licitatórios importantes.

Assim, com o entendimento por completo do passo a passo normativo, conclui-se que o antagonismo é permitido, mas deve ser procedido de uma nova avaliação das notas por todos os componentes da comissão e, persistindo a diferença, faz-se as justificativas em ata.

O legislador também pode ter introduzido esse reexame com outra visão: se houver membro da subcomissão que queira premeditadamente favorecer determinada concorrente, por conhecer o autor da proposta, ao pontuar desproporcionalmente bem esta proposta, será imperativa a apresentação de justificativa para a manutenção da nota. A necessidade de que as razões constem em ata já representará um incômodo para o membro que aplicou a nota destoante, diante do público interno e externo. Nesse sentido, a reavaliação passa a ser um elemento inibidor de atos premeditados.

7.4. Plano de análise e de julgamento

Também visando à obtenção de um processo de julgamento mais transparente, as subcomissões técnicas deveriam traçar um plano de trabalho de avaliação das propostas. Nele, estariam delineadas as atribuições mais relevantes do Plano de Comunicação a serem consideradas no exame das propostas. O plano de trabalho teria a função de orientar os integrantes da subcomissão, ainda que se tratasse apenas de um resumo do *briefing*.

Esse plano seria divulgado para conhecimento de todos antes do início dos trabalhos de avaliação e julgamento das propostas. Um exemplo é o plano de julgamento produzido na concorrência do Senac Rio, em agosto de 2010. Embora não tenha sido divulgado antecipadamente, o órgão fez constar na ata, após consenso entre seus membros, os fundamentos que nortearam os julgamentos. Vale a pena repetir os critérios adotados, pois não se trata de ato habitual nas licitações[14]:

1. Embora a campanha solicitada tenha um viés institucional forte, pois estamos falando de uma instituição de ensino, não se pode esquecer de que é também uma campanha de vendas de cursos específicos, num curto espaço de tempo. Esses cursos devem estar claramente explicados e deve haver o chamado "call to action" (inscreva-se/matricule-se), mesmo que implicitamente.

2. As peças de comunicação devem ser visualmente atrativas e facilitar o interesse e/ou leitura e assimilação dos textos, principalmente levando-

---

[14] Tratou-se de um plano de trabalho elaborado pela comissão julgadora que veio junto com as pontuações das participantes, distribuída na sessão de identificação dos Planos de Comunicação a todos os presentes, ocorrida em 09.08.2010.

-se em conta o momento atual, em que cada indivíduo recebe milhares de mensagens por dia e descarta boa parte delas.

3. As ações promocionais podem emprestar originalidade e maior interesse para a campanha, já que levam as mensagens fisicamente até o púbico-alvo. Porém, não devem ter uma logística complicada ou entendimento duvidoso, trazendo riscos para o Senac Rio.

4. As ações de internet, principalmente em redes sociais, devem ser justificadas no sentido de apresentar seu *modus operandi* e os resultados que poderão alcançar. Não basta dizer que será utilizada determinada rede social, ou todas. É preciso dizer como essas redes serão acessadas e motivadas, como os espaços serão valorizados dentro delas e qual será o custo.

5. Ainda em relação à internet, levando-se em conta que a campanha é apenas 60 dias e praticamente todos os anúncios levam para o www.rj.senac.br, o *hot site* nos parece imprescindível como uma das soluções de comunicação.

6. No caso da mídia, de uma forma geral, para um período curto e verba limitada, não nos parece adequada uma grande diversificação de meios, principalmente se alguns deles não podem apresentar medidas confiáveis de eficiência.

Percebe-se que o plano geral de análise e julgamento foi formulado a partir de uma interpretação do *briefing*, ao sugerir que o exame se pautasse em determinados meios ou ações ou peças a serem utilizadas. Esta conduta, porém, não deve ser a única possível, isto é, não se deve ir às especificidades. Cabe à subcomissão técnica fazer um exame objetivo do *briefing* e traçar, então, as linhas gerais de avaliação. Caso contrário, parecerá ao público que o plano geral de avaliação foi produzido para comportar uma determinada proposta, ainda mais que não teve publicação antecipada.

7.5. Da necessidade de se estabelecerem critérios de desempate

Apesar de a leitura dos itens anteriores indicar que a lei pretende evitar que os critérios ganhem pesos desproporcionais, é necessário estabelecer critérios objetivos de desempate. Deve ser estabelecida a preponderância de determinado quesito e seria vencedor o que obtivesse maior pontuação neste quesito, conforme interpretado no inciso VIII do art. 6º da Lei nº 12.232/2010:

> VIII - Serão fixados critérios objetivos e automáticos de identificação da proposta mais vantajosa para a administração, no caso de empate na soma de pontos das propostas técnicas, nas licitações de "melhor técnica".

7.6. Dos critérios utilizados no julgamento

Observa-se que os critérios instituídos no edital para julgamento das propostas são importantes para tornar mais objetivo um processo intrinsecamente subjetivo. No julgamento objetivo, vale repetir, o administrador deve levar em consideração critérios definidos no ato convocatório. Com isso, fica afastada a possibilidade de o julgador utilizar fatores subjetivos ou critérios não previstos no ato convocatório.

REFERÊNCIAS

EHRLICH, Marcio. Abap insiste e manda a quarta impugnação à licitação da Petrobras. *Janela Publicitária*, 13 abr. 2022. Disponível em: https://janela.com.br/2022/04/13/abap-insiste-e-manda-a-quarta-impugnacao-a-licitacao-da-petrobras/.

KITA, Oscar. *Publicidade na Administração Pública*. Rio de Janeiro: Renovar, 2012.

MACEDO, Paulo. Cenp estrutura proposta para mídia digital. *Propmark*, 2 ago. 2017. Disponível em: https://propmark.com.br/cenp-estrutura-proposta-para-midia-digital/.

OLIVEIRA, Fernão Justen de. Método de julgamento de melhor técnica em concorrências de serviços de publicidade. *Informativo nº 85*, março de 2014.

PEDROSO, Lucas Aluísio Scatimburgo. *Contratos administrativos de serviços de publicidade*: a remuneração das agências. Belo Horizonte: Fórum, 2022.

PEDROSO, Lucas Aluísio Scatimburgo. PL 4059/2021: agência de publicidade não é tudo igual. *Portal Jota*, 31 mar. 2022. Disponível em: https://www.jota.info/opiniao-e-analise/artigos/pl-4059-2021-agencia-de-publicidade-nao-e-tudo-igual-31032022.

REMUNERAÇÃO DAS AGÊNCIAS DE PUBLICIDADE NO BRASIL E AS MÍDIAS DIGITAIS

Oscar Kita
Otavio Venturini
Lucas Scatimburgo

Sumário: Introdução – 1. O modelo brasileiro de publicidade: um breve resumo – 1.1. Voltando à remuneração – 2. O modelo brasileiro de publicidade: lógica e vantagens – 2.1. Questões do modelo brasileiro – 2.2. Modelo no resto do mundo – 2.3. Alguns controles presentes nas contratações da Administração Pública – 3. Condições peculiares dos contratos administrativos e reequilíbrio econômico-financeiro – 4. Remuneração da agência pela publicidade *on-line* – Conclusão – Referências.

INTRODUÇÃO

A remuneração das agências de publicidade no Brasil, por suas peculiaridades, se constituiu em torno da veiculação e de percentuais relativos ao valor do espaço publicitário adquirido durante a campanha, prestado por agências *full service*, que acompanham o cliente desde a concepção até a distribuição, passando pela produção junto a fornecedores especializados.

Esse é o modelo que permitiu uma era de ouro da publicidade, bem como o fortalecimento dos veículos, gerando economia para os clientes. No entanto, no caso da Administração Pública, a pressão sobre a remuneração e a emergência da publicidade *on-line* desafiam esse modelo, com as empresas de tecnologia se recusando a seguir as mesmas regras.

Neste capítulo, explicamos o modelo brasileiro de publicidade, suas vantagens e pontos de atenção, como eles são evitados, qual o modelo no resto do mundo no setor privado e como a publicidade *on-line* desafia esse cenário, em especial no caso da Administração Pública.

1. O MODELO BRASILEIRO DE PUBLICIDADE: UM BREVE RESUMO

O modelo brasileiro de publicidade consiste em agências de publicidade *full service*, que prestam serviços desde a criação até a distribuição de campanhas publicitárias, e remuneram-se, essencialmente, por meio do desconto-padrão, uma remuneração específica do setor, associada à veiculação das campanhas realizadas.

O desconto-padrão é a forma de remuneração mais tradicional das agências de publicidade. Ele consiste de um percentual relacionado ao valor da veiculação da campanha, conforme o espaço de mídia comprado junto aos veículos. Assim, se o espaço publicitário custa R$ 100 mil, no intervalo comercial do horário *x* da emissora *y*, isso significa que a agência recebe até 20% desse valor, ou seja, R$ 20 mil, e o veículo fica com R$ 80 mil.

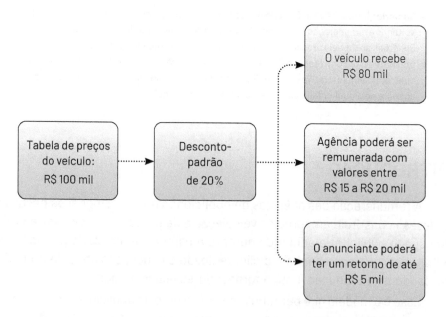

Esse ecossistema deriva de normas de autorregulação mantidas pelo Conselho Executivo das Normas-Padrão (Cenp) – atual Fórum de Autorregulação do Mercado Publicitário. Embora as Normas-Padrão circulem desde a década de 1940, em linhas gerais, com padrões éticos e de remuneração para todo o setor publicitário, foi apenas no final da década de 1990 que diversas associações do setor, como Associação Brasileira de Anunciantes (ABA), Associação Brasileira de Agências de Publicidade (Abap), Associação Nacional de Jornais (ANJ), Associação Brasileira de Emissoras de Rádio e Televisão (Abert), se juntaram para criar o Cenp e reforçar a observância das Normas-Padrão[1].

No caso da Administração Pública e suas contratações, esse cenário é aplicado por força do art. 4º da Lei nº 12.232/2010, específico sobre o tema:

> Art. 4º Os serviços de publicidade previstos nesta Lei serão contratados em agências de propaganda cujas atividades sejam disciplinadas pela Lei nº 4.680, de 18 de junho de 1965, e que tenham obtido certificado de qualificação técnica de funcionamento.
>
> § 1º O certificado de qualificação técnica de funcionamento previsto no caput deste artigo poderá ser obtido perante o Conselho Executivo das Normas-Padrão – CENP, entidade sem fins lucrativos, integrado e gerido por entidades nacionais que representam veículos, anunciantes e agências, ou por entidade equivalente, legalmente reconhecida como fiscalizadora e certificadora das condições técnicas de agências de propaganda. (...)

Ou seja, apenas as agências de publicidade (ou propaganda) que possuírem um certificado de qualificação técnica de funcionamento, emitido pelo Cenp, poderão participar de licitações públicas e ser contratadas pela Administração Pública.

Ao longo do tempo, o percentual tradicional de 20% do desconto-padrão foi sendo diminuído, com a chamada "reversão", conforme o valor investido em mídia. Assim, quanto maior o investimento na compra de espaço publicitário, maior a parcela do desconto-padrão que reverteria ao anunciante. Por exemplo, se determinado anunciante investe R$ 20 milhões brutos em veiculação, em vez de pagar 20% a título de desconto-padrão, ele paga apenas 17%, com a reversão de 3%, conforme quadro a seguir:

---

[1] Disponível em: https://www.cenp.com.br/sobre.

Anexo B	
SISTEMA PROGRESSIVO DE SERVIÇOS/BENEFÍCIOS Instituído pelo item 6.4 das Normas-Padrão da Atividade Publicitária	
Investimento bruto anual em mídia	**Percentual negociável do desconto- -padrão de agência a ser aplicado sobre o investimento bruto do anunciante**
Até R$ 2.500.000,00	Nihil
De R$ 2.500.000,01 a R$ 7.500.000,00	Até 2% (dois por cento) do investimento bruto
De R$ 7.500.000,01 a R$ 25.000,000,00	Até 3% (três por cento) do investimento bruto
De R$ 25.000.000,01 em diante	Até 5% (cinco por cento) do investimento bruto

Fonte: Anexo "B" das Normas-Padrão.

Como se nota, portanto, quanto maior o investimento em mídia, maior o valor que reverte ao anunciante. As NPAP e seus anexos consagram o **princípio de valorização do anunciante**, permitindo que, de acordo com o nível de investimento em publicidade, uma porcentagem do desconto-padrão seja revertida pela agência ao anunciante, devolvendo a este a possibilidade de otimizar sua verba de comunicação.

Em suma, a partir da **valorização do anunciante**, buscou-se a definição de um modelo capaz de, ao mesmo tempo, estimular o anunciante a investir em publicidade qualificada e garantir sustentabilidade ao mercado publicitário como um todo. Mais do que isso, trazer efeitos benéficos para a economia do país. Como indica o estudo "O valor da publicidade no Brasil", realizado pela Deloitte em 2021, sob encomenda do Cenp, cada real investido em publicidade rende mais de oito vezes à economia.[2]

Destaque-se que essas NPAP definiram que cada esfera pública poderia aplicar a reversão pelo seu bolo publicitário, considerando todos os seus entes. No Governo Federal, poder-se-ia aplicar a reversão de 5%, desde as estatais até entidades da administração indireta como Centro de Desenvolvimento de

---

[2] DELOITTE. *O valor da publicidade no Brasil – O impacto do setor nos negócios, na economia e na sociedade*, [s.l.], 2021. Disponível em: https://www.abap.com.br/wp-content/uploads/2021/09/deloittevalorpublicidadeptdigital.pdf. Acesso em: 4 jan. 2023.

Tecnologia Nuclear (CDTN), Companhia de Entrepostos e Armazéns Gerais de São Paulo e Universidade Federal Rural do Rio de Janeiro (UFRRJ), apenas para citar exemplos na miríade de personalidades jurídicas existentes.

1.1. Voltando à remuneração

Outro elemento do modelo brasileiro é a existência, com permissivo legal, de **planos de incentivo em mídia**, ou bônus por volume (BV), atrelado a um grande volume de mídia distribuído junto a um veículo. Previsto no art. 18 da Lei Federal nº 12.232/2010, o BV de mídia pertence à agência porque não se refere apenas a um contrato ou cliente, mas à sua atuação no geral, normalmente num período mais longo. Ele é peculiar do Brasil porque, mesmo existindo em outros lugares, aqui é que teria se desenvolvido com mais força, objetivando o desenvolvimento do mercado publicitário e de comunicação nacional ao mesmo tempo, e constituindo importante fonte de receita das agências.

Essa renumeração tem como contrapartida, imposta nas NPAP do Cenp, no seu Anexo A, a compra pelas agências de um rol de ferramentas de mídia, para capacitar o Departamento de Mídia de instrumentos de aferição de audiência e dos públicos-alvo das campanhas de seus anunciantes.

O Cenp, ao tratar dos Planos de Incentivo, retrata essa premissa, ao dizer no Anexo C – Planos de Incentivo:

> O incentivo como melhor prática é instrumento lícito e legal e terá como **propósito o desenvolvimento do mercado publicitário, a qualificação técnica e profissional da agência, objetivando sempre a excelência dos serviços que ela presta tanto ao veículo quanto a anunciantes**.

Vale ressaltar, ainda, a diretriz de que toda e qualquer recomendação de mídia de uma agência a um cliente anunciante deve guiar-se pela boa técnica, conforme as NPAP do Cenp:

> Anexo "C" – Planos de Incentivo
>
> (...)
>
> 4. As recomendações de mídia da agência basear-se-ão na boa técnica, prevalecendo esta sobre o escopo do incentivo, ressalvado sempre o direito de escolha do anunciante.
>
> Lei Federal nº 12.232/2010
>
> Art. 18. (...) § 2º As agências de propaganda não poderão, em nenhum caso, sobrepor os planos de incentivo aos interesses dos contratantes, preterindo veículos de divulgação que não os concedam ou priorizando os que os ofereçam, devendo sempre conduzir-se na orientação da escolha desses veículos de acordo com pesquisas e dados técnicos comprovados.

Além dessas renumerações, as agências também são remuneradas por meio de honorários, quando não há veiculação: *i)* referentes à produção e à execução técnica prestada por fornecedores; *ii)* referentes a pesquisas, renovação do direito de autor e reimpressão de peças publicitárias prestados por fornecedores; e *iii)* referentes à criação, à implementação e ao desenvolvimento de formas inovadoras de comunicação publicitárias, prestados por fornecedores.

Em cada um desses casos, a agência é remunerada por todo seu serviço de acompanhamento e supervisão dos trabalhos prestados. Vale lembrar que a campanha ainda cabe à agência, que deve fiscalizar a boa procedência dos fornecedores. Note-se, porém, que as agências não pagam os fornecedores, o que cabe aos anunciantes.

Por fim, as agências também são ressarcidas por seus custos internos, seguindo tabelas de sindicatos da região onde o serviço é prestado. Tal forma de remuneração, porém, geralmente apresenta valores módicos sobre serviços que não geram veiculação. Não são suficientes, assim, para garantir a sustentabilidade da agência, mas representam apenas mais uma fonte, quando não há o pagamento de desconto-padrão.

Apesar de todas essas outras formas de remuneração, no fim do dia, é o desconto-padrão a principal origem dos recursos das agências e que garantem sua sobrevivência.

Uma tendência verificada na remuneração das agências de publicidade contratadas pela Administração Pública é sua progressiva diminuição, com uma pressão deste sobre o percentual de honorários e inclusive sobre o ressarcimento de custos internos. Assim, é comum diversos editais preverem uma negociação sobre o ressarcimento a ponto de ele alcançar 100% de desconto, não sendo pago em hipótese alguma durante o contrato[3].

2. O MODELO BRASILEIRO DE PUBLICIDADE: LÓGICA E VANTAGENS

Para se analisar a remuneração das agências de publicidade, é preciso considerar **dois grandes desafios**.

Primeiro, a publicidade envolve uma **atividade intelectual**, marcada pela criatividade (às vezes, a genialidade), por ideias e convencimento. Nada disso é fácil de avaliar, medir e comparar. Nesse sentido, aquela pergunta clássica, eternamente sem resposta: "quanto vale uma ideia?". E ainda que se pudesse

---

[3] BRASIL. Presidência da República. Secretaria de Comunicação Social. Anunciantes do Poder Executivo Federal – Remuneração de Agências de Propaganda. Brasília, 7 jul. 2021. Disponível em: https://www.gov.br/secom/pt-br/acesso-a-informacao/licitacoes-e-contratos/contratos/documentos/anunciantes-do-poder-executivo-federal-remuneracao-de-agencias-de-propaganda.

descobrir quanto vale em um caso; no outro, o problema voltaria, tendo que se pensar num preço a cada situação.

O segundo grande desafio é a **enorme quantidade de pessoas e empresas envolvidas em cada trabalho**. Campanhas geralmente envolvem uma distribuição por diversos veículos e dependem de várias produtoras e fornecedoras para ficarem prontas. Essa atuação constante numa cadeia econômica de produção e distribuição é da própria noção da "agência". Ainda que realize muitas atividades e congregue vários profissionais dentro de si, o nome agência indica seu papel de intermediadora.

Ou seja, uma agência de publicidade sempre está em contato com outras diversas empresas para permitir que o trabalho seja feito e entregue com qualidade, o que dificulta a definição de um modelo de remuneração e inviabiliza a negociação de preços, a cada caso.

Diante disso, a publicidade foi se desenvolvendo pela remuneração não das ideias, mas vinculada a percentuais de outros valores, como o da veiculação, dos serviços de produção, de forma percentual, como ocorre com o desconto-padrão, os honorários etc.

Essa é a **forma mais simples e fácil** de promover a remuneração das agências. Seria difícil se, a cada caso, houvesse a necessidade de se negociar quanto determinada campanha, serviço ou ideia genial vale. Lembrando ainda que os clientes das agências muitas vezes são empresários, que querem oferecer seus produtos e serviços no mercado, mas que dificilmente sabem como funciona o mercado de publicidade e todo esse ecossistema já explicado.

No caso das contratações promovidas pela Administração Pública, a definição de percentuais de honorários e desconto-padrão em um percentual é especialmente importante, pois evita que, a cada campanha, haja uma negociação sobre o preço a ser praticado, inclusive por pessoas que nem sempre conhecem o setor. Pensando ainda que esses contratos geralmente duram cinco anos, há uma segurança para que as agências possam atuar, sabendo como vão ser remuneradas em cada campanha – e evitando que o Poder Público tenha que negociar a cada caso.

Assim, é **mais fácil negociar, entender e controlar** uma remuneração que consiste de um percentual de 20% do que alternativas envolvendo controle de horas de trabalho, funcionários envolvidos, preço de mão de obra ou valores fechados. Ao se definir um percentual de remuneração de 17% sobre a veiculação, como o desconto-padrão, o **cliente sabe que está pagando** mais que 15% e menos que 20%, conseguindo negociar, e sabe que nesse valor estão incluídos todos os serviços da agência, sem precisar entender cada uma das atividades que seus profissionais desempenham.

Com isso, o desconto-padrão permite fortalecer ambas as partes do ecossistema publicitário, discutindo-se mais a qualidade das campanhas e menos o preço e evitando uma corrida para o fundo do poço.

Outro argumento a favor da forma da remuneração adotada, especificamente no caso do desconto-padrão, é a **economia gerada por contar com os serviços da agência**. Isto é, apenas a publicidade encaminhada para os veículos por meio de agências permite que o anunciante economize sobre o valor da tabela de preços dos veículos. Ademais, em face do **princípio de valorização do anunciante** e de acordo com o nível de investimento em publicidade, uma porcentagem desconto-padrão será revertida pela agência ao anunciante. Esquematicamente:

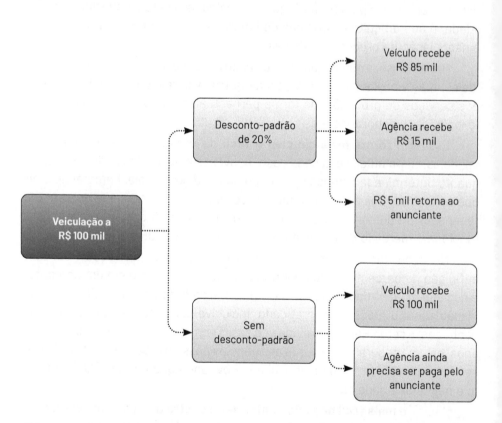

Ou seja, a remuneração por desconto-padrão **permite que, com o mesmo valor, veículo e agência sejam remunerados**, além de uma eventual porcentagem de retorno ao anunciante, a depender do patamar de investimento em mídia[4].

---

[4] Em outra oportunidade, Lucas Scatimburgo questiona em que medida isso poderia ser negociado pelas partes. A depender do volume de mídia, o anunciante poderia negociar condições mais vantajosas junto

Ao se adotarem outras formas de remuneração, que não o desconto-padrão, o anunciante contratante teria que pagar pela veiculação e ainda remunerar a agência, o que pode resultar num dispêndio maior.

De qualquer forma, em termos econômicos, essa foi a forma encontrada para se diminuir os custos de transação e o tempo que seria gasto entendendo e negociando os pagamentos devidos. É a fórmula que permite "fazer a roda girar", com maior simplicidade e facilidade. Mais do que isso, o modelo que permitiu uma era de ouro da publicidade brasileira, com campanhas e publicitários memoráveis, reconhecidos em premiações internacionais, ainda que o Brasil não fosse sempre a mesma potência econômica e de desenvolvimento de outros lugares do planeta.

2.1. Questões do modelo brasileiro

Como intermediadora, a remuneração da agência sempre dará margem para críticas. Argumentos comuns são de que "se trata de intermediária, que não produz nada", "é uma empresa que apenas acompanha, não faz nada, ganha dinheiro fácil" etc. Essa visão, porém, ignora que a agência desempenha um papel essencial de acompanhamento, coordenação e fiscalização, além da seleção de fornecedores. E logicamente, antecedendo, seu estudo, planejamento e criação das peças publicitárias produzidas. Uma agência que entrega trabalhos ruins será certamente criticada e responsabilizada por toda essa cadeia.

Para além disso, o problema é que os méritos da remuneração também permitem vislumbrar alguns problemas[5].

Uma crítica possível é de que o desconto-padrão não possui uma relação direta com o que efetivamente é gasto para a elaboração da campanha. Isto é, pouco importa se a agência gastou horas de trabalho de profissionais capacitados pensando e desenvolvendo a campanha, envolvendo uma grande estrutura de criação, estrutura avantajada, no final ela receberá o valor atrelado à veiculação. Assim, é indiferente se a campanha custou para a agência R$ 10 mil, minimalista e genial, ou R$ 1 milhão, numa superprodução com cachês altos, diversos profissionais envolvidos. A agência sempre receberá um percentual ligado à veiculação e à produção.

Ao mesmo tempo, um risco em potencial é que a agência, sendo responsável pela criação e pela veiculação (sendo que sua remuneração depende desta última), recomende em seus planos de mídia uma distribuição mais cara,

---

ao veículo e à agência, mesmo sem o desconto-padrão (PEDROSO, Lucas Aluísio Scatimburgo. *Contratos administrativos de serviços de publicidade*: a remuneração das agências. Belo Horizonte: Fórum, 2022. p. 190).

[5] PEDROSO, Lucas Aluísio Scatimburgo. *Contratos administrativos de serviços de publicidade*: a remuneração das agências. Belo Horizonte: Fórum, 2022. p. 115 e ss.

beneficiando a si própria, seja pelo desconto-padrão, seja pelos planos de incentivo e sua fidelidade a determinados veículos. Em termos econômicos, isso é o que se chama de "problema agente principal", quando os interesses de um agente podem colidir com os interesses do principal que contrata esse agente[6]. Por isso a importância das normas e da atuação das entidades de autorregulação, para evitar que esse tipo de disputa ocorra entre cliente e agência, e de outro lado agência e veículo, bem como ter clientes e agências alinhados, com profissionais altamente capacitados que recomendarão as melhores soluções conforme o caso e o problema apresentado, em vez de pensar apenas na sua própria remuneração.

Outra decorrência da forma de remuneração adotada é que ela geralmente não tem relação com os resultados alcançados pela agência. Sendo a campanha um sucesso ou não, a agência receberá o percentual ligado à veiculação. Por isso, sempre é importante confiar na agência contratada e acompanhar de perto o trabalho realizado, buscando ter certeza de estão todos do mesmo lado, jogando a favor.

Por fim, as regras da autorregulação do Cenp também apresentam uma limitação à livre negociação. Ao definirem o desconto-padrão em 20%, com descontos progressivos conforme o valor investido em mídia, sobra pouco espaço para a negociação, não havendo uma seleção por preço.

2.2. Modelo no resto do mundo

O desconto-padrão e as agências de publicidade *full service* também estão presentes no resto do mundo, mas em nenhum lugar com a mesma força vista aqui. Como explica Lucas Aluísio S. Pedroso[7], no caso dos Estados Unidos, desde a década de 1950, o Departamento de Justiça americano impediu ajustes das empresas do setor em torno de valores e formas específicas de remuneração ou atuação. No entanto, apenas a partir dos anos 1980, com o encarecimento do preço do espaço publicitário na televisão, as empresas anunciantes teriam pressionado para novas formas de relacionamento.

O resultado disso foi que, no resto do mundo, é muito mais comum encontrar uma publicidade **separada entre criação e veiculação**. Isto é, uma empresa

---

[6] ROSS, Stephen A. The economic theory of agency: the principal's problem. *American Economic Review*, v. 63, n. 2, fev. 1973. p. 134-139; JENSEN, Michael C.; MECKLING, William H. Theory of the firm: managerial behavior, agency costs and ownership structure. *Journal of Financial Economics*, v. 3, n. 4, out. 1976, p. 305-360 apud PEDROSO, Lucas Aluísio Scatimburgo. *Contratos administrativos de serviços de publicidade*: a remuneração das agências. Belo Horizonte: Fórum, 2022. p. 123 e ss.

[7] PEDROSO, Lucas Aluísio Scatimburgo. *Contratos administrativos de serviços de publicidade*: a remuneração das agências. Belo Horizonte: Fórum, 2022. p. 56 e 210 e ss.

faz a criação da campanha publicitária, geralmente uma agência de criação, e outra empresa se responsabiliza pela distribuição e pelo relacionamento com os veículos.

Com isso, há uma maior diversidade de empresas, formatos de remuneração e de prestação de serviços, além de uma exploração maior de diferentes modelos de negócios.

Isso se altera quando a agência de criação recebe apenas por essa atividade, por exemplo. Outras formas de remuneração permitem uma relação mais direta com o serviço efetivamente prestado e os insumos consumidos, ainda que em prejuízo à simplicidade e à facilidade do desconto-padrão.

Um risco desse modelo internacional é ter uma campanha concebida para um público, com um objetivo, e ela acabar distribuída em veículos mais baratos ou que possuem mais afinidade com a agência de distribuição. Isso traz um problema de coordenação, ao mesmo tempo que não evita o problema de agente principal, apenas o desloca para outra empresa.

A criação do Cenp coincide com o questionamento do modelo brasileiro. No final dos anos 1990, havia uma pressão pela liberalização do setor, e de toda economia brasileira, que faria surgir os *bureaus* de mídia – empresas especializadas unicamente na compra e revenda de espaço publicitário. Para evitar que isso ocorresse, em prejuízo ao modelo já consagrado, as Normas-Padrão foram atualizadas e fortalecidas.

2.3. Alguns controles presentes nas contratações da Administração Pública

Apesar dessas questões do modelo brasileiro, ele permaneceu, e, no caso da Administração Pública, os contratos são acompanhados de diversos controles, sob uma lógica muitas vezes de suspeição do trabalho prestado pelas agências, pressionando sua remuneração e as atividades desempenhadas. Como explica Lucas Aluísio S. Pedroso:

> Por todo o apresentado até o momento, entende-se que as soluções adotadas seguem dois caminhos: o da diminuição dos custos e preços pagos às agências; e o da diminuição da liberdade do setor e das agências. Em ambos os casos, está-se diante de um típico controle de meios (...) Assim, a resposta tem sido pressionar a margem de lucro das agências, bem como diminuir sua discricionariedade na tomada de decisões. Um caminho que (...) reproduz um modelo legalista pautado pela Lei nº 8.666/1993, mantido apesar da promulgação da Lei nº 14.133/2021. Tal caminho tende a pressionar as agências, diminuir

a atratividade dos contratos e gerar exatamente os mesmos problemas que busca evitar[8].

Quem trabalha com o setor publicitário sabe que **esses são apenas riscos e tanto a legislação quanto a prática trazem diversos instrumentos para se evitar que eles se concretizem**.

Ao longo das últimas duas décadas, foram desenvolvidos e reforçados controles sobre a escolha dos veículos e dos fornecedores a serem utilizados em cada campanha, bem como a negociação de preços e a execução da mídia, com base em previsões contratuais e legais, de forma a evitar os riscos mencionados.

O que se verifica no art. 2º da Lei nº 12.232/2010, que busca definir o que sejam serviços de publicidade – e quais atividades que não devem ser objeto de contratação específica, como assessoria de imprensa, relações públicas, eventos etc.

A lei citada ainda lembra, em seu art. 4º, § 2º, que as agências só podem agir por conta e ordem de seus clientes, caso em que apenas sugerem veículos, fornecedores e campanhas, não sendo de sua responsabilidade a aprovação ou a decisão tomada:

> Art. 4º (...)
>
> § 2º A agência contratada nos termos desta Lei só poderá reservar e comprar espaço ou tempo publicitário de veículos de divulgação, por conta e por ordem dos seus clientes, se previamente os identificar e tiver sido por eles expressamente autorizada.

Ou seja, embora a agência possa ser tentada a aumentar sua própria remuneração, as decisões sempre dependem do anunciante. No caso da escolha dos veículos, a agência deve elaborar um **plano de mídia**, com sugestões de como será a veiculação da campanha, os horários (se horário nobre, mais caro, ou horários menos visados), os veículos (de maior ou menor audiência), a frequência, a duração de cada inserção. Tudo isso, porém, dependerá de aprovação do cliente ao final.

Como se pode imaginar, a decisão não é simples. Os preços e os públicos atingidos variam muito se a escolha recai em veículos de grande audiência, de abrangência nacional ou regional, se de manhã ou de noite, em determinado dia da semana etc.

---

[8] PEDROSO, Lucas Aluísio Scatimburgo. *Contratos administrativos de serviços de publicidade*: a remuneração das agências. Belo Horizonte: Fórum, 2022. p. 168.

Essa sugestão tem gerado um debate recente a partir dos **critérios utilizados**. Tem sido comum contrapor, na publicidade da Administração Pública, argumentos de que haveria uma mídia técnica – pautada por audiência, alcance, público-alvo – e uma mídia alternativa – de veículos menores, mas alinhados com o governante de plantão. Isso vale tanto para canais de televisão, jornais, rádios, mas também para redes sociais[9]. Considerando o montante milionário de verbas envolvidas, ter acesso a esses recursos e fazer parte do plano de mídia de uma grande campanha pode significar uma situação financeira confortável ou a derrocada de um veículo.

Além de prever critérios para a sugestão desses veículos, a Administração também passou a adotar **outros mecanismos, de negociação e acompanhamento**. Uma dessas importantes iniciativas foi a definição de um **Comitê de Negociação** pelo Governo Federal, que possibilitou estimar o volume de mídia a ser programado ao longo do ano e negociar preços melhores para o espaço publicitário, comprado no "atacado".

Também é feito um controle posterior, da **execução do contrato**, com a verificação da efetiva veiculação das propagandas em todos esses espaços comprados, por empresa independente, nos meios e veículos mais importantes, e nos meios e veículos menos tradicionais e importantes, sempre há um comprovante de veiculação e uma declaração do dolo de inserir falsa identidade. Antes disso, havia o risco de, em pequenos veículos locais, propagandas na madrugada não serem veiculadas, apesar do pagamento. Supostos problemas de checagem apareceram, sob outro viés e outro arcabouço jurídico, também durante a campanha presidencial de 2022, com alegações de que a propaganda eleitoral de determinado candidato não estaria sendo transmitida – o que jamais se provou[10].

Considerando os diversos interesses potencialmente envolvidos, entre agência, veículos e anunciantes, a Lei nº 12.232/2010 também proíbe, em seu art. 18, que a agência coloque seus **interesses à frente daqueles dos seus clientes**, em especial no caso dos planos de incentivo, suprarreferido.

Para além dos veículos, a agência de publicidade também possui um relacionamento constante com seus fornecedores, caso em que a legislação passou a prever um **procedimento para sua seleção**. A depender do valor da contratação, o art. 14 da Lei nº 12.232/2010 exige a realização de uma sessão

---

[9] PEDROSO, Lucas. *Fake news*, critérios técnicos e ideológicos na veiculação de publicidade estatal. Blog Fausto Macedo, *O Estado de São Paulo*, 27 maio 2020. Disponível em: https://www.estadao.com.br/politica/blog-do-fausto-macedo/fake-news-criterios-tecnicos-e-ideologicos-na-veiculacao-de-publicidade-estatal/.

[10] MAZUI, Guilherme. Campanha de Bolsonaro alega que rádios deixaram de veicular inserções da propaganda do presidente; Moraes dá 24h para apresentação de 'provas e/ou documentos sérios'. Portal g1, Brasília, 24 out. 2022. Disponível em: https://g1.globo.com/politica/eleicoes/2022/noticia/2022/10/24/campanha-de-bolsonaro-alega-que-radios-deixaram-de-veicular-insercoes-da-propaganda-do-presidente.ghtml.

pública, com envelopes fechados, de forma a permitir que produtoras comprovem sua experiência e apresentem suas propostas. Segundo o dispositivo legal:

> Art. 14. Somente pessoas físicas ou jurídicas previamente cadastradas pelo contratante poderão fornecer ao contratado bens ou serviços especializados relacionados com as atividades complementares da execução do objeto do contrato, nos termos do § 1º do art. 2º desta Lei.
>
> § 1º O fornecimento de bens ou serviços especializados na conformidade do previsto no *caput* deste artigo exigirá sempre a apresentação pelo contratado ao contratante de 3 (três) orçamentos obtidos entre pessoas que atuem no mercado do ramo do fornecimento pretendido.
>
> § 2º No caso do § 1º deste artigo, o contratado procederá à coleta de orçamentos de fornecedores em envelopes fechados, que serão abertos em sessão pública, convocada e realizada sob fiscalização do contratante, sempre que o fornecimento de bens ou serviços tiver valor superior a 0,5% (cinco décimos por cento) do valor global do contrato.
>
> § 3º O fornecimento de bens ou serviços de valor igual ou inferior a 20% (vinte por cento) do limite previsto na alínea *a* do inciso II do art. 23 da Lei no 8.666, de 21 de junho de 1993, está dispensado do procedimento previsto no § 2º deste artigo.

Todos esses controles demonstram que atualmente as agências de publicidade contratadas pela Administração Pública estão sujeitas a regras estritas e ainda dependem da aprovação de suas recomendações, que devem estar justificadas e baseadas em critérios técnicos.

3. CONDIÇÕES PECULIARES DOS CONTRATOS ADMINISTRATIVOS E REEQUILÍBRIO ECONÔMICO-FINANCEIRO

Além disso, os contratos de serviços de publicidade possuem algumas condições que, no final das contas, pressionam a remuneração das agências. Embora o modelo brasileiro de publicidade busque resguardar todo o ecossistema, equilibrando os interesses de todos os envolvidos, ao longo do tempo, ele foi sendo pressionado pelo mercado e pela própria Administração Pública.

Destacamos três condições que afetam esse cenário:

I. **A primeira condição nesse sentido é que as agências de publicidade geralmente podem ser obrigadas a fazer investimentos**, durante a execução de contratos com a Administração, por exemplo, a manutenção de um Núcleo de Mídia, responsável por estudos de tendências e evolução mídia, custos, manter controle de campanhas, entre outros, conforme prevê a Instrução Normativa Secom nº 01/2023:

> Art. 85. No caso dos serviços de publicidade, poderá ser prevista em contrato a necessidade de as agências contratadas manterem em conjunto, em decorrência da concorrência que deu origem ao instrumento contratual, e às suas expensas, um núcleo de mídia, sem personalidade civil ou jurídica e sem fins lucrativos, para o desenvolvimento das atividades previstas no art. 86. (...)
>
> Art. 86. O núcleo de mídia, a que se refere o art. 85, poderá executar, dentre outras, as seguintes atividades, em conformidade com as características de execução publicitária do órgão ou entidade contratante:
>
> I – desenvolver estudos técnicos com vistas a evidenciar tendências ou a evolução de:
>
> a) mídia ou formas inovadoras de publicidade no meio internet;
>
> b) custos de tabelas de preços dos principais veículos;
>
> c) dados relativos à circulação de jornais e revistas; e
>
> d) dados relativos a Custo Por Mil – CPM e Custo Por Ponto – CPP, nos principais mercados.
>
> II – manter controle de ações ou campanhas publicitárias, constituindo-se, pelo menos, de: (...)
>
> III – elaborar e fornecer relatórios e dados brutos sobre as veiculações planejadas e realizadas, bem como sobre verba por campanha, veículos de divulgação/plataformas digitais de comunicação, agência de propaganda e período de veiculação, dentre outros; (...)

Tal obrigação, como se nota, traz um custo para as agências, com profissionais e estrutura, que não é diretamente remunerado pelo órgão contratante, mas depende do bom andamento do contrato. A manutenção dessas estruturas sem a devida contraprestação por parte do contratante, configura desrespeito à boa-fé contratual e enriquecimento ilícito da Administração.

II. **A segunda condição é que, apesar de fazer esse investimento, as agências não possuem qualquer garantia de que o contrato será executado no valor estimado durante a licitação pela Administração**. É possível a esta licitar uma verba milionária e acabar por não realizar campanhas ou realizá-las em um valor muito menor. Isso é o que consta do art. 78 da Instrução Normativa Secom nº 01/2023:

> Art. 78. As contratadas atuarão de acordo com solicitação do órgão ou entidade contratante e não terão garantia de faturamento mínimo sobre o valor contratual nem, particularmente, exclusividade em relação a nenhuma das ações publicitárias objeto da contratação, as quais serão executadas indistintamente e independentemente da classificação das contratadas no certame.

Além disso, pela forma como o faturamento e a remuneração das agências ocorrem, é preciso atenção para não supor que, de uma soma milionária indicada no edital, os valores comporão a receita de uma agência. Com efeito, esses valores destinam-se, prioritariamente, ao pagamento de veículos de mídia, fornecedores de produção, pesquisa e outros custos relativos à produção e à veiculação de campanhas, ficando a agência com apenas um pequeno percentual desses valores, conforme já analisado nos tópicos anteriores.

III. **Uma terceira condição que também afeta a remuneração das agências é que, mesmo se o valor previsto for executado, não há segurança de que a agência será a responsável pelas campanhas**. Até algum tempo atrás, havia uma divisão de que cada agência deveria ficar com um percentual do total. Isto é, se contratadas três agências, cada uma deveria ter um mínimo e um máximo do total, para que não houvesse a concentração em apenas uma delas.

No entanto, provavelmente buscando fomentar a competição entre as agências, e combater uma eventual acomodação de agências menos profissionais, isso deixou de existir. O resultado, porém, é que, contratando três agências, hoje é possível que o gestor do órgão, por afinidade de ideia, acabe concentrando suas demandas em apenas uma agência, enquanto as outras duas ficam com campanhas menores ou que lhe trazem pouco retorno financeiro.

O resultado dessas três condições é que as agências definem seu preço unicamente com base em projeções, expectativas que têm uma chance considerável de não se realizarem. Ademais, a incerteza torna a execução do contrato mais vulnerável à pessoalidade (a publicidade é subjetiva, e a escolha tem a ver com as idiossincrasias dos gestores), tendo em vista que, sem a definição de um mínimo a ser obrigatoriamente executável, **a agência fica em situação extremamente vulnerável em relação ao gestor do contrato**, que goza de ampla margem de discricionariedade para executar o contrato sem parâmetros legais ou contratuais que preservem a equação financeira contratual.

Por isso, algumas agências hoje pleiteiam o reequilíbrio econômico-financeiro do contrato diante desses casos. Isto é, os percentuais de honorários e desconto-padrão ou as condições remuneratórias oferecidas na licitação, na fase de proposta de preços, revelam-se insuficientes na prática, com a agência assumindo prejuízos ou tendo que readequar sua estrutura, inclusive com prejuízo ao atendimento do órgão.

A equação econômico-financeira está prevista na Constituição e sempre deve ser respeitada pela Administração Pública:

> Art. 37. A administração pública direta e indireta de qualquer dos Poderes da União, dos Estados, do Distrito Federal e dos Municípios obedecerá aos princípios de legalidade, impessoalidade, moralidade, publicidade e eficiência e, também, ao seguinte: (...)

XXI - ressalvados os casos especificados na legislação, as obras, serviços, compras e alienações serão contratados mediante processo de licitação pública que assegure igualdade de condições a todos os concorrentes, com cláusulas que estabeleçam obrigações de pagamento, **mantidas as condições efetivas da proposta**, nos termos da lei, o qual somente permitirá as exigências de qualificação técnica e econômica indispensáveis à garantia do cumprimento das obrigações.

Essas condições efetivas das propostas, que devem ser mantidas ao longo do contrato, são o que se convencionou chamar de equilíbrio "econômico-financeiro" do contrato. Como mencionado, significa que, se uma empresa prometeu vender um milhão de cadeiras ao Governo a R$ 10 cada, ela não pode ser obrigada a vender apenas cem cadeiras por R$ 10 cada. A economia de escala envolvida, a conta entre custos, lucro e retorno é diferente, e não se sustenta da mesma forma em cada um dos casos.

Em termos mais formais, trata-se da proporção entre os encargos do contratado e a retribuição da Administração para a justa remuneração da obra, serviço ou fornecimento. A equação econômico-financeira delineia-se a partir da elaboração do edital e se firma no instante em que a proposta é apresentada pelo licitante. Aceita a proposta pela Administração, está consagrada a equação econômico-financeira, de modo que, a partir de então, essa equação está protegida e assegurada pelo Direito e a sua afetação pode ser restaurada por meio dos mecanismos de reajuste e revisão.

A tutela do equilíbrio econômico-financeiro é mecanismo que se destina a beneficiar, sobretudo, a própria Administração Pública, na condição de contratante, uma vez que, se os particulares (as agências) tivessem de arcar com as consequências de todos os eventos danosos possíveis, teriam de formular propostas mais onerosas. Por consequência, o Poder Público arcaria com os custos de eventos meramente possíveis, mesmo que não verificados.

A tutela do equilíbrio econômico-financeiro permite que, em caso de ocorrência de alguma álea (extraordinária, econômica ou extracontratual), proceda-se uma "**revisão**" do contrato. Há também a possibilidade de "**reajuste**", utilizado para remediar os efeitos da desvalorização da moeda.

A própria Secom reconhece essa situação em sua Instrução Normativa nº 01/2023, que prevê:

> Art. 93. A vigência dos contratos será prorrogada na forma da legislação que trata das licitações e contratos administrativos, desde que expressamente prevista no edital e no contrato.
>
> § 1º Para a prorrogação do contrato, o contratante realizará nova pesquisa de preços, para subsidiar renegociação dos descontos, honorários e repasses praticados com a contratada, em decorrência do certame que deu origem ao instrumento contratual, com vistas a obter maior vantajosidade para a administração, no decorrer da execução do contrato.

> § 2º O contratante poderá efetuar, devidamente justificada, a renegociação de que trata o § 1º do *caput*, em decorrência de significativa redução ou majoração superveniente identificada nas referências de mercado, que tenha o potencial de alterar a relação que as partes pactuaram inicialmente, objetivando manter o equilíbrio econômico-financeiro do contrato.

Ou seja, ao longo da vigência do contrato, é possível às partes renegociarem a remuneração, devido a uma mudança nas referências de mercado.

Assim, embora a previsão não esteja clara na Lei nº 12.232/2010, específica para licitação de agências, ela existe na Instrução Normativa da própria Secom e pode socorrer as agências. Também é importante lembrar que essa é a lei específica, mas a lei geral continua existindo, seja a Lei nº 8.666/1993, para contratos assinados antes de 2024, ou com redação próxima no art. 124, II, "d", da Lei nº 14.133/2021, que a sucedeu, ambas expressas nesse sentido:

> Art. 124. Os contratos regidos por esta Lei poderão ser alterados, com as devidas justificativas, nos seguintes casos: (...)
>
> II - por acordo entre as partes: (...)
>
> d) para restabelecer o equilíbrio econômico-financeiro inicial do contrato em caso de força maior, caso fortuito ou fato do príncipe ou em decorrência de fatos imprevisíveis ou previsíveis de consequências incalculáveis, que inviabilizem a execução do contrato tal como pactuado, respeitada, em qualquer caso, a repartição objetiva de risco estabelecida no contrato.

Na prática, esse reequilíbrio depende de uma demonstração exaustiva de custos da agência e de uma análise pela Administração Pública, que, atuando em causa própria, muito raramente concorda com essa renegociação dos contratos em favor das contratadas. Pelas peculiaridades do mercado publicitário, e por se adotar uma remuneração que não é de todo baseada em custos, mas atrelada a um percentual, nem sempre é tarefa fácil demonstrar que o percentual previsto naquele caso é insuficiente para a agência fazer frente aos seus custos.

Mesmo nos casos em que isso acontece, como contratos de transportes, fretamento de ônibus, e que tem insumos que todo mundo comenta ("preço da gasolina/diesel disparou esses anos"), é comum ver a Administração negar pleitos nesse sentido, por não estarem demonstrados por meio de cálculos pelos contratados.

Além disso, nem sempre é interessante para as agências recorrer ao Judiciário para fazer valer esse direito, em face da dificuldade de lidar com uma legislação específica e nem sempre conhecida pelos aplicadores do direitos.

Por isso, um caminho a se pensar para evitar esse tipo de problema é rediscutir as três condições mencionadas anteriormente, por exemplo, com a definição de: *i)* um patamar mínimo do valor global do contrato a ser obrigatoriamente executado; e *ii)* um percentual mínimo do valor global executado a ser obrigatoriamente executado por cada agência.

4. REMUNERAÇÃO DA AGÊNCIA PELA PUBLICIDADE *ON-LINE*

O famoso modelo brasileiro de publicidade, explicado até aqui, foi construído em torno da publicidade mais analógica, como jornais, revistas e, mais à frente, emissoras de televisão.

No caso da publicidade digital, em especial aquela associada às redes sociais, isso ocorre de outra forma. As chamadas *big techs*, grandes empresas de tecnologia, têm seu modelo de negócios sempre em torno da publicidade e de sua capacidade de extrair dados pessoais dos seus usuários e vendê-los para as empresas anunciantes, atraindo-as pela possibilidade de ter uma publicidade altamente certeira, direcionada para o público-alvo específico (ao menos em tese)[11] – o que ajuda a explicar a recente inclusão como direito fundamental, na Constituição, do direito à proteção dos dados pessoais (art. 5º, LXXIX), como resposta a esse cenário.

Apesar disso, ou justamente por isso, o mercado publicitário *on-line* também possui outra configuração, como explicam Venturini e Pedroso[12]:

Já no meio digital, esse processo ocorre de forma quase toda automatizada, com outros agentes. Aqui, o veículo de comunicação vira um "publisher", isto é, um *site* que disponibiliza espaço publicitário para ser comercializado. Além disso, as agências, ou até mesmo o próprio anunciante, atuam por meio de *trading desks* ("mesas de negociação"), isto é, empresa especialista em negociar tais espaços. Para tanto, a *trading desk* precisa de um DMP (*Data Management Platform* – Plataformas de Gestão de Dados), uma plataforma que organiza os dados, além de plataformas que organizam a demanda e a oferta por espaços, respectivamente as DSPs (*Demand-Side Platform*, Plataforma do Lado da Demanda) e SSPs (*Suply-Side Plataform* – Plataformas do Lado da Oferta). Toda a negociação ocorre numa *"ad Exchange"* [um ambiente digital em que as transações ocorrem]. Esquematicamente[13]:

---

[11] ZUBOFF, Shoshana. *A era do capitalismo de vigilância*: a luta por um futuro humano na nova fronteira do poder. Rio de Janeiro: Intrínseca, 2020. p. 112-113.

[12] VENTURINI, Otavio; PEDROSO, Lucas Aluísio Scatimburgo. Redes sociais, proteção de dados e os desafios do compliance digital. In: FERRAZ, Sérgio; VENTURINI, Otavio; GASIOLA, Gustavo Gil (coord.). *Proteção de dados pessoais e compliance digital*. 2. ed. Cuiabá: Umanos Editora, 2023. p. 480.

[13] ADMUCOM. Entenda o que é mídia programática e como funciona essa metodologia. *Eficaz marketing e tecnologia*, [s.l.], 15 set. 2020. Disponível em: https://eficazmarketing.com/blog/entenda-o-que-e-midia-programatica/. Acesso em: 3 jan. 2024.

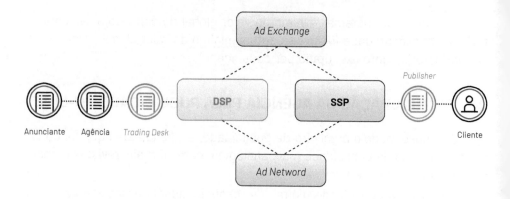

Ocorre que essas empresas usaram seu poder de mercado para configurá-lo de outra forma, sem desconto-padrão ou remuneração associada à sua tabela de custos – que não possuem. No meio *on-line*, a remuneração decorre de um leilão instantâneo.

Isso suscita uma disputa em torno do que seja veículo. As *big techs* rejeitam que sejam veículos, nos termos da Lei nº 4.680/1965:

> Art. 4º São veículos de divulgação, para os efeitos desta Lei, quaisquer meios de comunicação visual ou auditiva capazes de transmitir mensagens de propaganda ao público, desde que reconhecidos pelas entidades e órgãos de classe, assim considerados as associações civis locais e regionais de propaganda bem como os sindicatos de publicitários.

Assim, o modelo brasileiro de publicidade, mantido a duras penas pelo Cenp nos anos 2000, vem sendo ignorado, em prejuízo das agências de publicidade e dos anunciantes, que acabam pagando mais caro sem o desconto-padrão.

No caso dos contratos da Administração Pública, tem havido uma disputa de como remunerar as agências de publicidade.

Sem poder contar com uma relação próxima com as empresas *on-line* e o desconto-padrão, as agências têm defendido que sua remuneração decorra de honorários, atrelados ao valor do espaço publicitário pago[14] – mas agora sem o desconto dos veículos ou qualquer reversão.

Foi justamente isso que a Instrução Normativa Secom nº 1/2023 consagrou em seu art. 36, IV:

---

[14] EHRLICH, Marcio. Secom vai aumentar a remuneração por ações em mídia digital. *Janela Publicitária*, 6 jan. 2021. Disponível em: https://janela.com.br/2021/01/06/secom-vai-aumentar-a-remuneracao-por-acoes-em-midia-digital/.

> Art. 36. No caso de serviços de publicidade, quando o critério de julgamento for de técnica e preço, a proposta de preços, considerada a composição dos serviços complementares integrantes do objeto, nos termos do art. 7º do Decreto nº 57.690, de 1º de fevereiro de 1966, poderá ser constituído dos seguintes quesitos: (...)
>
> IV – percentual de honorários incidente sobre o volume do investimento aplicado na distribuição de peças em plataformas digitais de comunicação não aderentes ao ambiente de autorregulação publicitária, nos termos do art. 11 da Lei nº 4.680, de 1965, com a intermediação e supervisão do licitante;

A solução, mais uma vez, preza pela facilidade e pela previsibilidade de se ter um percentual a ser pago, muito mais simples do que se negociar caso a caso. No entanto, mantém o problema de não ser exatamente vinculada ao trabalho efetivamente prestado ou aos insumos gastos pela agência.

A remuneração, assim, visa preservar a boa saúde financeira das agências e estaria relacionada à decisão do Tribunal de Contas da União (TCU), que trouxe recomendação nesse sentido[15].

Indicada a forma de remuneração, a questão passa a ser seu percentual. Em âmbito federal, tabela organizada pela Secom sobre a remuneração adotada pelos órgãos prevê que a remuneração por "criação, implementação e desenvolvimento de formas inovadoras de comunicação publicitária, destinadas a expandir os efeitos das mensagens e das ações publicitárias, em consonância com novas tecnologias" tem sido praticada em percentuais entre 0 e 5%. Esse nome grande, previsto já na Lei Federal nº 12.232/2010, em seu art. 2º, § 1º, III, tem sido usado como rubrica em alguns contratos para justificar a remuneração pela intermediação das agências na mídia digital.

Em editais mais recentes do Governo Federal, como o da Secom, em 2021, do Ministério da Saúde, em 2022, e do Banco do Brasil, em 2024, esse posicionamento de encarar a divulgação por meio de plataformas como produção, em conformidade ao entendimento deles próprios (empresas de tecnologia), tem mudado, para serem interpretados como meios de divulgação e que, portanto, devem ter renumeração mais condizentes aos veículos, conforme os dizeres de um desses editais citados[16]:

> Remuneração
>
> Cláusula Quarta – Pela prestação dos serviços objeto deste contrato, a contratada fará jus: (...)
>
> b) a honorários de 15% (quinze por cento) [OBS.: percentual conforme item 2.2 do Anexo 4 do Edital – definido pelo Banco] incidentes sobre o volume do investimento

---

[15] TCU, Acórdão nº 908/2022, Plenário, Rel. Min. Walton Alencar Rodrigues, 27.04.2022.

[16] Disponível em: https://licitacoes-e2.bb.com.br/aop-inter-estatico/visualizar-processo-publico/1029702. Acesso em: 17 set. 2024.

aplicado na distribuição de peças por meio de veículos/plataformas de comunicação e divulgação que não lhe proporcione o desconto-padrão, nos termos do art. 11 da Lei nº 4.680/1965, referentes aos serviços prestados pela contratada na execução da publicidade *on-line*.

Em âmbito municipal, porém, é saliente que ainda prevalece mais a hipótese de ser encarados tais serviços como produção. Nesse sentido, um quadro constante de editais de licitação de cidades como Sorocaba[17], Câmara de Praia Grande[18], Arujá[19], todas no estado de São Paulo, e Balneário Camboriú[20], em Santa Catarina. No caso de Sorocaba:

Percentual de remuneração sobre a contratação de mídia digital com a intermediação da agência, quando o veículo não remunerar a agência pelo desconto de agência

Pontos	Percentual de Honorários
20	Até 15%
18	16%
15	17%
12	18%
10	19%
05	20%

Como se nota, o percentual equivale ao desconto-padrão, com reversão ou não – que nesse caso não existe –, porém, em não se aplicando as Normas-Padrão. Nada mais justo, considerando que, independentemente da mídia, do conceito de veículo, o trabalho das agências de publicidade é o mesmo, elaborar a campanha e sugerir espaços adequados para sua veiculação, buscando atingir a população. Percentuais menores colocam em risco a sustentabilidade do contrato e trazem o risco da contratação de profissionais sem a capacitação adequada.

---

[17] Disponível em: https://www.sinaprosp.org.br/wp-content/uploads/2022/03/Prefeitura-Municipal-de-Sorocaba-SP.pdf. Acesso em: 17 set. 2024.

[18] Disponível em: https://www.praiagrande.sp.leg.br/transparencia/licitacoes-e-contratos/concorrencia-publica/edital-concorrencia-publica-002-2022-agencia-de-propaganda-arquivo-em-pdf. Acesso em: 17 set. 2024.

[19] Disponível em: https://www.prefeituradearuja.sp.gov.br/Atos/EditaisLicitacao/CP/CP_00006_2022_PRESTA%C3%87%C3%830%20DE%20SERVI%C3%870S%20DE%20PUBLICIDADE%20-%20REPUBLICADO.pdf. Acesso em: 17 set. 2024.

[20] Disponível em: https://www.bc.sc.gov.br/arquivos/licitacao/BH4AH8VE.pdf. Acesso em: 17 set. 2024.

CONCLUSÃO

O tema da remuneração das agências de publicidade é muito rico e seria impossível tratá-lo com todas suas implicações, possibilidades e desafios em um capítulo.

Ainda assim, aqui apresentaram-se a forma de remuneração das agências nos contratos com a Administração Pública, suas vantagens de economicidade e transparência, a lógica por trás da sua tomada de decisão, a diferença em outros países e como esse modelo é desafiado por uma ideia de suspeição das agências, pressionadas a investir sem garantias de que executarão campanhas.

Ademais, a publicidade *on-line*, principalmente aquela transmitida por meio de redes sociais, desafia a entender o modelo tradicional e adaptá-lo para a nova realidade, mantendo o bom funcionamento do ecossistema para todos.

REFERÊNCIAS

ADMUCOM. Entenda o que é mídia programática e como funciona essa metodologia. *Eficaz marketing e tecnologia*, [s.l.], 15 set. 2020. Disponível em: https://eficazmarketing.com/blog/entenda-o-que-e-midia-programatica/. Acesso em: 3 jan. 2024.

BRASIL. Presidência da República. Secretaria de Comunicação Social. Anunciantes do Poder Executivo Federal – Remuneração de Agências de Propaganda. Brasília, 7 jul. 2021. Disponível em: https://www.gov.br/secom/pt-br/acesso-a-informacao/licitacoes-e-contratos/contratos/documentos/anunciantes-do-poder-executivo-federal-remuneracao-de-agencias-de-propaganda.

DELOITTE. *O valor da publicidade no Brasil* – O impacto do setor nos negócios, na economia e na sociedade, [s.l], 2021. Disponível em: https://www.abap.com.br/wp-content/uploads/2021/09/deloittevalorpublicidadeptdigital.pdf. Acesso em: 4 jan. 2023.

EHRLICH, Marcio. Secom vai aumentar a remuneração por ações em mídia digital. *Janela Publicitária*, 6 jan. 2021. Disponível em: https://janela.com.br/2021/01/06/secom-vai-aumentar-a-remuneracao-por-acoes-em-midia-digital/.

JENSEN, Michael C.; MECKLING, William H. Theory of the firm: managerial behavior, agency costs and ownership structure. *Journal of Financial Economics*, v. 3, n. 4, out. 1976, p. 305-360.

MAZUI, Guilherme. Campanha de Bolsonaro alega que rádios deixaram de veicular inserções da propaganda do presidente; Moraes dá 24h para apresentação de 'provas e/ou documentos sérios'. *Portal g1*, Brasília, 24 out. 2022. Disponível em: https://g1.globo.com/politica/eleicoes/2022/noticia/2022/10/24/

campanha-de-bolsonaro-alega-que-radios-deixaram-de-veicular-insercoes-da-propaganda-do-presidente.ghtml.

PEDROSO, Lucas Aluísio Scatimburgo. *Contratos administrativos de serviços de publicidade*: a remuneração das agências. Belo Horizonte: Fórum, 2022.

PEDROSO, Lucas Aluísio Scatimburgo. *Fake news*, critérios técnicos e ideológicos na veiculação de publicidade estatal. Blog Fausto Macedo, *O Estado de São Paulo*, 27 maio 2020. Disponível em: https://www.estadao.com.br/politica/blog-do-fausto-macedo/fake-news-criterios-tecnicos-e-ideologicos-na-veiculacao-de-publicidade-estatal/.

ROSS, Stephen A. The economic theory of agency: the principal's problem. *American Economic Review*, v. 63, n. 2, fev. 1973. p. 134-139.

VENTURINI, Otavio; PEDROSO, Lucas Aluísio Scatimburgo. Redes sociais, proteção de dados e os desafios do compliance digital. In: FERRAZ, Sérgio; VENTURINI, Otavio; GASIOLA, Gustavo Gil (coord.). *Proteção de dados pessoais e compliance digital*. 2. ed. Cuiabá: Umanos Editora, 2023.

ZUBOFF, Shoshana. *A era do capitalismo de vigilância*: a luta por um futuro humano na nova fronteira do poder. Rio de Janeiro: Intrínseca, 2020.

parte IV

Compliance publicitário –
integridade e *compliance* digital

MELHORES PRÁTICAS DE INTEGRIDADE E *COMPLIANCE* PUBLICITÁRIO

Otavio Venturini

Sumário: Introdução – 1. Obrigatoriedade do programa de integridade na relação com o Poder Público – 2. Fatores de riscos e práticas de *compliance* na atividade publicitária – 2.1. Relação com os clientes anunciantes – 2.2. Relação com os veículos de comunicação – 2.3. Relação com fornecedores de produção – Referências.

INTRODUÇÃO

A noção de *compliance* refere-se à exigência de implementações políticas e processos internos das organizações que atuam em setores altamente regulados capazes de garantir a conformidade com os parâmetros regulatórios (*compliance with*), visando prevenir, detectar e até mesmo remediar potenciais ilícitos, sob pena de responsabilização. Trata-se de terminologia e técnica regulatória que ganhou força no direito estadunidense, com destaque ao *US Foreign Corrupt Practices Act* (FCPA), lei anticorrupção norte-americana aprovada em 1977 para punição de atos de suborno cometidos no exterior.[1]

Em grande medida, a noção de *compliance* supra-apresentada encontra-se contida na definição legal de "programa de integridade" estabelecida na legislação anticorrupção brasileira, que, por sua vez, se propõe mais ampla, na

---

[1] Cf.: VENTURINI, Otavio; MORELAND, A.; CARVALHO, André Castro. Aspectos gerais do U.S. Foreign Corrupt Practices Act – FCPA. In: VENTURINI, Otavio; ALVIM, Tiago Cripa; CARVALHO, André Castro; BERTOCCELLI, Rodrigo de Pinho (Org.). *Manual de Compliance*. 1. ed. Rio de Janeiro: Forense, 2019. p. 319-348.

medida em que, para além da mera conformidade legal, incentiva o fomento e a manutenção de uma "cultura de integridade no ambiente organizacional", valorizando-se a dimensão ética na atividade das organizações empresariais. Vejamos a redação do art. 56 do Decreto nº 11.129/2022:

> Art. 56. Para fins do disposto neste Decreto, programa de integridade consiste, no âmbito de uma pessoa jurídica, no conjunto de mecanismos e procedimentos internos de integridade, auditoria e incentivo à denúncia de irregularidades e na aplicação efetiva de códigos de ética e de conduta, políticas e diretrizes, com objetivo de:
>
> I – prevenir, detectar e sanar desvios, fraudes, irregularidades e atos ilícitos praticados contra a administração pública, nacional ou estrangeira; e
>
> II – **fomentar e manter uma cultura de integridade no ambiente organizacional**.
>
> Parágrafo único. O programa de integridade deve ser estruturado, aplicado e atualizado de acordo com as características e os riscos atuais das atividades de cada pessoa jurídica, a qual, por sua vez, deve garantir o constante aprimoramento e a adaptação do referido programa, visando garantir sua efetividade (grifo nosso).

No que concerne, propriamente, às agências de publicidade, vale ressaltar que existe uma série de legislações e *standards* setoriais que impõem obrigações de *compliance*. Entre os principais temas em que se exige a implementação de práticas de conformidade por parte das agências de publicidade, destacam-se: prevenção à corrupção, proteção de dados pessoais, combate à desinformação, concorrencial, entre outros.

Esses dispositivos estão presentes, notadamente, em leis que regulam o processo de contratação pública, na legislação anticorrupção, na legislação de proteção de dados, em normativas de órgãos públicos que regulamentam a comunicação pública e em *standards* do próprio setor publicitário.

Todavia, dada a euforia em torno do tema e o risco de propagação de "programas de *compliance* de prateleira" (*sham programs*), há que se destacar a relevância de uma sólida estrutura de governança corporativa e de uma criteriosa análise de riscos, como pressupostos à implementação e ao efetivo funcionamento das práticas de *compliance*.

Por sólida estrutura de governança, deve-se entender, sobretudo: *i)* definição dos papéis e responsabilidades de cada função da alta administração; *ii)* comprometimento dos membros da alta administração com as práticas de *compliance* (*tone at the top*); *iii)* autonomia e capacidade direta de reporte da função de *compliance* à alta administração; e *iv)* transparência e *accountability* em relação aos acionistas e *stakeholders*, especialmente, com relação à gestão financeira.

Por sua vez, por criteriosa análise de riscos, deve-se entender a identificação e a mensuração dos principais riscos relativos à atividade da organização que ensejam ações mitigadoras de controle. São justamente a identificação e a avaliação dos riscos que possibilitam a estruturação de políticas de *compliance* funcionais e adaptadas ao contexto da organização (*tailor made*), afastando-se dos programas de prateleira.

1. OBRIGATORIEDADE DO PROGRAMA DE INTEGRIDADE NA RELAÇÃO COM O PODER PÚBLICO

Considerando-se que a prestação de serviços de publicidade para a Administração Pública por intermédio de agência de publicidade passa obrigatoriamente pela participação em processos licitatórios e consequente contratação pelo Poder Público, é mister se atentar para as exigências quanto a programas de integridade definidos na legislação que regulam a relação das agências com o Poder Público.

Em apertada síntese, a implementação e o efetivo funcionamento de programa de integridade não são mais apenas uma opção de aprimoramento de gestão para agências que atuam com comunicação pública, mas uma obrigação legal. Essa obrigação é encontrada em diferentes leis e regulamentos que regem a relação com o Poder Público no Brasil: *i)* as normas relativas a licitações e contratos administrativos; *ii)* normas anticorrupção e de responsabilização da pessoa jurídica por atos contra a administração pública; *iii)* normas de governança das empresas estatais; e *iv)* normas e códigos de ética que vedam práticas de conflito de interesse nas diferentes esferas da Administração Pública.

A nova Lei de Licitações (Lei nº 14.133/2021) assume explicitamente a relevância dos programas de integridade no âmbito das contratações públicas. As opções do legislador (que terão aplicação sobre licitações e contratos das Administrações Públicas diretas, autárquicas e fundacionais da União, dos estados, do Distrito Federal e dos municípios) consagram quatro importantes funcionalidades para adoção de programa de integridade. São elas:

- ✓ requisito obrigatório nas execuções contratuais (de obras, serviços e fornecimentos) de grande vulto: nos casos de contratação de grande vulto (em que o valor estimado da contratação supera R$ 200 milhões), o edital deverá prever a obrigatoriedade de implantação de programa de integridade pelo licitante vencedor, no prazo de seis meses, contado da celebração do contrato (art. 25, § 4º);
- ✓ critério geral de desempate entre licitantes: em caso de empate entre duas ou mais propostas, o desenvolvimento pelo licitante de programa de integridade, conforme orientações dos órgãos de controle, será levado em consideração como um dos critérios de desempate entre as propostas – o quarto e último, em ordem de relevância, critério de desempate (art. 60);

- imposição e dosimetria de sanções administrativas: na aplicação das sanções, serão considerados a implantação ou o aperfeiçoamento de programa de integridade, conforme normas e orientações dos órgãos de controle (art. 156, § 1º); e
- condição para a reabilitação do licitante: nos casos de aplicação da sanção pela prática de atos lesivos previstos no art. 5º da Lei nº 12.846/2013 (Lei Anticorrupção) ou apresentação de declaração/documentação falsa no certame ou durante a execução do contrato, a implantação ou o aperfeiçoamento de programa de integridade é condição de reabilitação do licitante ou contratado (art. 163, parágrafo único).

A ênfase do modelo adotado pelo legislador federal para contratações de grande vulto está situada na aferição *a posteriori* à celebração do contrato, privilegiando, assim, a oportunidade de adequação dos licitantes, uma vez que a verificação da implantação do programa de integridade deverá ocorrer no prazo de seis meses, contados da celebração do contrato. O legislador, no art. 25, § 4º, da Lei nº 14.133/2021, transferiu para regulamento (ainda não existente) a definição das medidas a serem adotadas, a forma de comprovação e as penalidades pelo descumprimento das obrigações relacionadas a programas de integridade.[2]

Além da Lei nº 14.133/2021, merece também destaque a Lei nº 13.303/2016, que define o regime de contratação e de governança das empresas estatais. Em seu art. 32, o referido diploma estabelece que nas licitações e nos contratos deverá ser observada política de integridade nas transações com partes interessadas.

Como paradigma de legislação de conflito de interesses na Administração Públicas, podemos mencionar a Lei nº 12.813/2013, que traz regras e vedações quanto a situações que configuram conflito de interesses envolvendo ocupantes de alto cargo ou função no âmbito do Poder Executivo federal. Entre as situações, destacamos: a proibição de oferta e recebimento de presentes fora dos limites e condições estipulados em regulamento por agentes públicos que possam influenciar decisões cuja uma organização tenha interesse; a proibição ao agente público de prestar, direta ou indiretamente, serviço a pessoas físicas ou jurídicas com as quais tenham mantido um relacionamento significativo devido ao exercício de seu cargo ou emprego, por um período de seis meses a partir da data de dispensa, exoneração, destituição, demissão ou aposentadoria

---

[2] OLIVEIRA, Gustavo Henrique Justino de; VENTURINI, Otavio. Programas de integridade na nova Lei de Licitações: parâmetros e desafios. *Revista Consultor Jurídico – Conjur*, 6 jun. 2021. Disponível em: https://www.conjur.com.br/2021-jun-06/publico-pragmatico-programas-integridade-lei-licitacoes/. Acesso em: 3 jan. 2024.

(prática apelidada como "*revolving door*"); divulgação pelo agente público da sua agenda de compromissos públicos, entre outras.

Tudo isso sem deixar de mencionar a legislação mais relevante acerca dos programas de integridade: a Lei nº 12.846/2013 e seu Decreto nº 11.129/2022, que tratam da responsabilização administrativa e civil de pessoas jurídicas pela prática de atos contra a administração pública. O regime sancionatório da Lei Anticorrupção pode, inclusive, acarretar a pena máxima de dissolução compulsória da pessoa jurídica quando comprovado ter sido a empresa utilizada de forma habitual para facilitar ou promover a prática de atos ilícitos ou ter sido constituída para ocultar ou dissimular interesses ilícitos ou a identidade dos beneficiários dos atos praticados.

2. FATORES DE RISCOS E PRÁTICAS DE *COMPLIANCE* NA ATIVIDADE PUBLICITÁRIA

No desempenho das suas atividades, as agências de publicidade, seus sócios e colaboradores devem observar as normas que regulamentam o exercício da atividade de publicidade e propaganda, no que se refere à qualidade, à legalidade e à sustentabilidade do mercado publicitário como um todo, bem como ao próprio conteúdo dos anúncios.

As normas que regulamentam a atividade publicitária estão presentes em diversos diplomas normativos e nos códigos de autorregulamentação do setor, notadamente:

- ✓ Lei nº 4.680/1965, que dispõe sobre o exercício da profissão de publicitário e de agenciador de propaganda, e o Decreto nº 57.690/1966, que a regulamenta;
- ✓ Lei nº 8.078/1990, que dispõe sobre a proteção do consumidor, definindo regras de proteção contra a publicidade enganosa e abusiva, métodos comerciais coercitivos ou desleais;
- ✓ Lei nº 12.232/2010, que dispõe sobre as normas gerais para licitação e contratação pela administração pública de serviços de publicidade prestados por intermédio de agências de propaganda;
- ✓ Código de Ética dos Profissionais da Propaganda, instituído pelo I Congresso Brasileiro de Propaganda, realizado em outubro de 1957;
- ✓ Código Brasileiro de Autorregulamentação Publicitária, editado pelo Conselho Nacional de Autorregulamentação Publicitária (Conar), e suas decisões; e
- ✓ Normas-Padrão da Atividade Publicitária ("Normas-Padrão"), editadas pelo Conselho Executivo das Normas-Padrão (Cenp).

Todavia, para além dos regimes de regulação e autorregulação do setor que devem ser de parâmetros mínimos de conformidade, há standards de boas práticas de compliance definidos pelo mercado, como o guia "Diretrizes de Compliance", lançado em 2019 pela Associação Brasileira de Agências de Publicidade (Abap).[3] Esse conjunto de normas e standards definem regras e boas práticas para o exercício da atividade publicitária e sua relação com clientes anunciantes, veículos e fornecedores.

2.1. Relação com os clientes anunciantes

As agências devem trabalhar em estreita colaboração com seus clientes anunciantes, de modo a assegurar que o plano publicitário alcance os objetivos pretendidos e que o cliente obtenha o melhor retorno do seu investimento em publicidade.

A contratação deve ser sempre formalizada por escrito, observada a legislação pertinente à atividade de publicidade e propaganda, especialmente quanto à remuneração, à vigência e às obrigações contratuais.

Com relação à execução desses serviços, recomendam-se como boas práticas:

- ✓ vedação ao recebimento de qualquer remuneração ou pagamento pela agência de publicidade, seus sócios, empregados e colaboradores, senão aqueles expressamente estabelecidos nos contratos com o seu cliente;
- ✓ vedação ao pagamento de comissões ou quaisquer compensações a pessoas relacionadas, direta ou indiretamente, com o cliente;
- ✓ os serviços cujos respectivos custos sejam assumidos pelo cliente somente devem ser executados com a sua prévia e expressa autorização ou com a aprovação dos orçamentos apresentados pela agência; e
- ✓ encaminhamento de fatura ao cliente anunciante, após o término das veiculações e trabalhos autorizados, acompanhada das faturas dos veículos e demais prestadores de serviços e dos respectivos comprovantes.

Tratando-se de clientes integrantes da Administração Pública, existem algumas peculiaridades que merecem atenção. Nas licitações e contratações pela Administração Pública de serviços de publicidade prestados por intermédio

---

[3] Aqui também fazemos menção a um dos primeiros e mais relevantes trabalhos sobre compliance na atividade publicitária no Brasil, desenvolvido por Bruno Fagali (FAGALI, Bruno. Compliance Publicitário. In: CARVALHO, André Castro; BERTOCCELLI, Rodrigo de Pinho; ALVIM, Tiago Cripa; VENTURINI, Otavio. Manual de Compliance. 1. ed. Rio de Janeiro: Editora Forense, 2019).

de agências de propaganda, nos termos em que regulamentadas pela Lei nº 12.232/2010, há duas importantes peculiaridades em relação às licitações comuns e em termos de exposição a riscos, que devem ser observadas na definição dos cenários.

A primeira delas diz respeito ao objeto do contrato que pode ser adjudicado a mais de uma agência. A contratação de mais de uma agência (por vezes, quatro ou cinco) impõe, como forma de preservar a isonomia entre as agências contratadas, a necessidade de a Administração Pública definir critérios objetivos para seleção de agências para cada campanha. A Lei nº 12.232/2010 (art. 2º, §§ 3º e 4º) estabelece que nesses casos o órgão ou a entidade contratante deverá, obrigatoriamente, instituir procedimento de seleção interna entre as contratadas, cuja metodologia será aprovada pela administração e publicada na imprensa oficial.

A segunda peculiaridade diz respeito ao fato de que a execução do contrato administrativo por agências de propaganda envolve naturalmente a contratação com "recursos públicos" de veículos de mídia e de fornecedores para produção do material a ser veiculado, tema que passaremos a abordar nos tópicos seguintes.

2.2. Relação com os veículos de comunicação

A expertise das agências envolve, entre outras tarefas, o planejamento e a intermediação de contratação de veículos de mídia (*on-line* e *off-line*) por conta e ordem do seu cliente anunciante. Nesse contexto, a escolha dos veículos que farão parte do plano de mídia deve ser baseada exclusivamente em critérios técnicos. Decisões unilaterais, sem embasamento ou mesmo subjetivas, podem comprometer o andamento do plano de mídia do cliente anunciante e gerar riscos para a agência.

Caso o cliente opte por um plano de mídia diferente, mesmo após a recomendação da agência, a decisão final será sempre dele. Todavia, nesses casos, é recomendável que a agência registre sua orientação de forma técnica e objetiva, a fim de se resguardar de possíveis reclamações ou riscos futuros de qualquer natureza.[4]

Relativamente ao faturamento e ao pagamento dos veículos, recomendam-se como boas práticas de conformidade:

✓ observância dos prazos estipulados para cobrança, em nome do veículo de comunicação ou fornecedores, dos valores devidos pelo cliente

---

[4] ASSOCIAÇÃO BRASILEIRA DE AGÊNCIAS DE PUBLICIDADE - Abap. *Diretrizes de Compliance - Guia de boas práticas para o mercado publicitário*, [s.l.], fev. 2019. Disponível em: https://www.legiscompliance.com.br/images/pdf/abap_diretrizes_compliance.pdf. Acesso em: 3 jan. 2024. p. 24.

anunciante. Somente após o efetivo recebimento dos valores devidos, a agência passa a responder pelo repasse ao veículo do "Valor Faturado;

✓ a agência tem a responsabilidade pelo encaminhamento ao anunciante das faturas emitidas pelos veículos de comunicação;

✓ na hipótese de o veículo de comunicação formular proposta ao cliente anunciante, é dever da agência apresentar essa proposta, sempre que for oportuna aos interesses do cliente.

Ademais, os valores faturados deverão ser discriminados de maneira clara e objetiva nas faturas dos anunciantes, da agência e dos veículos de comunicação.

2.3. Relação com fornecedores de produção

Além do planejamento da veiculação, a expertise das agências envolve a concepção da ideia criativa da campanha publicitária, bem como a seleção, a intermediação da contratação e a supervisão de fornecedores, como as produtoras de conteúdo audiovisual, gráfico etc.

A agência deve manter um relacionamento transparente e ético com seus fornecedores de produção, deixando claro para o cliente anunciante como os recursos fornecidos por ele são utilizados. Essencialmente, a escolha dos fornecedores de produção deve sempre se basear em critérios técnicos e objetivos, buscando-se oferecer o melhor serviço ao cliente anunciante.[5] Transparência e ética na relação contribuirão para aumentar a confiança do cliente e a credibilidade da agência de publicidade.

No que concerne à prestação de serviços de publicidade para a Administração Pública, atenta aos riscos relacionados ao emprego de recursos públicos para contratação de fornecedores de produção, a Lei nº 12.232/2010, em seu art. 14, estabelece importantes mecanismos para se alcançar a proposta mais vantajosa e viável ao Poder Público, são eles:

✓ somente pessoas físicas ou jurídicas previamente cadastradas pelo contratante podem fornecer ao contratado bens ou serviços especializados relacionados com as atividades complementares da execução do objeto do contrato;

✓ o fornecimento de bens ou serviços especializados exige sempre a apresentação pelo contratado ao contratante de três orçamentos obtidos entre pessoas que atuem no mercado do ramo do fornecimento pretendido; e

---

[5] ASSOCIAÇÃO BRASILEIRA DE AGÊNCIAS DE PUBLICIDADE - Abap. *Diretrizes de* Compliance - Guia de boas práticas para o mercado publicitário, [s.l.], fev. 2019. Disponível em: https://www.legiscompliance.com.br/images/pdf/abap_diretrizes_compliance.pdf. Acesso em: 3 jan. 2024. p. 25.

✓ sempre que o fornecimento de bens ou serviços tiver valor superior a 0,5% (cinco décimos por cento) do valor global do contrato, a agência contratada deve proceder à coleta de orçamentos de fornecedores em envelopes fechados, que serão abertos em sessão pública, convocada e realizada sob fiscalização do contratante.

Acerca do tema, abrangendo igualmente clientes privados, o guia "Diretrizes de *Compliance*" da Abap vai além das delimitações por patamares de valor da Lei nº 12.232/2010 e recomenda como boas práticas que as agências:

✓ estabeleçam um procedimento de contratação de terceiros que determine cotações fechadas de pelo menos três fornecedores, reconhecidamente mais aptos para a execução do projeto;

✓ garantam que não ocorra vazamento de informações que possam facilitar conluio ou fraude em função de acesso à informação privilegiada antes da decisão final; e

✓ não combinem, sob qualquer hipótese ou justificativa, preços e repasses de custos, de maneira a superfaturar o preço final ao cliente. Os valores devem ser transparentes ao cliente, e os custos pela intermediação da agência, claros e facilmente identificados.[6]

Isto é, o guia "Diretrizes de *Compliance*" recomenda a adoção da seleção por envelope fechado como diretriz geral, independentemente do valor, buscando-se, dessa forma, estimular competição dos fornecedores para apresentar propostas mais vantajosas do ponto de vista financeiro ao cliente anunciante, mitigando-se, ao mesmo tempo, riscos de ocorrência de ilícitos concorrenciais, de lavagem de capitais e corrupção.

Vale ressaltar que esse modelo só é possível mediante a vedação da prática de "bônus por volume (BV) de produção", no que se refere a fornecedores de produção. Isto é, a contratação de produtores e outros fornecedores não deve se basear em valores repassados à agência ou em relacionamento paralelo existente entre agência e produtora, à revelia dos interesses do cliente anunciante.[7]

---

[6] ASSOCIAÇÃO BRASILEIRA DE AGÊNCIAS DE PUBLICIDADE - Abap. *Diretrizes de* Compliance - Guia de boas práticas para o mercado publicitário, [s.l.], fev. 2019. Disponível em: https://www.legiscompliance.com.br/images/pdf/abap_diretrizes_compliance.pdf. Acesso em: 3 jan. 2024. p. 25.

[7] Cabe aqui distinguir a prática do "BV de Produção", que não encontra respaldo na legislação, dos "Planos de Incentivos de Mídia" concedidos por veículos. O Planos de Incentivos de Mídia estão regulamentados nas Normas-Padrão do Cenp: "**4.1 É reservado exclusivamente à Agência** como tal habilitada e certificada o 'desconto padrão de agência', nos termos do item 2.5 e seguintes destas Normas-Padrão, **bem como eventuais frutos de planos de incentivo, voluntariamente instituídos por Veículos**. Os planos de incentivo concedidos pelos Veículos não poderão se sobrepor aos critérios técnicos na escolha de mídia nem servir como pretexto de preterição aos Veículos que não os pratiquem. 4.2 Os planos de incentivo às Agências mantidos por Veículos não contemplarão Anunciantes". Os planos de incentivos também

REFERÊNCIAS

ASSOCIAÇÃO BRASILEIRA DE AGÊNCIAS DE PUBLICIDADE - Abap. *Diretrizes de Compliance* - Guia de boas práticas para o mercado publicitário, [s.l.], fev. 2019. Disponível em: https://www.legiscompliance.com.br/images/pdf/abap_diretrizes_compliance.pdf. Acesso em: 3 jan. 2024.

FAGALI, Bruno. *Compliance* publicitário. In: CARVALHO, André Castro; BERTOCCELLI, Rodrigo de Pinho; ALVIM, Tiago Cripa; VENTURINI, Otavio. *Manual de* Compliance. 1. ed. Rio de Janeiro: Editora Forense, 2019.

OLIVEIRA, Gustavo Henrique Justino de; VENTURINI, Otavio. Programas de integridade na nova Lei de Licitações: parâmetros e desafios. *Revista Consultor Jurídico - Conjur*, n. 6, jun. 2021.

VENTURINI, Otavio; MORELAND, A.; CARVALHO, André Castro. Aspectos gerais do U.S. Foreign Corrupt Practices Act - FCPA. In: VENTURINI, Otavio; ALVIM, Tiago Cripa; CARVALHO, André Castro; BERTOCCELLI, Rodrigo de Pinho (Org.). *Manual de* Compliance. 1. ed. Rio de Janeiro: Forense, 2019.

---

estão previstos na Lei nº 12.232/2010: "Art. 18. É facultativa a concessão de planos de incentivo por veículo de divulgação e sua aceitação por agência de propaganda, e os frutos deles resultantes constituem, para todos os fins de direito, receita própria da agência e não estão compreendidos na obrigação estabelecida no parágrafo único do art. 15 desta Lei".

COMPLIANCE PUBLICITÁRIO DIGITAL: PROTEÇÃO DE DADOS PESSOAIS E BRAND SAFETY

Lucas Scatimburgo
Otavio Venturini

Sumário: 1. A publicidade no ecossistema digital – 2. Uso de dados pessoais, sua proteção e as diferentes bases existentes – 2.1. "Dados como o novo petróleo" – 2.2. Legislação de dados pessoais como meio de regular esse cenário – 2.3. Uso de dados para políticas públicas e as diversas bases de dados existentes – 3. Brand safety e a distribuição de publicidade em contextos impróprios – 3.1. Brand safety e como funciona a publicidade digital – 3.2. Brand safety no contexto da comunicação pública – 3.3. Os papéis dos players da comunicação no compliance digital – 3.4. Das medidas a serem adotadas – 3.5. O reforço da legislação e das boas práticas – Referências.

1. A PUBLICIDADE NO ECOSSISTEMA DIGITAL

A atividade publicitária e, sobretudo, a comunicação pública são altamente reguladas, com uma série de obrigações de *compliance*. Assim, além das normas de autorregulação do setor e da Lei nº 12.232/2010, que trata das licitações e contratos prestados por intermédio de agências de propaganda, também existem normas infralegais (isto é, a regulamentação de cada ente público contratante) e decisões do Poder Judiciário e de Tribunais de Contas.

Com a evolução da comunicação no ambiente digital, novos formatos de compra e venda de espaço publicitário, métricas de entrega e avaliação de impacto das mensagens foram desenvolvidos, o que também traz novos desafios.

Vale lembrar que a publicidade *off-line* é feita por meio de anunciantes, agências de publicidade (e seus fornecedores, como produtoras) e veículos de comunicação (televisão, revistas, jornais impressos etc.). Nesse modelo de publicidade mais tradicional, a agência, além de conceber a campanha, intermedia a compra e a venda de espaço publicitário, em que a peça será distribuída, com sua remuneração atrelada a essa tarefa.

No meio digital, esse processo ocorre de forma quase toda automatizada, com a participação de outros agentes, que agregam componente tecnológico. No ecossistema digital, um dos mecanismos de maior destaque é a chamada mídia programática, que possibilita o recebimento pelos usuários da internet de anúncios direcionados ao se acessar determinado *site* – como uma oferta de um tênis após a realização de uma pesquisa na internet sobre o item.

Para que essas compras e vendas sejam possíveis, é necessário processar uma enorme quantidade de dados de todos que navegam pela rede, de forma a combinar demanda e oferta de anúncios publicitários.

Para isso, conforme já detalhamos em outra oportunidade:

> o anunciante basicamente define os dados do público-alvo que deseja atingir e quanto deseja pagar pelo espaço publicitário.
>
> A partir disso, em frações de segundos, trocam-se lances do valor a ser pago pelo espaço em que o anúncio vai ser veiculado, chega-se a um valor final, e ele aparece para o usuário, numa das formas de negociação mais comuns, o leilão em tempo real (*real-time bidding*).
>
> Como se percebe, todo esse ecossistema só faz sentido se as partes conseguirem mostrar anúncios relevantes para os usuários. Ou, colocado de outra forma, o mapa do ouro para as empresas foi conseguir extrair infinitos dados de preferências, sentimentos, opiniões etc. dos usuários e entregar anúncios adequados para cada um, com maior chance de receber um clique e, ao final, gerar uma compra[1].

Essa extração maciça de dados, sua forma, com os dados que são obtidos, por quem, como são armazenados, seu compartilhamento e tratamento são questões trazem preocupações em relação *compliance* digital, notadamente, em relação aos tópicos de: *i)* estruturação de governança em matéria de privacidade e efetiva aplicação de políticas de proteção de dados pessoais, inclusive no período eleitoral; *ii)* adoção de padrões e boas práticas relacionadas ao *brand safety*, em especial considerando inúmeros *sites* e páginas com veiculação de *fake news*; e *iii)* uso transparente e responsável de ferramentas de inteligência artificial (IA) no processo criativo e no ecossistema de mídia digital.

---

[1] VENTURINI, Otavio; PEDROSO, Lucas Aluísio Scatimburgo. Redes sociais, proteção de dados e os desafios do *compliance* digital. In: FERRAZ, Sérgio; VENTURINI, Otavio; GASIOLA, Gustavo Gil (coord.). *Proteção de dados pessoais e compliance digital.* 2. ed. Cuiabá: Umanos Editora, 2023. p. 480.

Uma vez que este livro possui capítulos específicos sobre IA e *fake news* no contexto da publicidade, daremos atenção a seguir aos tópicos de proteção de dados pessoais e *brand safety*.

2. USO DE DADOS PESSOAIS, SUA PROTEÇÃO E AS DIFERENTES BASES EXISTENTES

2.1. "Dados como o novo petróleo"

A atividade publicitária depende de um extenso conhecimento da sociedade e das suas preferências, sendo que grandes campanhas são justamente aquelas que conseguem ser reconhecidas por despertar emoções, gerando uma identificação com o público.

As empresas atualmente com maior valor de mercado no mundo são aquelas que conseguem angariar dados pessoais e oferecer conteúdo personalizado para cada um. Na famosa expressão repercutida por Clive Humby, professor visitante de Computação e Ciência da Informação na Universidade de Sheffield: "os dados são o novo petróleo"[2].

O ambiente digital, em especial em torno das redes sociais, é que levou isso ao mais alto grau, permitindo que as pessoas compartilhassem seus gostos, suas amizades e criassem grupos para discutir temas comuns. Nesse caminho, os dados são utilizados por empresas interessadas em anunciar e, consequentemente, vender seus produtos ou serviços.

Segundo Shoshana Zuboff, professora de Administração em Harvard, as redes sociais só dispararam como empresas e alcançaram a importância que têm quando descobriram a possibilidade de usar os dados pessoais e vendê-los para anunciantes[3]. Segundo a autora, isso teria inaugurado uma nova forma de capitalismo, baseado na extração de dados.

O que, porém, veio acompanhado de grandes problemas relacionados a condutas de discriminação no ambiente digital e desinformação no contexto político. À guisa de ilustração, foi amplamente noticiado em 2017 que o Facebook (atual Meta) reviu políticas de anúncios publicitários para evitar direcionamentos "discriminatórios", após reportagem indicar que anunciantes podiam dirigir

---

[2] UNIVERSITY OF SHEFFIELD. Clive Humby. Disponível em: https://www.sheffield.ac.uk/cs/people/academic-visitors/clive-humby#:~:text=In%202006%2C%20he%20coined%20the,useful%20to%20drive%20business%20innovation.

[3] ZUBOFF, Shoshana. *A era do capitalismo de vigilância*: a luta por um futuro humano na nova fronteira do poder. Rio de Janeiro: Intrínseca, 2020. p. 112-113.

mensagens a categorias específicas de potenciais clientes como "pessoas que odeiam judeus"[4].

Outra grande polêmica envolveu o Cambridge Analytica e um aplicativo instalado no Facebook que permitia ter acesso aos dados não só de quem o utilizasse, mas de seus amigos na rede social. O resultado é que os dados eram utilizados de forma maciça para definir perfis psicológicos e oferecer conteúdo altamente especializado, geralmente com temas como anti-imigração e xenofobia e patrocínio de movimentos como o Brexit, a saída do Reino Unido da União Europeia e eleições de grupos extremistas mundo afora[5].

Para alguns pesquisadores, como Max Fisher, esse não seria um problema de um mau uso das redes sociais, mas da sua própria estrutura e ideologia, que premia o engajamento, conseguido com as emoções mais primitivas, como medo, raiva e indignação[6].

Adotando uma visão menos extremada, fato é que as redes sociais são uma realidade e não é mais possível haver comunicação pública sem se valer de suas ferramentas.

A questão passa a ser como fazer isso de forma *compliance*, observando a legislação e as boas práticas. Assim, cabe aos anunciantes e às agências de publicidade se certificar que os dados são de uma origem adequada e utilizá-los de acordo.

2.2. Legislação de dados pessoais como meio de regular esse cenário

De forma a lidar com esse panorama, o direito à proteção dos dados pessoais passou a ser previsto como um direito fundamental, no art. 5º, LXXIX, da Constituição, a partir da Emenda Constitucional nº 115/2022.

Em nível infraconstitucional, um parâmetro inescapável é a Lei Geral de Proteção de Dados (LGPD - Lei nº 13.709/2018), que prevê que um dado pessoal só pode ser utilizado seguindo alguns princípios:

---

[4] FACEBOOK revê política de publicidade contra discriminação de judeus. *RFI*, 15 set. 2017. Disponível em: https://www.rfi.fr/br/americas/20170915-facebook-reve-politica-de-publicidade-contra-discriminacao-de-judeus.

[5] CADWALLADR, Carole; GRAHAM-HARRISON, Emma. Revealed: 50 million Facebook profiles harvested for Cambridge Analytica in major data breach. *The Guardian*, 17 mar. 2018. Disponível em: https://www.theguardian.com/news/2018/mar/17/cambridge-analytica-facebook-influence-us-election.

[6] FISHER, Max. *A máquina do caos*: como as redes sociais reprogramaram nossa mente e nosso mundo. São Paulo: Todavia, 2023.

Princípios da LGPD para tratamento de dados	
Finalidade	realização do tratamento para propósitos legítimos, específicos, explícitos e informados ao titular, sem possibilidade de tratamento posterior de forma incompatível com essas finalidades
Adequação	compatibilidade do tratamento com as finalidades informadas ao titular, de acordo com o contexto do tratamento
Necessidade	limitação do tratamento ao mínimo necessário para a realização de suas finalidades, com abrangência dos dados pertinentes, proporcionais e não excessivos em relação às finalidades do tratamento de dados
Livre acesso	garantia, aos titulares, de consulta facilitada e gratuita sobre a forma e a duração do tratamento, bem como sobre a integralidade de seus dados pessoais
Qualidade dos dados	garantia, aos titulares, de exatidão, clareza, relevância e atualização dos dados, de acordo com a necessidade e para o cumprimento da finalidade de seu tratamento
Transparência	garantia, aos titulares, de informações claras, precisas e facilmente acessíveis sobre a realização do tratamento e os respectivos agentes de tratamento, observados os segredos comercial e industrial
Segurança	utilização de medidas técnicas e administrativas aptas a proteger os dados pessoais de acessos não autorizados e de situações acidentais ou ilícitas de destruição, perda, alteração, comunicação ou difusão
Prevenção	adoção de medidas para prevenir a ocorrência de danos em virtude do tratamento de dados pessoais
Não discriminação	impossibilidade de realização do tratamento para fins discriminatórios ilícitos ou abusivos
Responsabilização e prestação de contas	demonstração, pelo agente, da adoção de medidas eficazes e capazes de comprovar a observância e o cumprimento das normas de proteção de dados pessoais e, inclusive, da eficácia dessas medidas

Assim, ao se utilizar um dado, deve-se perguntar, o cidadão sabe que seu dado está sendo usado para uma campanha? Quem está pagando por ele? Para que ele está sendo usado exatamente?

Além disso, o uso de um dado não pode ocorrer de forma irrestrita, mas apenas em situações determinadas, que a legislação autoriza, as chamadas "bases legais" ou "hipóteses de tratamento". Por exemplo, o cidadão deu seu consentimento livre e consciente para utilização do seu dado ou o dado é utilizado para o cumprimento de alguma obrigação legal? Ou para a realização de algum estudo?

A depender do caso, os dados ainda devem ser submetidos a procedimentos específicos, como pseudonimização ou anonimização, retirando seu caráter imediato de pessoal e transformando-os numa espécie de estatística, a permitir outras formas de utilização.

Como regra, a agência não coleta dados pessoais ou realiza tratamento de dados pessoais para as campanhas a serem veiculadas. Sua atuação se dá no âmbito do planejamento geral da estratégia de mídia (*on-line* e *off-line*) da campanha por ela concebida, ficando, todavia, sujeita à palavra final do cliente em relação à contratação de fornecedores atuantes no ecossistema de mídia programática. Ainda assim, cabe à agência ter governança em privacidade e, sobretudo, recomendar soluções de mídia e a contratação de fornecedores que trabalhem em conformidade com a legislação.

2.3. Uso de dados para políticas públicas e as diversas bases de dados existentes

No caso da Administração Pública, para além das hipóteses de tratamento comuns, também aplicáveis ao setor privado, a LGPD prevê hipóteses de tratamento específicas para o Poder Público, são elas:

- execução de políticas públicas previstas em leis e regulamentos (art. 7º, III), permitindo-se, inclusive, tratamento de dados sensíveis (art. 11, II, "b"); e
- execução de políticas públicas respaldadas em contratos, convênios ou instrumentos congêneres (art. 7º, III).

Ou seja, a Administração Pública pode realizar tratamento de dados pessoais necessários à execução de políticas públicas, valendo-se de base própria, sem, por exemplo, necessitar obter o consentimento do titular.

Vale lembrar que em níveis municipal, estadual e federal, existem várias bases de dados circulando e que, por vezes, são cruzadas para verificar fraudes – como no imposto de renda –, para evitar crimes, identificar inconsistências em documentos de identificação, cadastro de pessoa física (CPF), carteira nacional de habilitação (CNH) e de todo tipo.

Todavia, ainda que os dados sejam destinados à execução de políticas públicas, a Administração Pública deverá observar as condicionantes previstas em lei. De início, o tratamento de dados pessoais deverá ser realizado para o atendimento de sua finalidade pública, na persecução do interesse público. Além disso, aos titulares devem ser informadas as hipóteses em que, no exercício de suas competências, a Administração realiza o tratamento de dados pessoais, fornecendo: *i)* informações claras e atualizadas sobre a previsão legal; *ii)* a finalidade; *iii)* os procedimentos; e *iv)* as práticas utilizadas para a execução dessas atividades, em veículos de fácil acesso, preferencialmente em seus sítios eletrônicos. Por fim, deve ser indicado um encarregado responsável pelas operações de tratamento.

Considerando suas múltiplas utilidades em políticas públicas, os órgãos muitas vezes reforçam essas bases de dados, compartilham e inclusive comercializam seu acesso entre os próprios órgãos – desde que especificamente autorizado e informado[7]. O grande risco para a comunicação pública, assim, é não cair na tentação de usar dados que foram extraídos para uma finalidade específica, para um uso não autorizado e não permitido.

No mais, acerca da origem de dados, desnecessário dizer que os anunciantes não podem utilizar dados obtidos de forma ilícita. Não é segredo que *hackers* se valem da digitalização maciça da vida de todos para roubar bases de dados de bancos, lojas de comércio virtual e outros organismos privados, usando-os para crimes, mas também muitas vezes disponibilizando-os na "*deep web*" a valores irrisórios até. Assim, fundamental que, ao se realizar uma campanha, existam mecanismos para garantir que os dados utilizados sejam de origem lícita e utilizados para finalidades lícitas, segundo as hipóteses permitidas pela LGPD.

3. *BRAND SAFETY* E A DISTRIBUIÇÃO DE PUBLICIDADE EM CONTEXTOS IMPRÓPRIOS

3.1. *Brand safety* e como funciona a publicidade digital

Seja nas redes sociais ou não, fato é que qualquer estratégia de mídia que se preze atualmente contém uma parte virtual, que ocorre na internet.

Nesse contexto, pensar em *fake news* e *brand safety* do cliente são outros tópicos de grande relevância em matéria de *compliance* digital. Os *players*

---

[7] O Serviço Federal de Processamento de Dados (Serpro) conta com uma loja virtual com acesso a vários cadastros. Disponível em: https://loja.serpro.gov.br/.

atuantes no ecossistema de mídia on-line devem adotar práticas de verificação de fornecedores e cláusulas contratuais para evitar a destinação de anúncios a sítios eletrônicos ou contas em redes sociais que propaguem conteúdos nocivos ou fake news.

Conforme material produzido pela Associação Brasileira de Anunciantes (ABA) e pelo Interactive Advertising Bureau (IAB) Brasil, brand safety "é o termo utilizado para descrever práticas que uma marca deve adotar para que seus anúncios não sejam vinculados a conteúdos inseguros e indesejados"[8]. São exemplos disso: páginas com conteúdo ilegal, discriminatório de qualuer tipo, pornografia, além das fake news.

A questão passa a ser, então, como garantir que o público correto será atingido, sem prejuízo à imagem do anunciante.

No ambiente digital, geralmente há a definição do perfil do público-alvo desejado, que pode estar em diversos canais e sites da internet. Se, na mídia mais analógica, anuncia-se na estação de rádio X ou no canal de televisão Y; no ambiente digital, ao se definir o público-alvo de uma campanha, é possível que o vídeo apareça para esse público inclusive em sites que veiculam fake news. Considerando ainda que esses sites de conteúdo indesejado movimentam boa parte do tráfego da internet, o resultado é que se a campanha não for bem gerida, ela pode acabar sendo veiculada nesses sites.

3.2. Brand safety no contexto da comunicação pública

Embora com roupagem nova e inúmeras especificidades, o debate não é de todo novo na comunicação pública. Pensar a distribuição de campanhas, o plano de mídia, em sua estratégia, tática e inserções sempre envolveu esse tipo de debate: por que escolher aquele jornal, aquele canal de televisão, aquela estação de rádio e não a outra? A audiência é maior, o público está de acordo com a campanha que se transmite ou simplesmente existe algum interesse escuso envolvido?

Esse debate ganhou ainda mais força com a digitalização da vida e da publicidade. Na última década, surgiram disputas em torno de "critérios técnicos" na mídia da comunicação pública. E faz sentido que seja assim. Antes, o debate era restrito a uma dúzia de grandes jornais, estações de rádio e canais de televisão, todos com jornalistas profissionais; agora, no digital, qualquer cidadão pode se tornar um influenciador, ter seu canal, um blog e atrair milhões

---

[8] INTERACTIVE ADVERTISING BUREAU – IAB Brasil. Guia: Brand Safety and Suitability – IAB Europa, [s.l.], 18 set. 2020. Disponível em: https://iabbrasil.com.br/guia-brand-safety-and-suitability-iab-europa/. Acesso em: 22 abr. 2021.

de seguidores – e consequentemente acabar atraindo publicidade governamental, na busca de a Administração Pública se comunicar com a sociedade.

Desde alguns casos ocorridos e noticiados na mídia, tem havido um alinhamento entre anunciantes públicos e suas agências para que haja uma maior definição do público e de quais *sites* as campanhas devem ser veiculadas. Em 2020, chegou ao Brasil o movimento *Sleeping Giants*, que justamente busca questionar a distribuição de publicidade em contextos inadequados e boicotar anúncios em *sites* de conteúdo inapropriado[9].

O debate também é importante porque a comunicação pública é uma fonte enorme de recursos, sendo o setor público dos maiores anunciantes do Brasil[10]. Inclusive, consta que o governo federal já seria o maior anunciante da Meta para temas de impacto político, na frente, inclusive, de empresas privadas[11].

Dessa forma, ao veicular campanhas em *sites* de conteúdo ilegal, como aqueles que pregam o fim do Estado Democrático ou a intervenção militar, estaria o próprio Estado a financiar páginas de movimentos que defendem sua destituição ou a adoção de outra forma de governo.

Por isso, o *brand safety* governamental e a forma como as campanhas são geridas ganham proeminência, não bastando se comunicar com a população por meio de qualquer *site*, sob pena de ferir diversos valores defendidos pela ordem jurídica[12]. Como constou, inclusive, em decisão do Tribunal de Contas da União (TCU):

> 37. Contudo, o que não se pode é admitir que o alcance de determinado público-alvo seja regra primordial, única e preponderante a desconsiderar as características dos sites/canais onde os anúncios são veiculados a ponto de subjugar a garantia de atendimento ao interesse público e a observância de princípios constitucionais tão caros para nossa sociedade, como a legalidade, a moralidade e a impessoalidade.

Portanto, todos esses valores devem ser levados em consideração no planejamento da mídia digital da comunicação pública, bem como durante sua execução.

---

[9] PEDROSO, Lucas A. S. *Fake news*, critérios técnicos e ideológicos na veiculação de publicidade estatal. Blog Fausto Macedo, *O Estado de São Paulo*, 27 maio 2020. Disponível em: https://www.estadao.com.br/politica/blog-do-fausto-macedo/fake-news-criterios-tecnicos-e-ideologicos-na-veiculacao-de-publicidade-estatal/.

[10] FAÇA o *download* do pôster com as principais empresas anunciantes do País. *Meio & Mensagem*, 3 out. 2023. Disponível em: https://www.meioemensagem.com.br/dropsaea/faca-aqui-o-download-do-poster-de-2023-com-as-principais-empresas-anunciantes-do-pais.

[11] SCHURIG, Sofia; SPAGNUOLO, Sérgio. Governo federal já é maior anunciante da Meta para temas políticos. *Núcleo*, 21 mar. 2024. Disponível em: https://nucleo.jor.br/curtas/2024-03-21-governo-maior-anunciante-meta/.

[12] TCU, Acórdão nº 2.553/2022, Plenário, Rel. Min. Vital do Rêgo, 23.11.2022.

3.3. Os papéis dos *players* da comunicação no *compliance* digital

Em regra, o regime de responsabilidade da legislação se destina, sobretudo, às grandes empresas de tecnologia e aos provedores (de redes sociais, ferramentas de busca e de mensageria instantânea), com seus milhões de usuários, sendo responsáveis pela plataforma em que o conteúdo é distribuído, bem como por monitorar o conteúdo disseminado por meio de suas ferramentas, de forma a moderá-los, conforme seus termos de uso.

Em casos apreciados pelo TCU, consta que o Google, responsável pela plataforma em que houve a distribuição indevida, alega ter compensado os créditos, uma vez que as páginas em questão violariam suas próprias políticas[13].

No entanto, isso não significa que outros importantes *players* não possam ou não devam contribuir proativamente com o tema. Esse é o caso das agências de publicidade, que, por conta e ordem de seus clientes anunciantes, contratam serviços de provedores.

De partida, as agências têm um papel da maior relevância na curadoria do conteúdo a ser veiculado. Mas há também outra importante contribuição aos seus clientes na recomendação de fornecedores verificados em procedimentos de *due diligence*, de forma a oferecerem soluções de mídia *on-line* em conformidade com a legislação de proteção de dados pessoais em vigor (Lei nº 13.709/2018) e boas práticas definidas pelo mercado.[14]

Enfatiza-se a ideia de "recomendação", uma vez que a legislação, especificamente a Lei nº 12.232/2010, para licitação e contratos de agências de propaganda pelo setor público, prevê que a agência só pode reservar e comprar espaço publicitário por conta e ordem de seus contratantes (art. 4º, § 2º). Assim, a agência de propaganda pode até sugerir o plano de mídia e a distribuição da campanha, no entanto, cabe ao contratante aprová-lo, bem como realizar a remuneração.

Além disso, dispondo de amplo conhecimento técnico e estratégico em matéria de comunicação, as agências de publicidade têm muito a contribuir para a confiabilidade e a integridade dos sistemas informacionais do país.

---

[13] TCU, Acórdão nº 2.2132/2020, Plenário, Rel. Min. Vital do Rêgo, 12.08.2020; TCU, Acórdão nº 2.553/2022, Plenário, Rel. Min. Vital do Rêgo, 23.11.2022.

[14] DI FLORA, Marcus; VENTURINI, Otavio. As agências de publicidade no combate às *fake news*. As agências de publicidade no combate às *fake news*. Correio Brasiliense, 15 maio 2023. Disponível em: https://www.correiobraziliense.com.br/opiniao/2023/05/5093363-artigo-as-agencias-de-publicidade-no-combate-as-fake-news.html.

3.4. Das medidas a serem adotadas

Também transparece de decisões do controle a importância de se identificarem medidas tomadas pelo ente contratante, pelas agências e, sobretudo, pelas plataformas, com vistas a demonstrar que a distribuição em canais e *sites* desalinhados com a estratégia foi prontamente identificada e corrigida, inclusive para casos futuros[15].

Para garantir a segurança da marca e evitar esse tipo de conteúdo, a mídia programática permite selecionar o inventário, com listas de *sites* em que necessariamente deve haver a distribuição das campanhas (chamados de *wishlist*), bem como aqueles que não devem ser utilizados (*blocklist*), além de filtros, baseados em palavras-chave, de contextos que devem ser evitados.

Para tanto, importante desenvolver práticas de verificação e exigência de mecanismos de salvaguarda das plataformas digitais, *sites*, aplicativos, produtores de conteúdo e operadores de distribuição de publicidade, notadamente, quanto a: *i)* moderação de conteúdo sensível; *ii)* opções de segmentação de público e bloqueio; *iii)* transparência de repositório de anúncios; e *iv)* arquivo de inventário de anúncios digitais.

Também é importante que a agência acompanhe em tempo real a campanha e possa agir de imediato caso detecte a presença em *sites* indevidos.

Uma vez programada a campanha, é possível iniciá-la de forma restrita a poucas páginas (o chamado pré-teste), para testar seu alcance, em quais páginas o público está sendo atingido e identificar desde logo a distribuição em *sites* de conteúdo indesejado, fazendo as correções necessárias.

Outro instrumento que se torna fundamental nesse cenário são os relatórios de checagem. Após a programação da campanha, é fundamental que haja um acompanhamento de em quais endereços a campanha está sendo veiculada, de forma a identificar *sites* indesejados. Em decisão do TCU, o contratante público destaca a importância de se realizar uma conferência de *sites* e páginas em que há distribuição do conteúdo da campanha, amparado não só em informações da própria plataforma digital, mas, inclusive, de terceiro responsável pelo *checking*[16].

O *compliance* publicitário ajuda a organizar esses instrumentos e permitir que eles sejam sempre seguidos na prática, bem como comprovados em caso de questionamento.

---

[15] TCU, Acórdão nº 1951/2020, Plenário, Rel. Min. Walton Alencar Rodrigues, 29.07.2020. Também TCU, Acórdão nº 2.695/2020, Plenário, Rel. Min. Ana Arraes, 07.10.2020.

[16] TCU, Acórdão nº 1.951/2020, Plenário, Rel. Min. Walton Alencar Rodrigues, 29.07.2020.

3.5. O reforço da legislação e das boas práticas

Ao mesmo tempo, como decorrência do controle realizado pelo Tribunal de Contas da União, a Secretaria de Comunicação (Secom) acabou por editar a Instrução Normativa nº 04/2024, que estabelece medidas "visando à mitigação de riscos à imagem das instituições do Poder Executivo Federal decorrentes da publicidade na internet". O normativo separa os agentes de veiculação em *sites* e aplicativos de oferta ou fornecimento de bens ou serviços; produtores de conteúdo em plataforma digital; *sites* e aplicativos de oferta de conteúdo jornalístico ou informativo; plataformas digitais; e operadores de publicidade programática – estes últimos não são responsáveis pelo conteúdo produzido, mas apenas disponibilizam o sistema para a transmissão da publicidade.

A norma também fortalece o cadastro de veículos utilizado em âmbito federal (o Midiacad) e exige que os agentes definidos estejam nele, com indicação do responsável, endereço, termos de uso, contato e, no caso de plataformas, a possibilidade de filtrar termos e bloquear conteúdos. Busca-se igualmente consolidar condutas tidas como ilegais e a possibilidade de a Secom suspender o cadastro no Midiacad em caso de condenações de *site* ou plataforma por decisões judiciais.

Por fim, é citada a existência da Cartilha de "Boas Práticas Aplicáveis à Utilização de Mídias Digitais pela Administração Pública Federal", elaborada pela Secom, em conjunto com a Controladoria-Geral da União[17]. Nela, constam definições envolvendo a publicidade digital, bem como suas vantagens (como aumento do alcance e diminuição dos preços), mas também seus riscos (de fraude, violação de dados pessoais e, sobretudo, de *brand safety*). Para evitá-los, destaca a importância da fiscalização, da definição de parâmetros e do uso do cadastro de veículos do governo federal, o Midiacad.

Além disso, a IN Secom nº 4/2024 trouxe como anexo Termo de Ciência e Compromisso, em que a agência ou a empresa responsável por distribuição de publicidade na internet – e que podem ser as plataformas – reconhece sua responsabilidade[18].

O *compliance*, além de ajudar no registro e na formalização dos planos de mídia, é fundamental para demonstrar o profissionalismo e a competência das agências contratadas, inclusive auxiliando na prestação de esclarecimentos e no relacionamento com os órgãos de controle, em havendo questionamentos.

---

[17] CONTROLADORIA-GERAL DA UNIÃO; MINISTÉRIO DAS COMUNICAÇÕES. Boas Práticas Aplicáveis à Utilização de Mídias Digitais pela Administração Pública Federal. Brasília, jul. 2022. Disponível em: https://www.gov.br/cgu/pt-br/centrais-de-conteudo/publicacoes/arquivos/sfc-boas-praticas-aplicaveis-a-utilizacao-de-midias-digitais-pela-administracao-publica-federal.pdf.

[18] Termo semelhante já constava de decisão do TCU, Acórdão nº 2.132/2020, Plenário, Rel. Min. Vital do Rêgo, 12.08.2020.

REFERÊNCIAS

CADWALLADR, Carole; GRAHAM-HARRISON, Emma. Revealed: 50 million Facebook profiles harvested for Cambridge Analytica in major data breach. *The Guardian*, 17 mar. 2018. Disponível em: https://www.theguardian.com/news/2018/mar/17/cambridge-analytica-facebook-influence-us-election.

CONTROLADORIA-GERAL DA UNIÃO; MINISTÉRIO DAS COMUNICAÇÕES. Boas Práticas Aplicáveis à Utilização de Mídias Digitais pela Administração Pública Federal. Brasília, jul. 2022. Disponível em: https://www.gov.br/cgu/pt-br/centrais-de-conteudo/publicacoes/arquivos/sfc-boas-praticas-aplicaveis-a-utilizacao-de-midias-digitais-pela-administracao-publica-federal.pdf.

DI FLORA, Marcus; VENTURINI, Otavio. As agências de publicidade no combate às *fake news*. As agências de publicidade no combate às *fake news*. *Correio Brasiliense*, 15 maio 2023. Disponível em: https://www.correiobraziliense.com.br/opiniao/2023/05/5093363-artigo-as-agencias-de-publicidade-no-combate-as-fake-news.html.

FAÇA o *download* do pôster com as principais empresas anunciantes do País. *Meio & Mensagem*, 3 out. 2023. Disponível em: https://www.meioemensagem.com.br/dropsaea/faca-aqui-o-download-do-poster-de-2023-com-as-principais-empresas-anunciantes-do-pais.

FACEBOOK revê política de publicidade contra discriminação de judeus. *RFI*, 15 set. 2017. Disponível em: https://www.rfi.fr/br/americas/20170915-facebook-reve-politica-de-publicidade-contra-discriminacao-de-judeus.

FISHER, Max. *A máquina do caos*: como as redes sociais reprogramaram nossa mente e nosso mundo. São Paulo: Todavia, 2023.

INTERACTIVE ADVERTISING BUREAU – IAB Brasil. Guia: Brand Safety and Suitability – IAB Europa, [s.l.], 18 set. 2020. Disponível em: https://iabbrasil.com.br/guia-brand-safety-and-suitability-iab-europa/. Acesso em: 22 abr. 2021.

PEDROSO, Lucas A. S. *Fake news*, critérios técnicos e ideológicos na veiculação de publicidade estatal. Blog Fausto Macedo, *O Estado de São Paulo*, 27 maio 2020. Disponível em: https://www.estadao.com.br/politica/blog-do-fausto-macedo/fake-news-criterios-tecnicos-e-ideologicos-na-veiculacao-de-publicidade-estatal/.

SCHURIG, Sofia; SPAGNUOLO, Sérgio. Governo federal já é maior anunciante da Meta para temas políticos. *Núcleo*, 21 mar. 2024. Disponível em: https://nucleo.jor.br/curtas/2024-03-21-governo-maior-anunciante-meta/.

UNIVERSITY OF SHEFFIELD. Clive Humby. Disponível em: https://www.sheffield.ac.uk/cs/people/academic-visitors/clive-humby#:~:text=In%202006%2C%20he%20coined%20the,useful%20to%20drive%20business%20innovation.

VENTURINI, Otavio; PEDROSO, Lucas Aluísio Scatimburgo. Redes sociais, proteção de dados e os desafios do *compliance* digital. In: FERRAZ, Sérgio; VENTURINI, Otavio; GASIOLA, Gustavo Gil(coord.). *Proteção de dados pessoais e compliance digital*. 2. ed. Cuiabá: Umanos Editora, 2023.

ZUBOFF, Shoshana. *A era do capitalismo de vigilância*: a luta por um futuro humano na nova fronteira do poder. Rio de Janeiro: Intrínseca, 2020.